訾非 杨智辉 张雯 等著

TA们的故事
心理咨询和治疗的案例分析

中央编译出版社
Central Compilation & Translation Press

图书在版编目（CIP）数据

TA们的故事：心理咨询和治疗的案例分析 / 訾非等著. — 北京：中央编译出版社，2023.7
ISBN 978-7-5117-4317-6

Ⅰ.①T… Ⅱ.①訾… Ⅲ.①咨询心理学—案例②精神疗法—案例 Ⅳ.①C932②R749.055

中国版本图书馆CIP数据核字（2022）第206116号

TA们的故事：心理咨询和治疗的案例分析

责任编辑	李媛媛
责任印制	刘　慧
出版发行	中央编译出版社
地　　址	北京市海淀区北四环西路69号（100080）
电　　话	（010）55627391（总编室）　（010）55627302（编辑室）
	（010）55627320（发行部）　（010）55627377（新技术部）
经　　销	全国新华书店
印　　刷	佳兴达印刷（天津）有限公司
开　　本	880毫米×1230毫米　1/32
字　　数	209千字
印　　张	9.75
版　　次	2023年7月第1版
印　　次	2023年7月第1次印刷
定　　价	68.00元

新浪微博：@中央编译出版社　　微　信：中央编译出版社（ID：cctphome）
淘宝店铺：中央编译出版社直销店（http://shop108367160.taobao.com）（010）55627331

本社常年法律顾问：北京市吴栾赵阎律师事务所律师　闫军　梁勤
凡有印装质量问题，本社负责调换，电话：（010）55626985

本书受如下两项科研项目基金支持：

（1）北京林业大学人文社科振兴专项计划"大学生心理健康的立体干预机制研究（项目编号：BLRW200944）"

（2）北京林业大学人文社科振兴专项计划"生态主义心理学的理论建构与实践探索（项目编号：TD2011-15）"

目　录

戴维的故事：一例生态—整合视角下的感受分析咨询 / 001

一例以抑郁和人际关系紧张为主的学生咨询案例报告 / 052

花儿为我开放——强迫思维女大学生的箱庭治疗个案研究 / 075

寻求依恋的客体：一例特殊恋物倾向的大学生案例 / 098

一例原型神话方法咨询案例 / 131

优等生的烦恼 / 146

大学生的人际与学习困扰 / 192

一例自称"恐怖症"案例的咨询 / 205

她到底害怕什么——女大学生对两性关系的困惑 / 221

考试焦虑心理咨询案例报告 / 234

负面情绪沟通的四步走策略 / 251

附 录

附录一 生态主义观点对心理治疗理论与实践的启示 / 268

附录二 生态心理健康及其视角下的焦虑障碍 / 284

附录三 家庭治疗——生态化取向的心理治疗学派 / 293

前　言

这本《TA 们的故事：心理咨询和治疗的案例分析》是 10 余位一线临床心理工作者共同智慧的结晶，凝聚了他们多年来的工作经验和研究思考。本书所关注的心理咨询与治疗来访者，主要以大学生群体为主，这是因为作者们有一个共同的身份——曾经或目前仍然是大学心理咨询中心咨询师。面对共同的工作对象，诸位咨询师又有着不同的受训背景和工作理念，他们分别从认知行为、精神分析、家庭治疗、沙盘（箱庭）治疗等不同流派出发，开展自己的工作，可谓八仙过海，各显神通。不过作者们在临床工作中又有一个共同的态度，即把每一位来访者看成由身体、心理及社会角色共同构成的整体，尊重每一位来访者的复杂性和主体性。在分析个体面临的心理困扰时，作者们既把它们放在家庭、社会和文化系统中去理解，也注意生物—遗传素质对心理健康的影响；既关心来访者的成长史，也关注他们当下的生活处境；既考虑到每位来访者的独特性，也不忽视群体文化及其变迁对个体心理的影响。本书的作者们也以兼容并蓄的态度对不同流派的心理咨询与治疗技术进行了整合和创新。这些都体现了心理咨询与治疗的生态主义意识。

本书能够顺利出版，也得益于北京林业大学两项人文社科振兴专项计划在人力和资金上的支持。这两个项目分别是"大学生心理健康的立体干预机制研究（项目编号：BLRW200944）"和"生态主义心理学的理论建构与实践探索（项目编号：TD2011-15）"。本书的作者都是这两个项目的主持者或参与者。另外，林业大学心理学系的田浩和王明怡老师作为TD2011-15项目的主持者，虽然没有在书中发表案例，但在咨询实践及方法论上都做出了建议和贡献，在本书的出版基金方面给予了慷慨的倾斜。在此对两位老师表示特别的感谢。

作为作者，我们很幸运地遇到了优秀的出版社和编辑工作者。中央编译出版社的王丽芳女士曾经是本书的责任编辑，对这本书不离不弃，经历了多年的等待与协调，甚至在改变了工作岗位之后，仍然关心本书的出版。李媛媛女士接手本书之后，把后续工作安排得有条不紊，并且在文字校订和排版等方面尽力做到完美。我们感谢王丽芳女士和李媛媛女士的辛苦付出。

最后，但却是最重要的，本书的作者们能够获得来访者的同意并发表他们的案例，要感谢这些来访者的勇气和慷慨。我们尽力删除一切能够让他人识别出来访者真实身份的信息。有些作者则是采用把不同的案例凝缩成一篇"案例故事"的方式，借助一些虚构的事件和细节展开文本。这种方法剥离了案例与某个来访者的一对一关联，但也同时削弱了案例的真实性。不过这种"凝缩"的方式也许反而增添了案例的代表性。总之，保护来访者的隐私始终是我们在临床工作中最关切的议题，在完成本书时我们依然如此。

大学生群体面临的议题是繁杂多样的，人际关系问题、亲密关系的建立与维持、对原生家庭的依赖与独立、学业困难和学业竞争问题、文化与亚文化的冲突、身体与精神疾患的疗愈、职业生涯发展、人格发展等都与临床心理学有着直接或者间接的关系。鉴于本书的篇幅，我们只涉及了其中有限的一部分。希望本书作为一个起点，提醒和激励着我们在这条道路上继续探索。

戴维的故事：一例生态—整合视角下的感受分析咨询

訾非[*]

一、背景

戴维（化名）是一位来自南方某城市的大学在读本科生，学理科专业。他来寻求心理咨询的时候正是大学三年级开学后的第三周。他的主诉是心情不好，已经持续一个星期。戴维说这种情况自上大学以来已经反复出现，心情不好的时候感觉做什么都没有意思，提不起精神，一般这种状态一个月会持续一周左右。这种时候他就不去上课，一个人待在寝室里睡觉，吃零食，偶尔看

---

[*] 訾非，中国心理学会注册督导师，中国心理学会人格心理学专业委员会委员，长期从事心理咨询与治疗的临床实践和研究工作，开发了针对强迫性人格障碍及相关心理障碍和问题的感受分析治疗模式，出版学术著作《完美主义研究》《感受的分析：完美主义与强迫性人格的心理咨询与治疗》等，翻译心理学著作《精神分析治愈之道》《心理勇气》等。

看杂志听听古典音乐。然后进入一段情绪不高、但比上一周好一点的时期。每个月他会有几天情绪"还算正常",这个时间少于一周。本周他的情绪比以前低落的时候更低落,昨天他走到窗口朝楼下看(他住在第十层),不由得冒出要跳下去的念头。这念头把他吓了一跳,他担心自己真的会跳下去,于是下决心来心理咨询中心咨询。

　　站在高楼窗口边,担心自己突然跳出窗外,在我咨询过的大学生的主诉里并不少见。我的另一位来访者W曾被这个念头折磨了一个学期之久,最后把宿舍调到宿舍楼第一层,但他转而又担心自己会去上吊。W努力想排除自己自杀的念头,惶惶不可终日,被某医院的精神科诊断为"强迫状态"。另一位来访者S在研究生二年级的时候也因为类似的担心来寻求心理咨询,但这种对跳楼的担心在经过不到一个月的咨询之后就不再显著,倒是针对学业压力和情绪的高涨和低落(精神科诊断为抑郁状态,开了小剂量的抗抑郁药物)的问题进行了长程的咨询。

　　根据咨询中心的惯例,在展开正式的心理咨询之前,需要对这位来访者的精神状态进行初步评估。心境低落,兴趣减退,提不起精神,不由自主冒出自杀的念头,这些都提示有心境障碍的可能。不过戴维也并不像重度抑郁发作。他自己主动找到心理咨询中心求助,为自己的自杀念头而惶恐,还能用吃零食、看杂志和听音乐的方式缓解情绪的低落,与同学们的日常交往也算正常,这些是重度抑郁发作的来访者难以做到的。戴维的思维还算敏捷,言语动作稍显无力但基本如常,也没有激烈的自罪观念与无用感,我与他的交流基本上是顺畅的。

尽管我估计戴维的抑郁程度在中度以下，鉴于他存在自杀风险——虽然很低——我与他商议了与自杀风险相关的咨询程序设置。在任何一所大学里，避免学生出现自杀行为都是重中之重，咨询师经常要面对这样的困境：是把来访者自杀的风险告知咨询中心管理方（此后管理方便可能要联系来访者的亲属及辅导员），还是依照来访者多数时候的意愿，仅仅把这个秘密限定在咨询师和来访者之间？对于这类抑郁程度既不是特别轻也不是特别重的案例，总让咨询师感到为难——而且事实上也的确没有完美的解决方案。

我希望戴维理解：抑郁和自杀是学校心理咨询中心最关切的问题，谁都不希望学生发生意外。同时我们会努力以最妥当的方式保护他的隐私。我们本着宁可误判，也不愿出现一例意外的几乎"不切实际"的态度力图避免自杀的发生，希望戴维能理解这种心态。

幸运的是，戴维并不介意我提出的把他的抑郁状态告知咨询中心管理者和他的辅导员的想法，甚至我指出假如出现更为严重的抑郁，咨询中心和辅导员可能会动用他周围同学的力量帮助他，对此他也并不介意。他唯一不愿意我们做的是把此事告知他的父母。从后面的咨询资料中，我们将会发现，他的这个意愿本身就与他面临的问题有关。

二、评估及咨询目标

戴维说他这次抑郁已经持续一个星期了,从上大学以来就断断续续这样,不过这个说法太笼统。我想知道,这个"上大学以来"是怎么个"以来"?具体是什么时候开始的?是上大学之后的一个月内?两个月内?还是好几个月之后?那时候情绪低落到什么程度?现在比那时候严重了还是轻了?上大学以前有没有出现过?他的主诉让我想到一个在大学新生中比较多见的心理障碍:适应障碍。一个高中生从南方到北方来上大学,离开家庭和熟悉的文化环境,学习内容和方法也发生巨变,在短时期内出现情绪低落、失望、焦虑,此种状况并不稀有。但在一段适应期之后,他们的情绪也就趋于正常,这个过程一般在半年之内完成。而戴维已经是大学三年级的学生,当然不能再诊断为适应障碍,除非他的生活又出现了其他变故。从戴维提供的信息来判断,基本排除当下为适应障碍的诊断。

戴维说,刚入学那阵子,也就是九月份的时候,自己还是挺兴奋的。虽然这个学校并不如他当初所愿,但新环境、新同学、新学期,加上不长的一周的军训,生活还算充实。但是到了十月份,心情就不怎么好了,看不进去教科书,喜欢一个人待在宿舍里,看看杂志、听听音乐、吃吃零食。那时候的情绪比现在应该是好一点,还不至于站在窗口担心自己会跳下去。从那个时候开始,情绪就断断续续地低落,每个月都有将近一周时间情绪低到"自闭"的程度(这是戴维的用词,用来描述他一个人待在宿舍里靠看杂志吃零食听音乐打发时光、不愿意出门上课见朋友的状态）。每个月的其他时间，他能够去上课，跟同学们出去活动，会去泡图书馆，但是，除了小说杂志，跟学业有关的书都令他反感。两年多来，他已经有多门功课不及格。

戴维说这两年时间里他的情绪也有好的时候，每个月也会有几天感觉还不错，对自己还算有信心，觉得自己只要努力，就会成功。但即使在这样的状态里，依然无法集中注意力学习。咨询师此后给来访者做的长程咨询中，也有一些咨询是在戴维认为自己的状态比较好的时候进行的。在戴维描述为好的状态里，他也达不到精神医学上可诊断为"轻躁狂"的状态。（一个出现抑郁的人，如果在另一个时期表现出与抑郁截然相反的状态，有超出正常水平的兴奋、话多、过分地忙忙碌碌、睡眠明显减少却并不疲劳等状况，精神医学上把这种情绪的两极变化称为"双相"或者"躁郁"，与抑郁相反的状态我们称之为"躁狂相"，如果症状较为轻微一些，则称之为"轻躁狂"。一般而言，躁郁是比抑郁更为严重的障碍。）

如果戴维在刚入学的半年内接受心理咨询，或者去精神科就诊，他的情况是可以被评估为适应障碍。而目前比较合适的初步评估应该是心境恶劣障碍，这个"标签"是用来描述一种以长期（两年以上）的以轻度抑郁为特点的心境障碍。戴维按照我的建议，去专科医院挂了精神科门诊。医生的诊断是轻度抑郁，开了抗抑郁药物。此后的心理咨询，都是在戴维服用小剂量的抗抑郁药物的背景下进行的。

戴维在第一次咨询时填写了《症状自评量表》(SCL—90)，采用的是0—4五级评分版本）。各因子得分如下：躯体化0.75；

强迫症状 1.4；人际关系敏感 1.7；抑郁 1.8；焦虑 1.6；敌对 1.2；恐怖 1.3；偏执 1.8；精神病性 1.1。戴维在该量表上的总分为 125，总症状指数为 1.39。量表测试结果为阳性（SCL-90 总分超过 70 分，考虑筛选阳性）。来访者的突出症状为抑郁、偏执、人际关系敏感和焦虑，伴有轻度强迫、敌对、恐怖和精神病性。

经过两次咨询之后，戴维就很少担心自己会从楼上跳下去了，他主要的困扰集中在重复出现的情绪低落以及学习的困难。

在咨询的最初阶段，咨询所指向的是两个相互关联的目标：缓解抑郁情绪和应对学业压力。情绪低落，心情不好，已经是长期困扰戴维的状态，他希望通过咨询，走出这个状态。成绩不好，老在挂科，眼看就要被迫退学，他也希望通过咨询，让自己能够应付学业。学习问题和情绪问题是相互影响的。挂科接二连三，导致学籍岌岌可危，这种紧张状态加重了他的抑郁情绪。而抑郁的情绪下，戴维也乏有学习动力。

三、对求助问题的成因的初步分析：咨询的早期阶段

也许最初的适应障碍引发的学业问题触发了连锁反应，让本可以自然恢复的适应问题延续为长期的心境问题。如果我用"适应困难→情绪低落→学业困难→情绪低落"这个循环模式来对戴维的问题作出解释，看上去也合情合理。不过，去外地读大学的年青人为数众多，出现适应障碍的毕竟是极少数。成绩不佳，多门挂科的学生也不在少数，但他们很多也没有出现心境障碍。所

以我认为分析戴维的情况，应该进一步收集资料。导致戴维目前状况的，也许还有其他因素。

从咨询的最初阶段（第1—4次）得到的信息，也能让我们对戴维的情况的成因有一个初步的考虑。来访者在情绪低落时，并非像重度抑郁者那样在生活适应和人际关系方面产生严重损害。他仍然可与同学正常交往，仍然可以阅读杂志和听音乐。他主要是在特定的事情上，即去教室上课和阅读教科书这两方面，与从前相比有很大差别。

咨询师问戴维，当你坐在教室里的时候，内心里的感受是什么。他说，他觉得老师眼睛里都是责备，责备他为何没好好学习；同学们也都以轻视嘲笑的眼光看着他，都觉得他很失败。

"你打开书本，开始学习的时候，有什么感觉呢？"咨询师问。

"我马上就会想到，学这些东西有什么用？"戴维回答。

"大学里的专业知识不是为将来就业做准备的吗？为何会觉得没有用？"

"我知道。"

"你的专业是你高考的时候选择的第一志愿吗？"咨询师问。

"是的。"

"你目前对这个专业满意吗？"（在咨询师接待的来访者中，很多大学生来访者对自己的专业是不满意的。）

"还好。"

"那么'学这些东西有什么用'这个想法是如何产生的呢？"

"不知道，只要我一打开专业书，这个想法就出来了。"

在第一次咨询中，来访者关于自己对于学业的感受的描述也就止于此。关于"学这些东西有什么用""同学们似乎嘲笑的目光""老师们仿佛责备的目光",此类想法的可能的深层原因,是在之后的几次咨询中进一步展现出来的。戴维告诉咨询师,在高考之后,他报的第一志愿是"国内排名第一"的Q大学。他说他从小就立志要考Q大学,高考刚结束之后那些天,还觉得志在必得。他说如果再多考两分,他现在就不会是在这里了(我不能确定他指的主要是S大学,还是咨询室)。他说他刚知道高考不如愿的那些天倒不是特别痛苦,等来到S大学报到,渐渐地就开始失落起来。

戴维此番陈述的情况,一定程度上能解释他入学之后这两年的情绪困境。可是,经历过这种挫折的大学生不在少数,在一段时间里失望有之、自卑有之,但大多恢复到相对稳定的生活中,在现有的环境下调整自己的目标。戴维似乎滞留在某个地方。

"考Q大学对你来说意味着什么?"

戴维沉默了好一会儿,然后说,自己打小成绩就出类拔萃,从来都觉得自己非Q大学莫属。他说,考上Q大学意味着成功,高人一等。

咨询师说,名校很多,Q大学只是其一,B大也是一个啊,还有,比如……

戴维说,他听说Q大第一,B大第二。

戴维小学始终是全年级第一,初一是全年级第一。初二时成绩有所下降,但总还是年级前十名。高中的成绩自然也是名列前茅,虽不是第一,但也几乎总是年级前五名。

在大约第三次咨询的时候,戴维告诉我,从小学开始,每天晚上不是爸爸就是妈妈坐在他背后看着他写作业。从初二的时候开始，戴维就希望一个人待在屋子里学习，讨厌父母在背后看着自己。但他的抗议从来无效。

"我妈坐在我背后织毛衣，时不时咳嗽一声；如果是我爸，就像幽灵似的一声不吭，他手里要是拿本书还好啊，就那样幽灵似地看着我。"

也就是初二的时候，戴维结识了几个"社会上的"孩子。其实也还是中学生，不过是非重点学校的。他和他们偷偷地出去踢球、钓鱼、打游戏。当然，这些都不能让父母知道，想尽方法瞒住。

高中时期他对背后的父母已经忍无可忍，极力反抗，父母也就取消了持续的看守，而是偶尔来他的房间坐一会儿——他的房门是不许关上的。

"考Q大学也是你爸妈的期望吗？"

"不是，他们只要我考上重点就行。"

"你对自己的要求似乎比他们高。"

"他们说，你只要考上N大学就行，但要好好学习。"

戴维有个比他大四岁的姐姐，早两年已经从北京大学毕业了。姐姐在中小学期间，父母从来不会坐在她身后看着她写作业。在他们眼里，女儿听话、认真，是好学生的典范，戴维呢，浮躁好动，如果不严加管束，成绩就没有保证。

"姐姐现在已经是他们的骄傲了。"戴维说。

"听起来，你父母挺重视你们的学习。"

戴维说父母就是想用他和姐姐来挽回一生的败局。

在戴维出生后不久,戴维的父亲因为犯错误被开除公职。在刚被开除不久,父亲开了一年多的出租车,然后就生了病,也不算大,浅表性胃炎。他就没再开车,而是待在家里,负责做饭、洗衣、收拾房间,成了家里的保姆,一直到现在都是这样,一晃就快二十年了。戴维家的经济由他妈妈一个人微薄的收入支撑,当然非常的困难。好在戴维的爷爷奶奶外公外婆时不时给他们一些补贴。外公是厅级干部,虽然退了休,收入还可以。

从这里,我们能看到心理问题受到社会生活的影响。家庭是存在于社会这个大生态系统中。社会因素导致的家庭变故,最终可能成为下一代心理问题的形成因素之一。

从以上这些初步的资料,我们大致可以对来访者当下问题的原因作出进一步的推测。我们把戴维当下的情况作出如下图所示的初步概念化:

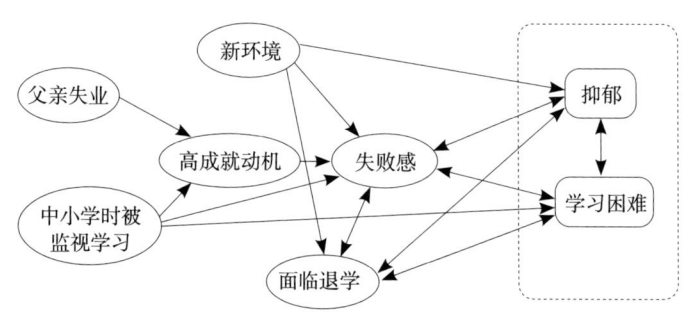

图 1　来访者问题的初步概念化

四、对关系模式、遗传、性格等因素的系统探究

原生家庭的关系模式及由关系模式中展现的遗传倾向

戴维的父亲在被单位开除后,在南方某城市做了一年多的出租车司机,然后就长期待在家里。到戴维来寻求心理咨询的时候,他父亲已经在家里待了快二十年。虽然父亲抱有这种生活态度,但在戴维咨询的两年时程里,戴维从未抱怨父亲未能承担养家的责任。他在咨询室里所表达的对父亲的不满仅限于父亲在他学习的时候从背后盯着他这件事上。戴维这样形容父亲在家庭中的地位:"家里好像没有他这个人。"但是戴维的表情和语气显现出的是一种无所谓的心态,看不出愤怒的情绪。整个的咨询过程中,戴维对父亲的态度基本上如此。在戴维眼里,母亲是强势的,父亲软弱,占下风,戴维对他似乎是同情的。我并不想推测戴维一定有一种压抑到无意识中去的对父亲的愤怒。假如来访者如经典精神分析所认为的必然存在"阉割焦虑",我的感觉是,来访者的这种焦虑及其引发的愤怒主要地是指向母亲的。

戴维的父母经常吵架,每个星期都要吵几次。即使现在他们都已五十多岁了,仍然在吵,仍然是每星期好几次。吵架的缘由都是日常琐事。戴维的母亲总觉得丈夫做事达不到她的要求:倒完开水,水瓶不放回原位;水果没有洗干净就端出来;从外面坐公共汽车回来,没有换衣服就坐到沙发上去。她会对丈夫的这些不讲究的行为一遍又一遍地抱怨,"你怎么又这样了""怎么又那样了""怎么老不听","你就是个做事稀里糊涂的人"……戴维

的父亲有时就听她唠叨而不反驳,有时忍不住反驳她,说她穷讲究,此时戴维的母亲就更加生气,说她怎么穷讲究了,说她辛辛苦苦为这个家,你又为这个家付出了多少……

小时候每当父母这么争吵,戴维就感到害怕。随着年龄增长,害怕的程度降低了一些,但是忧伤、厌恶的情绪有增无减。戴维现在最看不得别人吵架。如果同宿舍的同学吵架,或者在街上看到有人吵架,他就会心跳加快,心情烦恼,想赶快逃开。

母亲对于秩序的要求比大多数人要高。在戴维的记忆里,没有一个亲戚朋友对秩序的要求比得上他母亲。家里每样东西都要放在固定的位置,如果一件东西找不到,她会不惜花几个小时"疯狂地找"——即便它并不是特别重要,甚至还有其他的东西可以替代。在清洁方面,母亲的要求算不上最高的,家里的物品有时候蒙上厚厚的灰尘她也无所谓。以前戴维认为母亲有洁癖,但戴维后来发现母亲在意的并不是清洁,而是"污染"。母亲对手、食物、衣物的清洁非常在意,担心它们会染上细菌,导致生病。家里的筷子和碗每天都要用开水煮过,即使家里并没有请客,而且家庭成员里也没有谁患有传染病。

三年级寒假回来,戴维告诉了我他在家观察到的情况。有天晚上他和母亲睡在一起(从小到大,他都是和母亲睡在一起的。戴维说他一个人睡不着,失眠),睡梦中醒过来,发现母亲把一个手指放在鼻孔边。他母亲告诉他,他睡得太沉了,让她担心——他妈妈用手指试试他还"在不在呼吸"。

我在多年的咨询工作中,碰到好几个类似的描述:母亲担心熟睡的儿子是不是"还活着",用手指试试孩子是不是"还有气"。这几个人有的是大学生，有的是研究生，他们的共同点是：特别容易焦虑，性格依赖，他们的母亲对他们身体方面的照顾无微不至，事无巨细。

戴维的母亲对戴维的关心，确切地说，其实是担心。在她眼里戴维是脆弱易碎的，她内心里的戴维正在遭受来自世界的威胁，她要保护他不被摧毁。

既然母亲秉持着这样的想象来对待戴维，戴维对自己的感知也就有可能是脆弱的。在一次咨询中，我请戴维画了一个以"我的世界"为主题的绘画。在他的画中，一圈高墙围住了自己和父母的家，高墙外是种种猛兽与野人。在高墙后，是好几座朝向外头的大炮。在戴维内心里，家庭以外的世界是充满敌意的，他们一家需要很强大的力量才能保护自己。关于这一点，我们自然会联想到因为他的父亲被开除工作这样的事情。不过，这件事并不是戴维经常提到的"来自外部的威胁"，他谈到更多的是他从上幼儿园到初中这段时间，在学校里经常是其他同学欺负和取笑的对象，一个原因是戴维的有点"鹰钩鼻"——尽管他长着直头发黑眼睛黄皮肤。

在家庭内部，戴维觉得也得不到应有的和平。在他的"我的世界"的绘画中，高墙内的他的家庭成员之外，还放了一尊弥勒佛像。他希望这个大肚子宽容的神能给家庭带来平安。

事实上，母亲对戴维呵斥不断。相对与她对他父亲的唠叨，对他呵斥的原因不尽相同。如果戴维扰乱了她精心维护的秩序，她多少能够容忍一些（在这方面，她对丈夫比对儿子更严厉一些）。但如果他在地上吐了一口痰，她就会大声呵斥起来——这种呵斥让他害怕。

"什么事都得按照她的意思办。比如,到了吃饭的时候,她一喊,你就得立刻去吃,不然就骂你。到了睡觉的时候,你如果不立即去睡觉,她也会骂你。你不洗手,她骂你。你看一会儿电视,她骂你。她恨不得就把你像木偶一样抓在手里,她要你怎样你就怎样。"

不过她的呵斥更多涉及的是他的学习。戴维还记得,上小学、中学的时候,如果他做一些看上去不利于学习的事情,她就会大声呵斥他。一个比较清晰的记忆是:他在做作业,母亲坐在她身后织毛衣,他偷偷拿出一本漫画书来看,被母亲看到了,她立刻大声嚷嚷。这种例子很多,但是要回忆具体的时间、地点和事件却又很难,所有的印象汇聚到一起,是一个"叉着腰高声斥责的女人"形象。他用这些词来形容他十几年来在内心里构建出来的母亲的典型形象。

虽然戴维在咨询中所抱怨的家人只有这个母亲,他最依赖的人其实也是母亲。

戴维的姐姐在考学方面比他顺利,而在工作以后也有些坎坷。她是个非常仔细的人,做事也认真,但总是感到压力巨大。在大学毕业之后,姐姐一度不想找工作,觉得到社会上工作会很难。姐姐在毕业半年后回到家乡找到了一个事业单位的工作。

与戴维的父亲不同,戴维的祖父的性格开朗乐观,虽然已经七十开外,但朋友众多,喜欢旅游。这个祖父是戴维最认可和希望成为的人。

如果把戴维画的"我的世界"从象征意义上去理解,把高墙内的部分看成他的自我,高墙外看成他的世界,这个场景与戴维二十多年人生经验有着"自相似性":他面临的他人,总有不友好的一面,他们向他表达愤怒,为了他们自己的焦虑而控制或者打击他。但是从另一方面来说,他也因为成绩优秀而被同学佩服、被老师保护、被父母接纳。

戴维的完美主义和强迫性人格倾向

在咨询到第五次的时候,咨询师和戴维谈到运动在缓解抑郁情绪方面的作用。咨询师告诉戴维,有一种心理疗愈技术叫"运动处方"。适当的运动对于缓解压力、平复情绪都有好处。戴维对此有兴趣。他说他已经很久没有运动了,上了大学之后,除了上体育课就没有运动过。到他第六次来咨询时,戴维告诉咨询师,说他这个星期真的去运动了,但后来又放弃了。他本来计划每天晚上在学校的健身房举重三十分钟。戴维身材较瘦,他想练出一些肌肉来,在他看来这样也算一举两得。在学校健身房的第一天晚上,戴维举一边一个铁片的杠铃,到第二天,他就在一边加了一片,第三天,又加了一片。这样一天天加上去,到第五天,他就举不起来了。

咨询师问他为何如此,他说只有这样才能感到有所进展,才感觉"自己战胜了自己"。"每天都有进步不是很好吗?"咨询师问他在其他方面是否也有类似的想法。戴维说,除了早锻炼,还包括学习,在人际关系方面倒没有这种期望。"只要是自己决定要好好做的事情,就想越做越好。""如果不能做到最好,还不如不做。"

咨询师觉得，考 Q 大学，也属于戴维追求成功的目标上的一只放满了铁饼的杠铃，要么举起它，要么干脆就放弃。但是咨询师并没有把这个思考说出来，咨询师觉得做出这种解释为时尚早。

在我的咨询经验和生活经验中，看到很多的年轻人用这种方式思考问题。"如果我不能做到越来越好，我就退步了。""我只能进步不能退步。""如果我读书不能成为第一名，将来在事业上怎么能达到第一？""我连考试都不能超过别人，我怎么可能成为最优秀的？""我没有考上最好的学校，我很难成为最出色的人了。"

在大学生里——尤其是那种志向很高的学生里——这种想法司空见惯。在戴维这个案例中，咨询的大量时间是在谈论成功是怎么回事儿，谈论什么是现实生活中真正在发生的事情，什么只是一些愿望和理想。当然这些在观念和价值观层面上的反思是在进入咨询期以后才比较多地进行的。

戴维的高标准，如果不能做到最好不如不做的倾向，要把事情越做越好的想法，提醒咨询师戴维可能是个完美主义者。咨询师让戴维填写了消极完美主义问卷［2］，得到问卷总分 170 分，根据该问卷的常模表格[1]，戴维的问卷总分的累积百分比接近 100%，消极完美主义特征极为明显，在消极完美主义的五个维度，"害怕失败""犹豫迟疑""极高目标与标准""过度计划和控

---

1 訾非：《感受的分析：完美主义与强迫性人格的心理咨询与治疗》，北京：中央编译出版社 2017 年版，第 433—441 页。

制""过度谨慎和仔细"上累积百分比都在99%以上。这个结果提示戴维可能存在强迫性人格特征。强迫性人格是在冲动—敏感型的性格基础、缺乏关爱的功能不良的客体关系、创伤性的经历以及对于成功和失败的极端信念的综合作用下产生的[1]，戴维的成长经验和遗传基础也符合这个观点。

对于戴维的人格倾向的形成，此处我想从生物和社会/环境的互动的角度进行一个初步的概括。从戴维的家族精神健康状态来看，他可能具有不稳定的情绪的先天遗传倾向，存在着易于兴奋和自我夸大的躁狂（manic）倾向，也存在着容易焦虑担忧和失望的抑郁（depressive）倾向。不过他所表现出的状态还达不到躁郁症的程度，他的家族中虽然有比较退缩、比较焦虑以及显得过于积极的重要他人，但无一在症状上达到非常严重以至于基本社会功能难以维持的程度，这说明从遗传素质上来说，这种躁郁的倾向是比较轻微的。当然也正是这种倾向的轻微性，使得戴维长期从这种倾向里获益，例如，抑郁倾向带来的思维的深刻性，躁狂倾向带来的较高的成就动机和学习效率。不过，这两种倾向所带来的冲动和焦虑如果通过追求完美来应对的时候，就容易朝着强迫性人格的方向发展。戴维成长于其中的社会环境和家庭环境都在强化一种"成绩越好越优秀"的价值观。他自身因成绩的优异而得到的来自家人、学校和同伴的认可也强化了他对这种价值观的认同。来访者姐姐优异的成绩带来的示范效应以及随着手

---

[1] 訾非：《感受的分析：完美主义与强迫性人格的心理咨询与治疗》，北京：中央编译出版社2017年版，第252—253页。

足竞争而来的超越动机对来访者的影响自不待言，来访者父母在社会上的不利处境，也强化了来访者通过学习来获得成功的动力。而作为家庭里较小的孩子，戴维又得到了来自父母的更多的关心和纵容，他从依赖性向独立性的发展也受到了一定的限制。而在戴维婴儿期的时候，重要母亲因工作繁忙，对他的关心却又是不够充分的和稳定的。母亲在孩子少年时期及以后过分的关心可能也是基于戴维的独立性发展的停滞（即使独自睡眠这样的独立能力，也迟迟无法达到）。孩子因为早期的依赖性没有得到足够的满足，在分离个体化上的困难，在一个焦虑的母亲那里就可能变成一种固化的关系。她与丈夫的不良关系也进一步强化了她与儿子的这种联接。

戴维的躁郁倾向的被强化也与环境（他人）的传染有关。过分积极的客体、过分焦虑的客体、过分退缩的客体、情绪不稳定的客体，在戴维的周围大量存在，他的情绪受到他们的传染也在所难免。

一种人格特征的形成，是这个人的基因潜质和他所经历的成长环境相互作用的结果。生物因素和社会/环境因素相互作用，造就一个人的信念、情绪模式和行为习惯。这些信念、情绪模式和行为习惯构成了一个人的基本人格。这种基本人格甚至在环境发生了改变的时候，也能支配着一个人的心理活动。例如，戴维即使到了健身房去运动，也都受着完美主义的信念和情绪模式的影响。这种人格模式甚至在他的生物基础发生改变的时候依然能够有所保持。戴维即使在药物治疗带来情绪稳定的时候，也依然会相信自己既然没有考到理想的一流大学，人生就不太可能获得让他满意的成功。所以，虽然心理空间是环境和生物因素互动的结果，这个结果也有它的独立性，而且它会反过来影响着生理和环境因素。戴维的完美主义倾向，让他对环境的理解染上了他特有的色彩，在他的眼里，他的大学环境粗糙、同学平庸、老师水平低，几乎全是缺点，而那个他没有考上的大学则处处都是优点。

对于戴维的抑郁症状，依然可以从生物、心理和社会因素来归因（见下图2）。戴维先天的躁郁倾向，在较多的负面经验的强化下，主要表现为持续而长期的抑郁。戴维的完美主义和强迫性人格倾向，在戴维遭遇高考"失利"、成绩不理想、因脱离家庭环境而缺乏全心全意照料他的客体等环境因素的刺激时，在其内心激起的是大量的挫败感、失落感、孤独感、焦虑感，抑郁情绪也就难以避免。

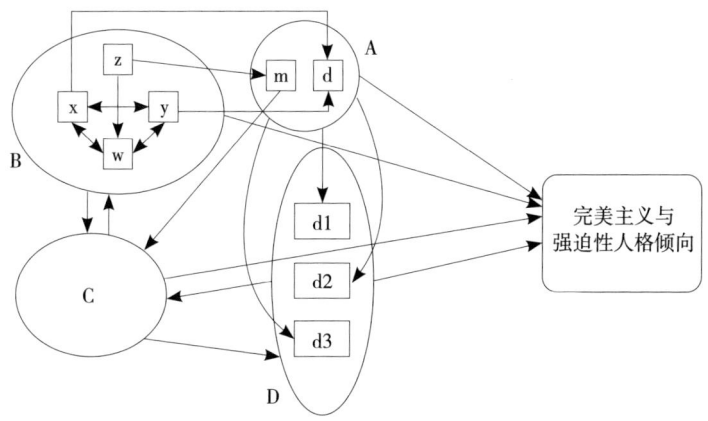

图2　来访者完美主义与强迫性人格倾向的形成因素概括

五、人格动力分析

随着咨询逐渐展开，在第 15 次的时候，戴维告诉咨询师，他知道国家最高领导人中，从 Q 大学毕业的人最多，他希望将来能成为最高领导人。

从现实层面说，戴维抱有的是个很大很难以实现的志向。但是我不主张在咨询中与来访者探讨如何设定"合理的人生目标"。对于戴维这个年龄段的青年，目标往往具有传奇性。一个有志于政治的青年，目标往往是最高领导人；一个想经商的年轻人，希望成为比尔盖茨或者巴菲特；从事艺术的，则要达到凡·高或者毕加索那样的高度。假如一个年轻人的目标是"像祖父那样成为局长"或者"像舅舅那样当上公司经理"，或者"能在一个美术学院当上讲师"，反倒是罕见的。具有神话色彩的人生目标所提供的是强劲的心理动力和人生意义感，不具传奇性的人生目标反而不能振奋人心。

咨询师把来访者的这类愿望当成一些象征，认为可以通过这些象征去理解它们背后所包含的心理动力意义。

  A 易发生情绪症状的基因遗传特点（m：躁狂倾向；d：抑郁倾向）

  B 功能不良的家庭、不良的客体关系模式（x- 母亲，y- 父亲，z- 祖父，w- 来访者）

  C 对于成功和失败的极端看法

  D 挫折事件（d1- 少年期创伤性经历；d2- 高考"失败"

及与姐姐竞争失败；d3 当下的学习困难

戴维从幼儿园到中学的这段时间里，尤其在初中二年级以前，遭遇过来自一些同学长期的欺负和嘲笑，这种经验让咨询师想到很多类似的案例，被长期欺负的个体，可能通过渴求强大的权力作为一种补偿。不过，当咨询师把这种解释反馈给来访者时，来访者未必会认同。受欺负与渴望强大之间的联系虽然常见，个体未必能够在感受层面上发现这种因果关系。当然，有些来访者可能回忆起这样的时刻：在受到欺负的时候，暗暗下决心，有朝一日我要让他们匍匐在脚下。但更多的来访者并不能有这样的典型记忆作为证据。戴维也是如此，他并不能从内在经验上确定这种情况能够解释他的权力动机。但是另一种联系他是能直接感受到的：他说当他想象自己成为国家最高领导人，就感到如同在学校里考上第一名。在中小学阶段，他是个经常名列前茅甚至考年级第一名的学生，这种高高在上的感觉不仅仅是一种渴望，实际上也是他的一种体验。

从戴维的以"我的世界"为主题的绘画里，我们其实能够捕捉到"强大了就不被欺负了"这样的心态。而且，戴维的强大保护的不仅仅是自己，也包括整个家族。

但是戴维对强大的神往更多的是停留在理想的层面，他不愿意与他人发生矛盾，甚至可以说回避矛盾。他把成功的希望寄托在好成绩和好大学上，而这个希望在他看来并没有实现，或者说遭受了重大的挫折。他开始怀疑父母亲给他灌输的成功之道的真实性。

从这里能够看到来访者两个相互矛盾的人格动力机制：一方面是追求成功，另一方面是对安全和依赖的渴求。且戴维这两方面的需求都比大部分同龄人更加强烈。

特别渴望强大而又特别害怕失败和被抛弃，构成了一种张力，这两类动机难免互相强化。成就动机越高，越有可能体验到更多和更强烈的失败感。在戴维的同学看来是成功的事情（如考入当下这个大学），在戴维看来则是彻底的失败，他觉得自己与优秀的大学失之交臂，竟与那么多他以前看不起的人沦为一族。成就动机的受挫导致了来访者安全感和归属感的双重受挫。反过来说，戴维对失败的敏感性，强烈的不安全感，促使他把成功的标准也定得极高。在以"我的世界"为主题的绘画或沙盘里，很少有来访者投射出自体与世界的那么巨大的对抗。戴维所指望的能保护他和家人免于被这个世界摧毁的条件简直可以用"船坚炮利"来形容。

追求成功者，犹如一个跳高运动员，在标杆越升越高的时候，在内心里也必须承认失败的几率越来越大。而戴维并没有形成这样的心理预期。同样，对于失败，有良好适应的高追求者本应习以为常。而在戴维看来，自己不属于眼下这个"二流"大学，周围的人不够优秀。而当他在大学里开始一门接一门地出现不及格，他又觉得周围的人都看不起自己。既然戴维在中小学的时候形成了"我成绩优秀所以他们才佩服我喜欢我"这样的心态，当下他自然而然地感到别人会因为他的不优秀而看不起他。

咨询师与来访者做到第15次咨询之后，对个案进行的进一步概念化描述为图3的模式。

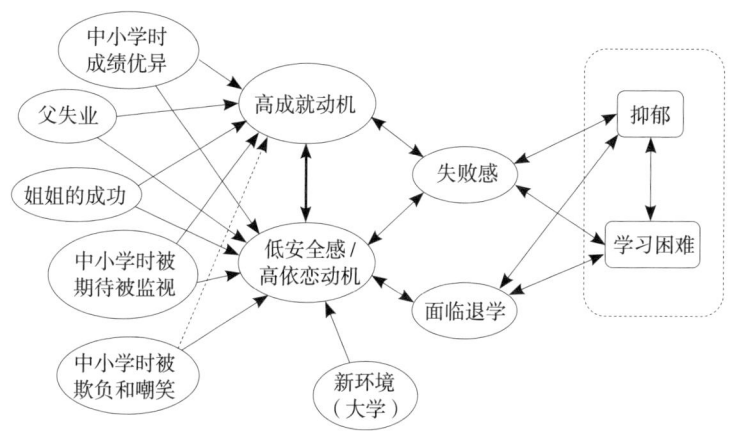

图3 对个案的心理动力的进一步概念化

我采用图3所示的动力结构模型解释戴维的主诉——即抑郁和学习困难——的心理—社会成因。当然,来访者的状况也有其生理—遗传原因,这个不可忽略的因素是作为心理—社会因素的基础和背景而存在的。来访者母亲的性格因素也对来访者的人格发展构成影响。

此外,戴维对当下状况的防御和反思也对于该问题的维持和改变构成直接影响,这是另一个在咨询中应该注意的因素。就心理防御来说,戴维通过一个人待在宿舍里并怀疑学业的价值来缓解失败感。戴维对于过去的追求(考上Q大学)的意义产生了怀疑。这种怀疑,除了作为一种防御,其实也具有反思的意义。相比于那些把大学当成高中的延续,继续追求成绩和名次的大学生,戴维因挫折而反思,其实也可以成为人格发展的机遇。概言之,面临当下的处境,戴维一方面防御着内心的失落和痛苦,一方面经历着人格的整合与成长——这种成长的机遇反而是失败带来的。戴维一方面在完成青春期未曾完成的叛逆过程，渴望独立自主；另一方面，他渴求依赖和依恋，害怕独立带来的不安全感。用精神动力学的术语来说，戴维目前经历着依赖性的独立（dependent-independency）。

戴维的人格发展水平，如果按照自体心理学家科胡特（Kohut）[1]对人格水平的分类方式，可评估为自恋水平。这和DSM-5的人格障碍分类中的"自恋性人格障碍"是不同的概念。DSM-5中的这个概念所指的是狭义的自恋性人格——虽然它仍然属于"自恋水平"这个更大的概念。这个水平约略等同于McWilliams提出的边缘水平的人格结构。这个"边缘"概念亦是广义的，而与DSM-5的人格障碍分类中的"边缘性人格障碍"有所不同，专指介于神经症—健康水平和精神病水平之间的人格面貌。这个发展水平的个体受到异乎寻常强烈的和夸大的移情需求的驱动，尚不能充分意识到自己和被自己理想化的他人的局限性及有限性，也难以超脱出移情需求（包括来自他人的完美及过分的肯定、对完美的朋友及伴侣的需求以及对理想化的崇拜对象的渴求）去意识到他人是作为独立的心理客体而存在的，更不用说能够真正体会他人的心理需求并作出反映。另外，科胡特[2]所提出的自恋水平的人格，与科恩伯格（Kernberg）[3]对人格发展水平进行分类时提

---

1 Kohut, H., *How does Analysis Cure?*, Chicago, IL: The University of Chicago Press, 1984.
2 Kohut, H., *How does Analysis Cure?*, Chicago, IL: The University of Chicago Press, 1984.
3 Clarkin, J.F., Yeomans, F.E., & Kernberg, O.F., *Focusing on Object Relations:Psychotherapy for Borderline Personality*, Washington, D.C.:American Psychiatric Publishing, Inc., 2006.

出的"高功能边缘人格组织水平"基本上是一致的。受异乎寻常强烈的自恋需求的驱使,个体发展出不同的行为和思维模式,有的个体寻求理想化的依恋对象去依附(比如渴望进入"第一流"的大学和跟随"最著名"的大师,否则便失去存在感和意义感),有的抓住一切机会展示自己,试图获得越来越多的赞美,有的则是努力做到和谐圆通、让他人无可指责,而有的则是通过做事的细致和可靠来获得成绩和来自他人的认可。就戴维而言,这些不同的应对方式他都有所采用,除了在展示性方面他会显得有所保留——这当然和他成长中被嘲笑的经历以及他对自己长相的消极判断有关。戴维最典型的应对方式是完美主义,我把戴维评估为强迫性人格特质、自恋水平(或曰高功能边缘水平)的人格结构。

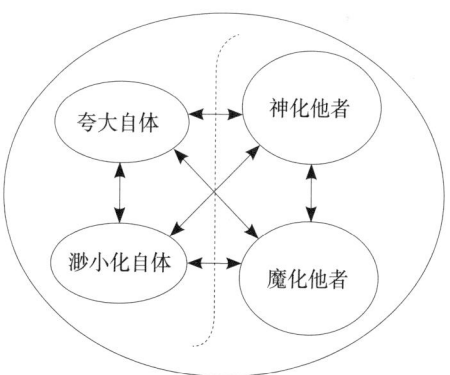

图4 强迫性人格者的四极自恋式人格结构[1]

---

1 訾非:《感受的分析:完美主义与强迫性人格的心理咨询与治疗》,北京:中央编译出版社2017年版,第263页。

我提出，强迫性人格者的内在动力结构是"四极自恋式"的（见图4）。在自体方面，他们一方面有对自身的夸大的认知或者期望，认为自己无所不能或完美无缺，或者渴望成为那样的人，另一方面又觉得自己渺小无力或者总在预感失败。在对他人的感受上，强迫性人格者惯于把人区分成两类：（1）完美的、伟大的、成功的、神奇的一类；（2）缺陷重重的、糟糕的、卑贱的、失败的、平庸的。他们期望依附于前者，而害怕与后者发生联系。这种对于自己和他人的极端理解，不论对自己的夸大或者渺小化，还是对他人的神化或者魔化，都是活在自己主观的世界而缺乏与现实世界的充分交流的表现，这种脱离现实的主观性便是自恋状态。

戴维对自身的成就有极高的要求，同时又感到自己是渺小脆弱的，他渴望能够进入一个能够提升他的优越感的大学去学习，他认为当下的学校是糟糕的，会把他朝着不优秀的方向拉扯。自恋需求不能满足，失望、挫折感和无助感成了戴维当下的主导情绪——当然，这种情绪的强度，除了人格因素，也是受到戴维的生物遗传素质和当下的处境——离开熟悉的、被照顾的环境——影响的。

在针对自恋水平的人格进行咨询时，咨询师头脑中最好有一个什么是成熟自恋的图景。自恋是人格的天然成分，但图4那种分裂和极端化的状态，是自恋的不成熟状态。人格的发展在一定程度上意味着个体的自恋需求发展到一个更为成熟的状态。关于成熟的自恋，我有如下的观点：

（1）成熟的自恋意味着夸大和渺小化两部分的整合。这种整合肯定不是一蹴而就的。最初的整合意味着，当个体处于夸大自体的状态时，能够意识到自己的不足和渺小，而处于相反的状态时，亦能看到自己的长处，不至于沦于某种状态而不能自拔。较好的整合状态则是能够对自己有合理的、有现实感的看待和期待。

（2）成熟的自恋意味着神化他者和魔化他者的整合。在向比较成熟的自恋状态的发展过程中，个体首先发现人是有限的，没有完美无缺或者一无是处之人。最终个体意识到，对强大的他人的依附与对"不强大""不完美"的他人的贬低是缺乏独立性和现实感的表现。人格的成熟意味着人格上的独立性的实现。

（3）成熟的自恋意味着自恋冲动与更大的生存境遇联系起来。他意识到每个人都有自恋需求。满足自己的自恋需求的同时要尊重他人的自恋需求。能够把自己的自恋需求与群体的利益联系起来。

（4）成熟的自恋意味着对他人的自尊的认识、理解和感受能力，能够达到主体间的共情理解。[1]

概言之，成熟自恋的这四个方面，便是个体的现实感和共情能力的充分发展。现实感的发展意味着个体逐步学会客观地探索自身（生理的和心理的）和他者（他人和物质世界）的真实状况，而不是满足于对自身和他者的想象。共情能力的发展，本质上也是现实感发展的一部分，不过共情能力集中表现在个体"站在他人的角度看世界和感受世界"的能力。

---

[1] 訾非：《感受的分析：完美主义与强迫性人格的心理咨询与治疗》，北京：中央编译出版社2017年版，第40页。

六、咨询方法及过程回顾

对于本个案的咨询,咨询师采用的是感受分析咨询模式。这是我把精神分析、人本主义心理治疗和认知行为疗法结合起来的一种咨询方式,这种模式也有属于自己的咨询技术和对于咨询过程的理解。[1]

我把感受分析咨询中咨询师和来访者所经历的变化概括成下图5的过程。它可以大致分成"理解与判别""解析与领悟""修复与成长"和"文化的反思"四个阶段。

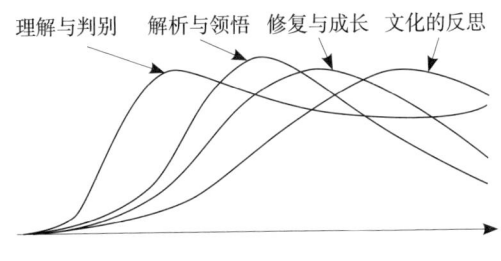

图5 感受分析咨询的四阶段[2]

在咨询的最初阶段,咨询师主要做的是倾听来访者对自己的情况的描述,尽可能共情来访者的感受和想法,同时对来访者的现状有所评估,对形成现状的原因进行判别。在此过程中,来访

---

1 訾非.《生态主义观点对心理治疗理论与实践的启示》,载《中国心理卫生杂志》,2017年第1期,第83—88页。
2 訾非:《感受的分析:完美主义与强迫性人格的心理咨询与治疗》,北京:中央编译出版社2017年版,第293页。

者与咨询师共同面对来访者希望解决的问题，形成有助于来访者的表达和探索的"主体间场"。在本阶段咨询师虽然也会对来访者的陈述有所反馈，但旨在鼓励来访者的表达、澄清来访者问题的性质以及了解导致问题的相关因素。在以理解与判别为主导的咨询最初阶段，咨询师应该尽可能贴近来访者的感受与思路。此时咨询师对来访者问题的性质及原因会有初步的假设，但这些假设必须向新的证据开放，随时接受修改甚至被推翻，咨询师不应沉迷于假设与既有的理论如何合拍。例如，在本咨询中，戴维提到自己在离家之前，晚上都是与母亲睡在一起，甚至上了大学之后，放假回家仍然和母亲一起睡。来访者的这个行为可以轻松地套用弗洛伊德提出的"恋母情结"理论。如果一个男孩出于对母亲的爱而和母亲睡在一起，"恋母情结"倒是一个不算太离谱的解释。然而本咨询中，咨询师询问来访者如果不和母亲睡在一起会有什么感觉，来访者说出的体验主要是恐惧。此后的多次咨询，更多的证据表明戴维的怕黑是真实的。来访者甚至在咨询室中一个人呆着都会感到害怕。正如戴维所说，睡在母亲身边，体验到的是安全感。所以本案例中，戴维睡在母亲身边，用弗洛伊德的"恋母情结"解释，不如用客体关系理论来解释它更为合适。从依恋的角度而不是力比多投注的角度来看待戴维与母亲的依恋关系，也许是对戴维与母亲的关系的更为确切的把握。总之，一个在依恋关系方面遭受过非同寻常的缺失的孩子和一个抱有深切的内疚感的母亲之间的紧密的情感联接，并不是那种"取代父亲的角色"的恋母情结理论所概括的情感联接。如果从依恋关系的角度去看戴维的行为，我们就能理解戴维上大学之后体验到的非同寻常的孤独与焦虑。

虽然母亲是戴维夜里的"安全岛",白天的母亲在戴维眼里倒像个"悍妇"。戴维对咨询师说,母亲爱挑毛病,喜欢对丈夫和儿子大声指责。当然,在男孩子眼中,尤其是青春期之后的男孩子眼中,母亲经常是这种形象。戴维的母亲到底是个什么样子,并不能根据戴维几句抽象的描述来做定论。支撑我们对戴维母亲的理解的是戴维叙述的家庭生活。戴维的母亲对于生活细节甚为在意,家里的茶杯、水瓶、桌椅、餐巾纸、厨房用具、书籍等等都要放在固定的位置,如果这些东西被移动,母亲就要大声指责,说怎么又把家里弄乱了。母亲做好了饭,招呼大家来吃,如果大家来到桌前晚了几分钟,她就要大声嚷嚷。戴维说,这种事情如此之多,就算是现在,在离家好几千公里之外,这种大嗓门的指责还在耳边回响。戴维在说到对母亲的反感的时候,流露的是一种无奈的情绪,而不是愤怒或者仇恨。咨询师甚至感觉到,他这么说的时候还带有一点内疚,潜台词是:这么说自己妈妈有点不太好吧。如果结合戴维的主题绘画——即画中的他要极力保护包括父母和祖父母在内的家庭——来看,戴维对于母亲的感情是矛盾的。

因此,贴近来访者的体验去共情理解,就不会简单地把戴维的情况只概括成反叛或依赖,不会过分强调某一面,而是从矛盾心理的角度去理解他的内在感受。

我不主张在咨询的最初阶段,即理解与判别阶段仓促着手心理干预,但这并不意味着这个阶段咨询师只是收集了信息和评估了问题。事实上,咨询师耐心地倾听来访者对自己的情况做出表述,咨询师贴近来访者的感受与思路进行共情反馈,这些做法本身便具有治疗效果,在某些治疗流派,尤其是以来访者为中心的治疗流派看来,它们是治疗效果的主要来源。

从戴维的成长经历来看,他周围的亲人,父亲、母亲、姐姐,都不是善于倾听的人。他在初中和小学期间因为长相而遭人嘲笑也无处申诉。在这样的环境下成长的个体,委实需要有人耐心倾听他的故事。

当然,在倾听的同时,咨询师需要思考来访者的人生经验和动力需求之间的关系。当咨询师对来访者的内在动力有足够的理解,便要把他的理解以恰当的方式反馈给来访者,这是在咨询的第二阶段,即"解析与领悟"阶段做得比较多的事情。解析既包括咨询师提供的解释,也包括来访者对自身情况的自我分析。

当咨询师指出来访者的深层心理过程时,来访者可能同意咨询师的说法,也可能否认。当来访者同意咨询师的时候,并不意味着咨询师的解释一定贴近了来访者的实际情况;当来访者否认咨询师的解释时,也不总是意味着咨询师的解释有违来访者的实际情况。解释的可靠性和贴切性需要在咨询师与来访者的不断互动中逐渐显露出来,所以咨询师应该保持开放性,来访者也需要在一种开放的氛围里贴近自己的经验。

解析往往从发现和体验一个因素和另一个因素之间的关联开始(例如,来访者感觉到他父亲的人生经历从一定程度上促使了他的极高的成就动机,或者发现他在碰到挫折的时候无意中模仿了父亲的逃避做法)。但心理现象的发生是复杂的,随着咨询的深入,对心理现象的解释也应是越来越完整的,要注意到各种因素之间的互动性和结构性。最终展现在来访者面前的是对心理现象的生态的、整合的理解（如图3所示）。

在"解析与领悟"阶段，咨询师对来访者有了更多的理解，所以虽然在这个阶段咨询师试图把自己对来访者的理解反馈给来访者，但第一阶段——即理解和判别阶段——的工作并没有就此结束，只是在比重上有所下降而已。在这个阶段对来访者的理解会比第一个阶段更为及时地反馈给来访者。而且这个阶段的理解在很多情况下是来访者自己探索出来的。例如，戴维认为自己绝不能像父母那样生活，不能重复父母"失败"的一生。因此他认为，父母觉得好的东西，向他施加的规则，都可能让他重蹈父母"失败"的覆辙。因此戴维决定采用与父母相反的原则行事，不对自己做出任何约束。例如，戴维说自己"花钱比较多"，而父母是"过分节俭"的人。戴维说自己故意多花钱，把他们给的钱都花光，用来"惩罚"他们的小气。咨询师问戴维："你的母亲目前不在学校，她怎么知道你花钱的情况并体验到被惩罚？"戴维说，自己经常打电话找家里要，虽然知道家里并不富裕，给他们施加金钱上的压力。另外，戴维指出，尽管自己已经来上大学，仍然感到有一双眼睛在监视自己，一种处处"被监视"的感觉。咨询师问他是否在现实中的母亲仍然像他小时候那样处处"监视"他？他说："她现在不像以前那样了，没有那个精力了。""那么是谁在监视你呢？""是脑袋里那个母亲。"戴维说他害怕别人的负面评价，那种害怕的感觉和被母亲监视带来的感觉很相似。

在这个阶段，咨询师鼓励戴维在感受层面进行领悟。那被监视的感觉在身体什么位置？是什么样的？有什么形状？什么颜色？戴维指出，它是白色的，有很多爪子，在后脑的位置。这种在感受层面的觉察和领悟，其实也具有情绪的修复和成长作用——虽然修复和成长主要是人格咨询中的第三个阶段的工作。

对戴维的咨询进行到10次以上，咨询中开始采用了一些影响性的技术，或者说，有了一些"心理干预"。不过我更愿意把这些做法称为一个"修复与成长"的过程（见图5）。其实心理的修复与成长并非到了咨询师采用"心理干预"的时候才发生，在之前的"理解与判别"和"解析与领悟"阶段，心理的修复与成长也在发生。来访者在一个安全的环境下表达自己、反观自己，这本身就能带来性格缺陷的修补和人格的成长。不过在第三个阶段，咨询师在促进成长方面表现出比前两个阶段更多的主动性。

戴维性格中的抑郁易感因素之一是有条件的自尊。在他看来，如果别人认为他好，他才觉得自己是足够好的。而人格中必须有一些无条件的自尊才能够抵御抑郁。"不论我有没有成就，我都是足够好的"或者"我不需要等我有了成就之后才爱自己"，诸如此类的想法在戴维而言是不可思议的。但这些想法实际上是一个健全的人格必须拥有的"免疫蛋白"。

如果咨询师只是向来访者指出，不论你有没有成就，你都是足够好的；或者指出，你不需要等到你有了成就之后才爱自己。来访者的回应往往是：我知道你说的对，可我就是做不到。也有些来访者断然拒绝这种价值观。还有一些来访者认为若是这样"惯着自己"，自己就不会有努力的动力了——戴维就是这么想的。

所以,人格的修复,绝不是把一种适应性的价值观展现在来访者面前就会马到成功,而是要经历微妙且复杂的成长过程。

戴维奋斗的动力,相当一部分来自期望获得他人的认可和有条件的自我认可。戴维担心一旦无条件地认可自己,就会失去这份努力的动力。戴维也担心,假如对自己无条件地肯定,就会变成一个自大的、听不进去别人意见的人,这种人恰恰是他最讨厌的(在他看来,他母亲便是前车之鉴)。

咨询师与来访者在这方面有许多探讨。世上的确有不少人根本听不进别人的意见,非常自以为是,但也有一些人被别人的意见轻易地左右了。咨询师说,也许你担心自己成为一个自以为是的人,但可不可以拿出一分钟的时间无条件地肯定自己,体验一下那是一种什么感觉。当别人对你不认可,以苛刻的标准对待你时,你可不可以先不要忙着自我否定,而是体察自己被别人不认可时所升起的情绪。

这种对感受的觉察,越是准确,探索的效果越好。比如,戴维会说:"在此时此地,当我想到'不论我做得怎么样,我都应该肯定自己'的时候,会在头脑中产生一种不舒服的感觉,心脏上有一种痛苦的感觉,同时会有另一种想法出来'你都糟糕成这样了,居然还敢得意'",在这种情况下,咨询师支持来访者接纳这些感受,包括与"你都糟糕成这样了,居然还敢得意"这样的想法有关的感受。

中立地、不加评判地观察和体验与动机和观念相联系的感受,尤其是躯体感受,使得我们的注意力聚焦在观念与行为的连接点，即感受上。注意力从观念层面深入到感受的层面能更好地推动行为的改变。

当戴维逐渐更积极地看待自己，他并没有放弃学业，相反的是他的成绩逐渐好转。他也没有因为对自己有了更多的肯定而变成一个自以为是的人，毕竟除了在自卑和自负之间波动，人也可以成长到不卑不亢的更为成熟的状态。

在修复的阶段，戴维的改变当然不仅仅是无条件地对自己的肯定这单个因素能推动的。人格中有待修复的内容是一系列的。如他希望"越来越好"的完美主义倾向。即使在体育健身中，今天没有比昨天做得更好，那种退步的感觉也让他感觉很差。从极力回避失败感到以客观中立的态度观察失败感，便是戴维人格修复的另一个内容。再有，当强势的他人以否定的态度对待戴维的时候，他体验到的是无力感，是自卑和羞愧。这显然也是戴维容易陷入抑郁的因素之一。面对强势的他人而能够冷静地应对，而不是自动沦入无力感和羞耻感，也是人格修复与成长阶段的目标之一。

再如，戴维的"要么做到最好，要么不做"的心态泛化到他面临的多数事情，导致拖延。多数人的生活状态是：除非要事，一般事务只要做到说得过去就行。而戴维生怕自己被这种"庸人心态"所左右。他之所以在中小学时代成绩优异，就是采取与这种"庸人心态"相反的态度才得以实现。它固然曾经卓有成效，但随着年龄增加，生活和学习变得越来越复杂之后，他就越来越不能适应环境的复杂。及至大学，大量的课程和有限的时间，他的完美主义使他捉襟见肘。不过要从长期形成的完美主义里走出来，仅仅依靠反思是不够的，还需要把适应性的行为纳入习惯中。例如，学会接受做得一般的事情。或者，做事情给自己留有余地——不要把事情做到让自己讨厌的时候再结束——以便让做事本身给自己留下较好的感受（这样能够让自己下次更好地开始）。这些都是在个体心灵内部的微小的改变，它们慢慢积累起来，方使人格发生稳定的成长。

"修复与成长"阶段还发生在感受的层面。例如，上文来访者提到被母亲"监视"的感受是在后脑的位置有一种"白色的，有很多爪子的感觉"。对于这种感受，咨询师在指导来访者静坐和放松之后，引导注意力放在这个位置，觉察并陈述它的变化。在来访者觉察被监视感时，它在感觉上和视觉形象上都会逐渐发生变化。起初，被觉察的位置会比平时更不舒服。但来访者保持这种内在的观察数分钟之后，便有可能轻松下来。在这个阶段，一系列的感受都可以成为觉察的内容。例如来访者因为没有考上他认为的更好的大学，所体验到的挫败感；回忆父母的争吵冲突时的恐慌、凄凉感；在上课的时候觉得老师的目光里有批评指责含义的时候的不安感。

在修复与成长阶段，除了感受的觉察，还可以诉诸感受的转化，调动内在的积极的感受。例如，在戴维着手学习时，他自动地想到自己"已经浪费了很多学习时间"，或者"我如果不能成绩优异，学这些有什么用？"这些直接的负面感受来自他多年接受的一种教育文化：学习是为了成绩，成绩好才有未来。他很少体验到学习本身的乐趣，通过求知而走入世界和获得能力的乐趣。而这些乐趣，本来就是学习最应该给学生带来的。通过咨询师与来访者的交流，这种积极的体验是有可能被激发出来，成为学习的更持久的动力的。

诚然，激发积极体验的过程有一定的难度，不慎就会变成兜售"心灵鸡汤"，只产生短暂的暗示效果，甚而让来访者反感。

在修复与成长过程中，咨询师和来访者探讨的主题，逐渐地就会与来访者成长背景中的文化因素有关。这种文化背景最直接的形式是家庭和学校文化，较为间接的是社会文化。文化的反思是感受分析咨询的一部分。当咨询进入后期，咨询师与来访者的谈话越来越多地涉及这方面的内容，这就到了"文化的反思"阶段。

戴维成长于把考试成绩的高低当成孩子成功与否的几乎唯一的评判标准的文化环境里。他全心认同这个标准，因而对于自己高考的不如意，只能理解成自己在能力上低人一等，即自己智力不如别人，心理能力上也不是别人的对手，所以十多年的努力成为泡影，高考是一场彻底的失败。戴维所面临的这种考试文化，作为咨询师，几乎不可能回避与来访者就此进行探讨。人类的文化共同体既是一个巨大的疗愈者也是一个无孔不入的焦虑制造者，来访者走出咨询室，面对的就是这个无远弗届的"文化自体客体"。

何谓成功？在一个人们对成功的评价倾向于采用比较单一狭窄的标准的环境中，个体如何自处？不依赖于他人评价的自我奋斗是否可能？这些都是来访者在两年咨询的后期经常拿出来在咨询室里探讨的话题。与此同时，来访者还对道家哲学发生了兴趣。道家对人生世事的辩证理解，撼动了他曾经坚信不疑的线性思维模式（例如，只要努力，就必然成功；一分耕耘，一分收获；只有获得成功，人生才有价值；成绩越好的人，就越聪明）。戴维阅读了一些道家的经典著作，并拿到咨询室里来讨论。来访者开始辩证地思考问题，而不是像中学的时候那样把成功、失败、爱、被抛弃等看成一些非此即彼、非黑即白的东西。在这个阶段，咨询师与来访者的工作，带有很强的"文化分析"的意味，当然这是在心理学、尤其是精神分析背景下的一种文化分析。在精神分析领域中，弗洛姆、霍妮、科胡特都曾经强调过在精神分析中对于文化的关注的重要性，但精神分析治疗实践中对文化的分析仍然比较欠缺。

感受分析咨询的四个工作，理解与判别、解析与领悟、修复与成长、文化的反思，并非四个相互独立的过程，而是在个案的完整咨询历程中先后占主要地位的临床工作。虽然当其中某个工作占主导的阶段，便以这项工作给这个阶段命名，事实上在个案咨询历程的任何一个时期，这四种工作都会同时出现，甚至在一个咨询时段（session）里也可能同时出现这四种工作，并且它们经常相互补充和相互支撑。例如，当戴维处于第三个咨询阶段时，他谈到自己决心去上课。但早上起来的时候总是过了第一节课的打铃时间，不能准点去教室，然后就在宿舍里自责，下决心第二天早一些起来，但是到了第二天早上依然故我。这样的"下决心—迟起—自责—下决心"的循环始终如故。咨询师建议来访者迟起时先放弃自责，试着原谅自己，也可以试着在第一节课下课的课间来到教室。咨询师的这个建议，是修复与成长阶段所做的尝试之一。但咨询师也向戴维解释，一旦迟到了就觉得整个早上的课都不能去上，这种感觉是完美主义心理的一种体现。

咨询师在给出这种解释时，其实是前一阶段，即解析与领悟阶段常做的事情。咨询师也指出，上课不能迟到，以及有一段时间学习不用功便不再是"好学生"而要自暴自弃，这种心态其实在很大程度上是他的中学生涯给他塑造出来的。他在内心深处认同这种形象。而这种形象束缚了他的心灵成长。这种束缚很大程度上源自学校的管理需要，而非个体发展的需要。这种分析，在后面的文化反思阶段会多有涉及，而在此时讨论与反思，并非咨询师操之过急，而是一种必要的尝试。戴维在彼时尚不能清晰理解咨询师这个反馈的意思，但它开启了一种思路，即从生存环境和个体历史的角度去了解自己当下情感的背景。即使在这个修复和成长的阶段，在第一个阶段最为关键的理解和判别工作，此时也并非已经大功告成。例如，咨询师向戴维提出"不再自责"以突破"下决心—迟起—自责—下决心"的循环时，意在推动性格的修复和成长，但戴维指出，当他做事没能达到自己要求，他认为的自责能够促进自己的改变。戴维的这个说法，使咨询师对戴维所描述的循环困境有了更深层的理解，触到了戴维人格背后的一个超价观念——自责可以带来成长，不自责意味着放纵自己，结果会是让更糟糕的事情发生。对此，咨询师解释道，这个想法——自责以减少错误的再犯——在有些情况下是有意义的，比如，戴维第一次乘坐飞机旅行，给自己预留的去机场的时间过少，差点儿耽误了登机，他的自责让他之后总要提前更多的时间去候机。然而早起上课这件事却从未因自责而有所改变，是因为起床之后的他和起床之前的他，处于两种非常不同的精神状态。

以起床后的那个精神较好的"我"去责备起床前精神欠佳、不由自主的我，犹如饱汉责备饿汉的饥不择食，是对自身缺乏共情能力的表现。咨询师对戴维的这番解释，是从理解又过渡到解释工作里了。而此番解释之后，咨询师建议戴维站在另一个我的角度，帮那个起不来床的自己思考解决之道，考虑应对策略，这又是"修复与成长"的工作。由此，当戴维晨起之前，想到的就不是另一个我对自己的责备，而是对方提供的可选择的策略。从以上的例子我们能够看到，感受分析的几个工作之间，是有机地和生态地联系在一起的。

七、讨论、总结

感受分析咨询模式主张，在对个案进行概念化时——回答"心理困扰为什么产生"这个问题时——咨询师需要贴近来访者的感受经验，要与宏大的理论保持一定的距离。假如，依照经典精神分析的理论框架。戴维与母亲的关系，可以被直接贴上"俄狄浦斯情结"的标签，然后咨询师可以不厌其烦地探讨他压抑下去的对母亲的性的欲望。沿着这条思路走下去，咨询师可以推测这个来访者的自我挫败，使他能从失败的学业继发性地获得益处，即回到母亲身边。当他把自己在学业上的失败反馈给母亲，想挫伤的是来自母亲的力比多投注。他的所作所为，是俄狄浦斯期的矛盾情感的表达。以上这番解析，若是反馈给来访者，恐怕会遭遇他的反对。戴维不会承认他对于母亲抱有压抑下去的性的欲望，也不会承认学业上的自我挫败乃是源于回到母亲身边的企图。他也许能够承认他的自我挫败的确表达了推开母亲的愿望，但他断不会承认他要推开的是一个对他存有性的欲求的母亲。基于经典精神分析，一个咨询师便会感叹戴维的阻抗之强。不管怎样，咨询师的上述分析和反馈，也许能成功地在来访者和他母亲之间建构出一层尴尬的气氛，因之可能推动他与母亲渐行渐远，从而或多或少激发了戴维的独立性的成长。然而我认为，此种远离来访者感受的解析方式乃是基于一种笼统的还原论，其长远效果是可疑的。这种解析方式并没有认真地探索来访者情感的原貌，而是以颇具欲望性的概念扰动来访者的内在心灵空间。在来访者信任咨询师的情况下，他的情感便受到了咨询师的暗示——尽管这种暗示可能会产生一定的治疗作用。

依恋理论、进化心理学、模块心理学和社会生物学的新进展让我们对于亲子关系有了全新的认识。精神分析的客体关系与自体心理学、主体间性理论等也结合了这些全新的认识，从而对于临床分析有了另一种探索态度，即贴近来访者经验的态度。精神分析的自体心理学的创始人科胡特[1]把这种探索称为"贴近经验的分析"。

如果我们贴近来访者的经验和体验，不在解析和修复上操之过急，通常不会频繁遭遇阻抗。贴近经验的分析意味着咨询师和

---

[1] Kohut, H., *The Analysis of the Self: A Systematic Approach to the Psychoanalytic Treatment of Narcissistic Personality Disorders*, Madison, CT: International Universities Press, 1971; Kohut, H., *How does Analysis Cure?*, Chicago, IL: The University of Chicago Press, 1984.

来访者是合作的关系、共同探索的伙伴关系。这种关系里不是没有阻抗，也不是没有敌意的表达，但那种基于理论的傲慢而产生的不必要的阻抗是大为减少了。

戴维对母亲是依恋的，这种依恋可以没有性冲动的成分——虽然在少数极端案例里，儿子包含有乱伦冲动的依恋体验也的确存在。对于戴维，他缺失的是一种安全的依恋感，这种缺失由来已久。他头脑中自幼开始经常闪过的与母亲分离的场面，他对黑暗的害怕，意味着他的缺失可能发源于俄狄浦斯期之前。咨询师在这个方面的工作，肯定不是指责这种依恋的不正常。事实上，咨询师需要更进一步去感受，尤其是帮助来访者去体验，这种强烈的依恋背后的细微状况。从戴维的描述中，咨询师能体验到他内在的两个世界：家是安全、可靠——虽然也是恼人——的，而外面的世界是严酷而危险的。这种对于世界的二分理解在儿童早期并不少见。然而个体从幼儿向成年发展的过程中，尤其是在青春期到来之后，便会逐渐与这种内化出来的世界告别，兴致勃勃地投入一个让他们的母亲惶恐的更大的世界。在初二的时候，戴维和大多数孩子一样抵达发展的这一阶段。然而，在目前的大学二年级，来访者仍然处于这个阶段的早期。这中间的六年，戴维在这方面的发展似乎停滞了。

戴维的独立性发展停滞的原因可能有几个方面。首先，他是一个成绩特别优异的孩子，对于名牌大学的渴望，使他把太多的精力投注在对成绩和考分的追求上。这个在小学阶段就总是年级第一名的学生，体验过非同寻常的成功。这种体验使得追求优秀已经成了根深蒂固的习惯，它泛化到那些原本无需争强好胜的事情上。其次，戴维的母亲有着过分严苛的性格和极端的焦虑性，并不能在人格成长上给孩子提供足够的精神营养。再次，来访者的父亲也未能成为一个合适的男性榜样，并对来访者所受的来自母亲的焦虑的"感染"有所缓冲。最后，戴维长期的超出常态的情绪起伏，加重了他的退缩、回避、竞争性和完美主义。这种情绪的起伏性一方面源自成长经验，另一方面也是植根于他的遗传特质。

经过两年的心理咨询，戴维的情绪变得相对比较稳定了，从大学里毕业，在某城市的某公司找到了工作。他已经按照精神科医生的建议逐渐停用了药物。就戴维的情绪改变而言，咨询师认为，至少四种因素对戴维起到了疗愈作用：精神药物治疗、心理咨询、大学的环境、社会文化环境的熏陶。精神药物在生物层面上帮他稳定了情绪；他的大学同学、老师、辅导员、行政管理部门等在情感和学业上给了他很多的关照和关注，也缓解了戴维的现实压力。戴维上大学的城市为他提供了一个有活力的文化氛围，他接触到了一些心理学、哲学和宗教思想，这些文化熏陶改变了他的超我的内容，竞争和获胜不再是全部的价值感和意义感的来源。另外，从戴维自身的心理优势来看，他是一个聪明和善良的年轻人，因而在建立与咨询师的稳定和富有互动的咨访关系方面较为容易，这使得此类咨询所必须的持久性得到了保证。概言之，戴维的变化可以从生态的角度去理解，治疗的概念化（Treatment Formulation）可以概括成图6的结构。戴维在外在生态系统（outer ecosystem）（家庭、大学、社会）中作为一个个体，通过自身的努力以及与外在系统的互动由不适应发展

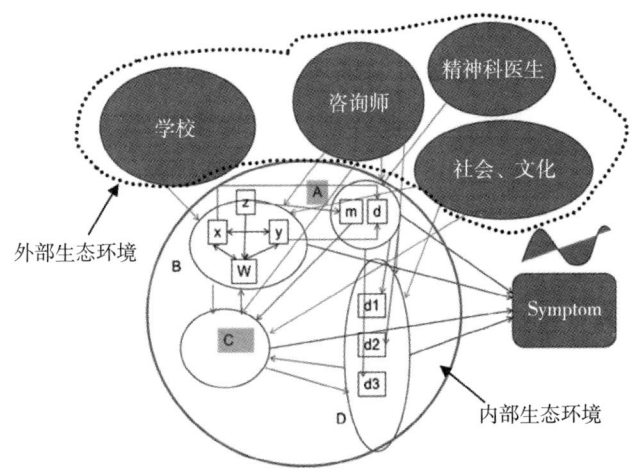

图6 来访者的外部生态环境与内部生态环境

为较为适应。他自身的心灵,作为一个内在的生态系统(inner ecosystem),也在这个过程中逐步实现平衡与开放。这个内在系统的改变,是从压力的缓解、对症状的象征意义的理解、对强迫性人格倾向的觉察与变革、对自身与外部生态系统关系的领悟与改善等来实现的。在这个过程中,咨询师的价值存在于两个方面:(1)有复愈作用的关系的持续存在。(2)促进来访者的反观、反思和思考功能的发展。这两个方面在来访者的内在心灵生态系(这个生态系的组成成分是动机系统,即内在的认知—情感单元,它们以感受和行为作为输出)的发展方面起到承载和促进作用。咨询一方面促进来访者对自身和外部世界的更为真实的认识,另一方面也促进来访者在面对自身和外部世界方面更具有灵活性和创造性。

最后，我希望强调，人格成熟的两大主要标志——现实感和共情能力——分别代表着个体对这个世界的两种认识的能力，也即走出自我中心的能力。现实感主要表现在不把自己的主观愿望／想象与外在的现实相混同，愿意理解外在现实；共情能力则是个体对于他人作为具有相对独立性的心灵的主体的尊重和理解力。所以在理解他人的时候，现实感和共情能力并不是截然分开的两种心理能力。

附录一：感受分析咨询与治疗的部分理念[1]

感受分析是一种生态—整合的咨询模式，试图把精神分析的深度性、认知行为疗法的技术性以及人本主义的态度有机地结合起来。感受分析看待来访者也是整体性的，从临床问题、人格结构、生理状况、社会环境四个方面理解和评估问题和潜力，主张心理咨询与治疗的生物—心理—社会模式。

感受分析主张通过体察感受、分析动机和做出行动，引起个体对自身和世界的态度发生改变。而改变了的态度，又反过来影响个体如何体察感受、分析动机和做出行动。因此感受分析是一个辩证的成长过程。以下是感受分析治疗的部分理念：

（1）重要的不是念头，而是念头背后的感受。

---

[1] 訾非：《感受的分析：完美主义与强迫性人格的心理咨询与治疗》，北京：中央编译出版社2017年版，第438—439页。

（2）来访者比咨询师更了解自己的感受。

（3）感受分析是指在感受的基础上分析；在分析的基础上感受。

（4）回到身体，回到感受，意识才能与我们的深层动机相遇。

（5）把注意力放在让你不舒服的感受上，不回避，也不试图改变它。

（6）通过感受的解析与体察，来访者形成对自己的内在动力的理解，咨询师也获得对来访者的贴近感受的理解，而不是用理论的框架套在来访者的经验上。通过感受的分析形成对于每位来访者的贴近感受的、个性化的"微理论"。

（7）区分生理感受、暗示性感受和心理感受。

（8）当纠结于想法之中时，重要的不是弄明白这些想法是否有道理，而是体察自己的纠结状态。

（9）强迫困扰的出现是一个信号，说明个体的心理压力过大，他需要更多的放松，更多的放弃。

（10）感受是直接嵌入人体的，它们绕过理性的分析和自我好恶的判断。

（11）让欲望成为照亮反思的火炬，而不是焚烧理智的火焰。

（12）梦是动机的显现，更确切地说，是在清醒状态下未完成的动机过程在入睡后的继续活动。

（13）整合自我的第一步，在于形成独立于他人评价的自我肯定和积极评价。

（14）就强迫行为而言，逐渐放弃强迫行为并体验放弃这些行为时产生的焦虑感受。但就强迫观念而言，刻意放弃强迫念头，却可能加重心理冲突，产生更严重的交互作用。直面那些被自己有意回避或抑制的念头，体验念头背后的情绪和动机感受，则有助于症状的缓解。

（15）放松训练的一般模式：把注意力放在头部，逐渐地，就像被搅浑的水在安静的环境中变得清澈，你头脑中的疲劳、烦恼、畏惧、担忧就像水中的石头一样显现出来。坦然观察这些显现出来的东西，放松身体。

附录二：贴近来访者经验的准标准化测量 —— 关于长程心理咨询的评估问题的讨论

戴维所接受的是一个为期两年的长程心理咨询。两年的咨询所面对的是来访者的抑郁情绪和学习困难这两个相互关联的问题。而导致这些问题的原因，有戴维的完美主义与强迫性人格倾向、过往经历中的一些创伤体验（例如母亲频繁的呵斥、怕黑、初中时被同学霸凌的痛苦记忆）以及现实的环境压力等等。在长程的心理咨询过程中，咨询师和来访者不断变动着工作的聚焦点，在表层心理困境和深层动机之间转换，所以咨询中有大量的短期、中期、长期的目标交织在一起，这使得咨询效果评估也变得不那么简单和容易。

如今业界对于心理咨询的效果评估，无非是通过来访者的主观反馈、咨询师的主观观察、他人的主观观察、标准化的问卷测试这几个主要的方式。但是这些方法各自有着一些显著的缺点。例如，前三种都是主观评估方式，都容易受到评估者的期待甚至记忆力的影响。一个来访者进行长期咨询过程中，起初主诉的情绪体验发生了什么变化？来访者和咨询师可能都难以凭主观记忆做出公允的判断。（这种情况也常常在药物治疗中发生。）这是我们人类凭回忆评估自身经历的一种常见困难。例如，假若我们回忆自己的写作能力是如何提高的，我们一般仅能回忆起几本读过的最精彩的书，但是当我们写作的时候，才发现有些语句和用法从脑子里脱颖而出，我们并不知道我们在何时从何处内化了它们。

况且长程咨询中来访者发生改变的地方是多种多样的，有些改变并不是在咨询开始时来访者提出来的，但它们对来访者的整体改变也至关重要。例如戴维对母亲、父亲等人的印象的改变，就显著地影响着他的情绪和学习态度。而咨询中只是在其中一些session涉及这部分。

当然，咨询师所保存的咨询记录，来访者自己写作的咨询札记，在咨询结束后回头来阅读和分析，也能帮我们回忆和领悟咨询中的细节，对于咨询效果的评估大有帮助。但是不论是咨询师还是来访者，把自己的记录拿给对方，不会是毫无顾虑的。咨询师把咨询记录拿给来访者审视，来访者有时会被咨询师的"客观"的描述以及"主观"的分析所冒犯。另一方面，多数来访者并不愿意在接受咨询期间针对咨询做记录和写体会。以上这些因素都使得咨访双方使用记录和札记评估咨询效果时变得困难重重。

采用标准化的测量，例如使用常见的焦虑、抑郁、强迫症状量表，是被公认为比较客观的评估咨询效果的方式。但是这种方法最大的问题莫过于，标准化量表在症状描述上包罗万象，故而难以贴近具体的来访者的特定症状。例如，戴维站在楼上朝楼下看，有时脑中会不由自主出现自己跳下去的样子，他对这种想象感到恐慌。标准化的焦虑、强迫、抑郁问卷并不能贴近戴维的这种感受，在使用SDS、SAS、SCL-90等问卷进行测量的时候，这个困扰戴维的症状对问卷总分的影响是微乎其微的。而戴维之所以来咨询，这个体验却是最主要的动因，他甚至因为担心这个想法会变成现实，一度想要搬到楼下去住。

鉴于以上诸原因，我提出一种整合的评估方案：除了采用精神医学的精神障碍分类（见图7），以及标准化的定量测量方式（如SDS、SAS、SCL-90等）之外，针对每一位来访者，编制准标准化测试。例如，评估戴维的抑郁水平，固然可以采用SDS、SCL-90等标准化测试，但也可以根据戴维所陈述的情绪，同时编制一份贴近他的体验的情绪问卷。我们可以根据戴维的自述，与戴维协商编制如下的项目：

（1）"我最近一个月感觉做什么都没有意思"（选项"总是""有时""偶尔""从不"。）

（2）"我最近一个月中，心情不好会持续＿＿＿"（选项：半天以下，一整天，两天左右，三至四天，一周左右，一周以上。）

（3）"我最近一个月心情最不好的时候，走出住处对我来说"（选项"很难，基本上足不出户""偶尔坚持走出住处""能够基本上正常学习或工作，但效率大受影响""能够正常学习或工作"。)

(4)"我怕黑的情况"(选项"基本已经解除""在碰到一些情况下还会怕黑"说明情况＿＿＿＿"怕黑,从来不敢单独入睡"。)

(5)"我觉得我读的大学不好,所以不会有未来。"(选项"同意""有点同意""不确定""有点不同意""不同意"。)

(6)"现在回忆初中时被同学欺负的事情,我的体验是:＿＿＿＿"

(7)"每当我打开书本开始学习的时候,我一般会想＿＿＿＿"

(8)"只要是自己决定要好好做的事情,就想越做越好。"(选项"同意""有点同意""不确定""有点不同意""不同意"。)

(9)"如果不能做到最好,还不如不做。"(选项"同意""有点同意""不确定""有点不同意""不同意"。)

(10)最近一周,在当前宿舍楼上朝楼下看,现在的体验是:a. 有跳下去的冲动 b. 担心自己跳下去 c. 联想到跳下去的情境,但确信自己不会这么做 d. 有点恐高 e. 感觉平静(针对每个你所勾的选项,说明出现的频率,例如,"每天多次""每周3—10次左右""每周偶尔1—2次""没有出现")。(如果居住情况有变动,请说明。)

以上这个准标准化测试的一部分项目可以转化成定量结果,咨询师和来访者可以把咨询不同阶段所做的评估进行定量比较。另外一部分项目是开放式问题,咨询师可以对来访者的回答进行质性分析，或者对其进行编码转化成定量数据。[1]

而且，这个问卷在咨询过程中可以根据需要灵活地增加和减少项目，尤其在来访者的主诉和咨询目标发生改变的时候。在咨询师与来访者商议咨询目标的时候，是咨询师和来访者讨论上述测试所应包含的项目的合适契机。

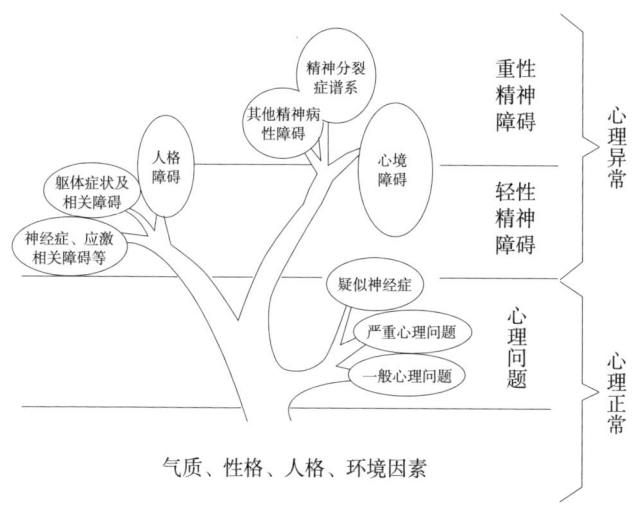

图 7　心理问题和精神障碍分类[2]

1　质化数据的分析方法，参见：谷传华、訾非、黄飞：《人格研究方法》，上海：上海教育出版社 2021 年版，第 426–438 页。
2　訾非，二级心理咨询师培训变态心理学讲义，北京林业大学 2007。

一例以抑郁和人际关系紧张为主的学生咨询案例报告

杨智辉*

一、案例介绍

（一）人口学资料

女，29岁，博士研究生四年级在校生。

（二）家庭状况

家中排行二女，有一个姐姐，父亲在外经商，母亲在家开小卖店。家庭经济状况中等。来访者与几位表叔及表叔家的表亲来往较多，尤其和一位在上海工作的表叔来往较多。

---

* 杨智辉，北京林业大学心理学系教授，博士生导师。北京市社会心理学会理事，中国社会心理学会健康委员会委员，北京市高等院校英才计划入选者。主要从事心理咨询与治疗方面的科研和教学工作，主持国家社科基金、教育部人文社会科学基金等项目十余项，发表中英文论文60余篇，著作多部。主讲《变态心理学》《心理测量与测验》《认知行为疗法》等课程。

（三）目前状况

来访者没有男朋友，也不曾谈过恋爱（有过多次暗恋，并因此生病休学一年）。来访者身边几乎没有什么朋友（同性、异性都没有），和宿舍同学关系较为紧张，在宿舍住睡不着，不愿意住在宿舍中。第一次咨询的时候还住在宿舍，之后则一直住在表叔安排的一处房子中。

来访者日常几乎不和其他同学交往，也没有什么兴趣爱好。无聊时则到宿舍楼下报刊亭看报纸，给母亲打电话倾述，偶尔会到操场走走，但不进行体育锻炼。

在学习方面，来访者尚能坚持上课和博士论文开题工作，在咨询期间也通过了开题。在学习方面来访者似乎没有表现出太大的问题，硕士期间休学一年，还能保持较好的成绩，并且顺利读博士。

（四）来访者主诉

最近经常睡眠困难，情绪不稳定，偶有走向宿舍阳台跳下去的想法，但不强烈。在研二期间去某医院精神科就诊，被诊断为分离性障碍（来访者口述，准确性有待确认），一直服用赛乐特[1]，在一个多月前觉得自己已经好了，情绪也很稳定，因此在上学期末自己停药。第二学期开学的时候则情绪极其不稳定，因此来我处咨询。

---

1 赛乐特（盐酸帕罗西汀片）：可用于治疗抑郁症，包括伴有焦虑的抑郁症及反应性抑郁症，亦可治疗强迫症、惊恐障碍或社交焦虑障碍。

(五)病史

来访者在研二期间因暗恋的男生有了女朋友,导致来访者无法接受,继而感到脚底和背部刺痛难忍,在医院精神科确诊为分离性障碍,并服用赛乐特。并因此休学一年。

在大学和硕士期间都曾到咨询中心有过咨询,但未有明确诊断。

(六)成长经历

来访者对于幼年期间的回忆感觉非常幸福,希望能回到过去的日子当中去。如小时候经常在表叔的肚子上玩耍,表叔就像个小顽童,和她们一起玩;小时候跟在表叔的后面玩,那种感觉非常好。

有关在小学期间,来访者提到一件到同学家去写作业,写好的作业被同学擦掉的事情。来访者描述在小学期间有一个很要好的女同学,她们俩经常在一起上下课,有的时候也会和其他同学一起玩。有一次,她们俩去另外一个女同学家里写作业。四个女孩在一起写,来访者比较聪明,作业做得比较快,很快就写完了,于是就出去上厕所。等她从厕所回来的时候发现自己先前写的作业被人用橡皮擦给擦掉了,写好的作业又没了,来访者当时非常生气,她认为一定是另外那个女同学干的事情,但是来访者生性比较胆小和懦弱,对这个事情没有表露出生气,甚至没有让人知道她的作业被擦掉了。只是下定决心以后再也不去这个女同学家里玩了。在整个小学阶段,来访者记不起来还有其他的什么朋友关系比较亲近。而且这种情况一直持续到现在读博士的时候。

从小学,到初中到高中和大学几乎没有什么朋友。

大学期间有一个男生还比较聊得来,但来访者认为这并不是爱情,来访者似乎并不喜欢这个男生。到研究生了他们不在一个地方上大学,那个男生给她写过信,但她没有回,于是随着时间的流逝,那个男生也没有再给她写信了,关系也就慢慢地淡了,最后也就没再有联系了。

在来访者的成长经历中并没有发生什么很特别的事情,应该说是比较平平淡淡地度过,然后通过高考来到上海读大学和硕士、博士。

二、来访者与他人的关系

(一)与暗恋男生的关系

在研二期间来访者喜欢上了一个男生。来访者说在一次上大课的时候,她坐在后面,这位男生坐在前面。有一次课间休息的时候她往前看,那位男生往后看。他们两的眼神对上了。她觉得那个男生肯定喜欢她,在向她传达意思。而且,她注意到在这之后这个男生总是会不经意地从她的座位旁边经过,总是会在她待着的地方经过或和她待在同样的地方,会时不时地看她几眼。总之,来访者觉得这个男生是确确实实地和自己有着某种特殊的联系。但是,正当来访者沉浸在这份美好的爱情当中的时候,在研二的下学期,她发现这个男生有女朋友了。女朋友是他同班的一个女生。来访者觉得接受不了这个事情,于是,总是躲着他们俩。但总有遇见在一起的时候。

来访者有的时候问自己为什么要躲着他们？好像自己是第三者似的。来访者觉得那个女生才是第三者，她是先来的。在这之后，来访者注意到一些细节。比如，当她和他们遇见的时候，她发现这个男生会故意远离他的女朋友，有的时候甚至是推开他的女朋友。来访者觉得这是故意给她看的。来访者也觉得那个女生看她的眼神不对，是一种愤怒和敌对，觉得来访者在他们其中破坏他们的关系。等等。（咨询师认为这极有可能是来访者的主观想象。）

最后，我试探性地问了她一个问题"你和这个男生有接触吗？有说过话吗？"来访者回答说基本上没有接触，好像也没有说过话。

这件事情对来访者的打击比较大。在研三的上学期身体常常出现异常的感觉。比如经常觉得背上和脚底下有针在刺痛的感觉，有的时候会疼得受不了。有的时候去操场跑步和散步能稍微好一些，但是这种感觉在强烈的时候让来访者觉得非常受不了。于是去了校医院，校医院找不出原因，转诊到了综合医院，综合医院检查以后没有发现任何生理上的异常，但是这种刺痛的感觉非常强烈，医生觉得是心理问题，于是就转诊到了精神科医院。精神科医院大夫给出的诊断是分离性障碍，开药塞乐特服用。来访者因此也休学了一年。

在咨询中有时问到现在如何看这位男生呢？还喜欢他吗？来访者觉得当时的这段经历很"可笑"，现在觉得那个男生也不是什么好人，比如学习成绩也不好，经常和女生在一块打闹，也不是什么正经人,不知道自己当时为什么会喜欢上他。

硕士毕业后该男生离校工作了,来访者之后也没再见到他。来访者的第一次青涩的暗恋经历就此结束。当谈到现在的情感生活时,来访者觉得在经历了上一次事情之后,目前还没有喜欢的对象。

(二)与表叔的关系

来访者在上海有一个表叔。表叔从上海某所大学毕业后,在外企工作,发展较为顺利,在来访者读大学和研究生期间经常来看她,并给予很多礼物和好处。

来访者回忆小时候和表叔一起玩的时光非常美好。但有一次表叔骑着自行车带着她,家里的一只小狗一直要跟着他们出来,他们不让它跟着,于是赶它回去。但小狗一直跟着他们,后来小狗被车撞死了,来访者非常伤心,不停地哭,表叔一直安慰她,说再给她买一只。

来访者来到上海以后,表叔经常来看她。记得有一次表叔给她送了个随身听,她非常高兴。表叔有次带着女朋友来看她(当时表叔还没结婚),来访者对表叔的女朋友产生了很强的敌意,觉得自己不喜欢这个表叔的女朋友。

表叔经常会给她一些好东西和"福利"(来访者原话)。包括送东西和给钱。后来表叔结婚了,也生孩子了。来访者经常去表叔家里玩、吃饭。但是来访者并不喜欢去表叔家里,有的时候干脆就说很讨厌去他家里。因为不喜欢表婶及表婶家里的人,甚至是表叔表婶的孩子。此外,去表叔家里的时候,表叔总是会让她干一些家务活,如扫地、拖地、带孩子等。但是她很不想干这些事情。觉得自己就像是他们家的丫鬟和用人，觉得是因为自己得到了表叔家的好处，所以才被人家指使来指使去的，很不舒服。但表叔经常会叫她过去那里，她又不好意思拒绝，于是就总是会找各种借口来推脱。

来访者还讲到她曾经有一个非常可怕的、邪恶的想法。这个想法之前只和她的妈妈讲过，就是来访者在帮表叔看小孩的时候，突然产生一个邪恶的想法，想把这个小孩给掐死。她自己也不知道为什么会产生这样的想法，觉得自己有这样的想法是非常不道德的，非常不能接受自己的这个想法。但是这个想法又经常会出现。但来访者知道自己是绝对不会这么去做的。来访者和她的母亲讨论过这个问题。她的母亲对她说，你不能这样想啊，你表叔对你多好啊，你怎么能这么想呢？这个想法是非常不道德的。要她以后就不要这么去想了。但是来访者还是禁不住会有这样的想法。（来访者的母亲也经常是以道德方面的要求来要求她的。）

一个很困扰来访者的问题是在大学宿舍里比较吵闹，有位同学睡得比较晚，而且来访者比较怕那位同学，不敢说她。而睡不好会对她有很大的影响，所以一直想着在学校附近租房子住，然后让母亲过来陪她，或者是自己住到外面去。来访者在第一次咨询之后就住到了租的房子里，房间是由表叔帮忙定的，钱由表叔来出。现在每天除了上课和一些必要的事情来学校外，她大部分时间都在出租屋里，由于出租屋的条件比较好，也比较安静，因此睡得比较好，睡眠好了以后，精神状态就有了很大的改善。

在来访者与表叔的关系中，来访者经常提到一点，对表叔似乎是既敬佩和喜欢，又觉得表叔总是在控制自己，有一种讨厌和想挣脱束缚的感觉。比如，表叔带来访者一起去餐厅吃饭，表叔点了这个店的一个招牌菜，然后叫来访者吃，在来访者吃后问来访者：这个菜好吃吗？来访者回答说：还行。表叔说，怎么能说还行呢？应该说好吃，非常好吃啊。这么好吃的菜用还行来表达怎么够呢？

来访者觉得自己和表叔在一起的时候，思想被控制住了，没有了自己的想法，也不想去表达自己的想法。

来访者是一个"阴性"的人。总是不能很好地表达自己。表达自己的喜欢或不喜欢，高兴或愤怒的情绪。总是给人一种看似很平静，但是能感觉到内心有很多情绪和想法没有得到合理疏导的感觉。

（三）和同宿舍人之间的关系

在博士现在的宿舍当中，来访者觉得自己只和其中的一位女生的关系还可以，见面会主动打招呼，和其他女生的关系则比较淡漠。这位关系比较好的女生则是那种比较活跃的类型，据来访者讲，这位同学和班上大部分同学的关系都比较不错。因此，和她的关系看上去还是不错的。

来访者在读博士一年级期间曾经发生过这样一件键盘事件。宿舍里有一位女生晚上睡觉比较晚，一直在用电脑。来访者在睡觉的时候对于外界的灯光和声音都比较敏感。尤其是这个女生的键盘是普通键盘，在敲打的时候声音比较大，特别是在晚上的时候，总是弄得她睡不好。到后来，听到这个键盘声音的时候就好像有什么东西在刺她，对于这个键盘的声音非常敏感。但是，这位同学在平时与来访者的关系一般，而且这位同学平时比较强势，来访者有点怕她，于是不敢跟她说。来访者为此想了一个主意，她自己到市场上去买了一个无声键盘，然后送给这位同学。但是，这位同学觉得来访者这样做是侮辱了她，拒不接受这个无声键盘，还是继续用原来的键盘。来访者对此也没有办法，只能默默地忍受。于是，总想着能够逃避，搬出来住。

在来访者搬出来住之后的一两周内一直没有回宿舍去。有一次来学校上课，课间她回宿舍去看看顺便拿点东西。这时候宿舍中有一位同学说想跟她借她的床铺，让她导师的一个侄女在研究生复试期间住在她那里。来访者当时答应了。但是来访者心里是非常不愿意的。因为来访者属于睡眠比较困难的那种类型，对于环境比较敏感，床铺如果借给别人睡了，心里会非常在意。同时，又觉得那位同学拿自己的床位去给导师做人情，觉得很不认可。但是，来访者很难当面拒绝别人。尤其是，当来访者想到自己不愿意借床铺给这位同学的时候，又觉得自己太小人了，觉得自己不道德，觉得自己不好。在这方面，来访者的道德感特别强烈，但总是时时刻刻在压制自己的这些想法。

在本科阶段的宿舍当中，来访者觉得自己和其中一个女孩的关系不错。这个女孩在上海郊区的一个学校里当老师。目前还和这位女孩保持联系。（据咨询师了解，这个女孩可能是来访者本科同学中少有的与之还有联系的朋友。）

来访者住到出租屋以后，这个女孩及其男朋友周末来看她了。来访者觉得和朋友在一起的感觉非常好。非常享受这段美好的时光。他们在一起的时间里一般都是逛街、吃饭及在出租屋里看电视等。到了晚上，来访者、女同学、还有这位女同学的男朋友就一起住在来访者所在出租屋的同一个房间里。虽然，和同学在一起的时光非常美好，但由于来访者的睡眠不是很好，因此，这样睡觉她觉得很是受影响，但又不好意思说明。于是第一个周末就这样过了。

在下一次咨询的时候我们讨论过这件事情。来访者说她很想告诉这位同学说下次能不能不带她的男朋友来，或者她的男朋友来，但是晚上不住在这里。但是来访者和往常一样，这样拒绝别人的话还是说不出口。于是她给妈妈打电话说这件事情。来访者的母亲和她说，你不要这样拒绝别人呀。这个同学在本科的时候你生病了一直在照顾你，现在你在出租屋的条件好了，你怎么能这样做呢？这样做是不好的。于是来访者自己也不知道怎么做了。

第二周这位女同学和她的男朋友还是来了，于是又这样度过了一个周末。等快到第三次的时候，来访者还是觉得不行，人太多了太吵，她不能适应这样的环境，但又不好意思说出口，于是就在想了很久之后编了一个理由，说五一假期期间学校有什么样的事情，她要去，因此就不方便他们过来了。其实，来访者在编这个理由之前，她想了很久。比如说这周这个同学会不会来呢？如果她不会来就好了，我就不用去编理由了，也就不会受到良心和道德上的谴责了。如果就她过来，她男朋友不过来就好了，等等。总之是思前想后了很久才作出的决定。最后是该女同学五一有别的安排没有去她出租屋，来访者觉得终于松了一口气，不用去拒绝别人了。

来访者在讲到和他人关系的时候，觉得自己好像确实和其他人不一样。来访者觉得自己很难和老师、同学等人打交道，觉得没有什么好聊的，也聊不到一块去。但是和食堂的厨师、打菜的师傅、扫地的、报刊亭、小卖店卖东西的师傅们能聊得来。来访者说自己经常会到楼下的小卖部去和店主聊聊，然后在那看杂志书籍打发半天的时间，时间长了也经常和他们打招呼，感觉比较亲切。来访者有时候觉得自己虽然明年就博士毕业了，但觉得自己可能做不了白领之类的工作，觉得这类型的工作对自己的要求太高了。觉得自己最适合做的工作就是产业工人，或者像前面提到过的那些容易打交道的人那样的工作。

从来访者的这段描述中，我们可以看到来访者似乎不是生活在她所属的那个世界中，而是生活在另外一个空间中。来访者难以融入自己所处的环境和人际关系中，在这类关系当中来访者常常会觉得自己是另类的、不够好的、多余的、不受欢迎的；而当来访者在与其认为社会地位经济地位更低的人（如前面提到的厨师、售货员、产业工人等）打交道的时候，则有一种天然的优越感、安全感和舒适感，没有了人际关系上的压力。

（四）与咨询师的关系

来访者看过不少有关心理学方面的书，也或多或少地知道一些心理学的知识和理论，但了解的内容比较浅。如来访者知道过去的经历尤其是小时候的经历会影响人的心理，心理学当中有催眠治疗等。

来访者在第一次咨询快结束的时候提出，因为在学校咨询中心的咨询一个学期只能做四次，因此，来访者希望能够在这四次之后能不能再另约我做咨询,她可以另外付费(当年学校咨询中心还有每学期四次咨询的限制);或者是用其他的方式如网络、电话等方式。我告诉来访者我们可以先做四次,如果希望能够继续做下去的话,我会建议咨询中心增加咨询的次数,而且可以在下学期的时候继续约我的咨询,这样可以省下这笔费用。

来访者的这个要求可能提示其内心当中一种比较强烈的希望被他人所认可和接受的心情,同时也是一种迫切希望得到帮助的心态表现。

有关咨询师看手机短信的讨论

在咨询到第三次的时候,来访者和咨询师讨论过这样一件事情。在来访者讲述一件事情的时候,我拿出了手机查看一个刚刚发来的短信。(在拿出手机看这个短信之前我也一直在考虑是否要现在看短信,一方面我知道来访者非常敏感,对于我在与她咨询的时候看手机短信她肯定会有察觉并且会有情绪反应,而且在咨询时间内是不可以看手机的;另一方面当时我所带班级的一个学生发生了紧急事件,情绪很不稳定,咨询之前我们一直在电话和短信联系,在咨询过程中手机震动,我很是担心这个学生会出什么事情,因此迫切地希望能够看下短信,了解一下这个情况。此外,在我和来访者之间隔着一张茶几,在茶几上面摆放着一个盆栽,我们的沙发都比较深,而且各自扶着一个抱枕,于是我认为来访者在说话的时候总是低着头的,如果我拿出手机来看一下,她应该不会察觉到。)看完短信以后就把手机收起来了,这个时候也没察觉到来访者有什么异常,还是在继续说自己的事情。

这个时候我们讨论到的一个话题是来访者常常会压抑自己的情绪和情感，不能表达自己真实的想法，尤其是不会表达自己不满、愤怒等负面的情绪。然后我提议让她试着表达在她与我的关系之中有哪些不满的地方。在开始的时候她还是按照往常的模式回答说"没有啊，老师你挺好的，耐心地听我说，引导我思考"等，然后我接着鼓励她，说在任何两个人的关系之间肯定是或多或少都有不满意的地方，而你在平时很少能够将你的这种不满情绪和想法表达出来，我们现在在咨询室当中模拟这种情境，这样也许能够帮助你在现实生活中表达出你不满的负性情绪。在我的鼓励下，其实更多的是在来访者那种长期的对外界和他人不满的情绪下，来访者终于开始讲她对我不满的地方有哪些了。

来访者说你在咨询的时候看手机了，这让我感觉特别不好。觉得自己特别失败，特别不受人喜欢。来访者觉得她在跟我讲一件事情，但是我当时并没有认真听她讲这个事情而是在看手机，而这些会让她产生一个自动思维是"我不够好，我不够有吸引力，所以别人不喜欢我"。来访者接着说这让她想起了以前的咨询，之前的咨询师也是在咨询的时候看手机，觉得对她不是很耐烦。

于是，我们开始讨论这个事情。我为我在咨询的时候看手机而向她道歉，表示我不论是什么原因，也不应该在咨询的时候看短信（我并没有向她解释我看短信的原因），同时，也向她表示祝贺，很高兴听到她当面对我说出了对我的不满，这是一个很大的进步。同时，也让她体会一下当面向别人表示了自己真实的、不满的情绪之后是什么感觉。（在之前来访者会认为如果要当面向人表达不满,就像是灾难降临一样,就会和这个人的关系彻底决裂。在她的人际关系模式当中,更多的是一种"全"或"无"的模式,而没有什么中间地带。)她感觉好像没有那么难,而且感觉说出来以后这个事情好像就轻松了很多。但是,她还是不习惯当面和人说出自己的不满,而是希望别人能够像她自己一样,能够快速地感觉到别人的不满情绪。

有关来访者与咨询师之间关系的讨论

在最后的两次咨询当中,来访者对于自己和咨询师之间是一种什么关系进行了讨论。来访者提到她知道她是学校的学生,咨询师是学校的老师,因此和咨询师之间的关系肯定是一种工作关系,一种师生关系,一种咨询关系。但是,她觉得和我之间的关系不应该只是这种关系,她更希望能和我之间有一种私人的关系,就像是朋友一样。

在这个时候,我给她解释了一下咨询关系的要求,并讨论我和她之间的关系。我们之间的关系首先肯定是一种咨询关系,这是由我们的身份所决定的。但是,在咨询过程当中,我们有了很深入的了解,对于很多问题进行了深入的讨论,相互之间的了解尤其是我对来访者的了解较多。而这在来访者过去的人际关系当中可能是没有过的。在这个咨询的过程中,我们就像是相互陪伴成长的两个朋友,因此,在心灵上我们是一种朋友关系。而如果来访者能够感受到我的陪伴作用的话,那么表示来访者已经获得了一定的成长。

最后一次结束咨询的时候,感觉做得有点程序化,时间可能也太短,或者是来访者还希望能够继续下去。在这次咨询中来访者觉得结束得太快了，最后一次咨询和自己想象的不一样。

后来我反思，在咨询结束的这方面确实存在一些问题。这个个案的咨询一共是五次，而从来访者问题的严重性来讲五次是远远不够的，五次的时间刚能收集信息，初步诊断，建立关系，发生初步的改变和变化，但由于学校咨询中心的设置（一个学生四次，现在已经没有这个设置了）以及学期快要结束，因此在第五次的时候就应该结束了。由于该个案在与他人建立关系上存在着较大的问题，而在咨询四五次之后我们建立起了良好的咨询关系，并且在最后两次咨询中涉及和讨论了来访者与咨询师之间关系的问题，因此在这个时候应该继续往下做，在这个事情上我作为咨询师应该尽量争取给这位学生更多的咨询次数和时间。

（五）来访者的一些有关"道德"的想法

来访者提到在住进出租屋以后的一件很小的事情。在小区的门口站着两个门卫，每次有客人进出的时候门童总是会说，您好，欢迎光临！慢走，谢谢光临。并且有鞠躬点头的动作。来访者在经过门口的时候看见他们这样在脑子里就自动地出现了一个想法，觉得他们特别像哈巴狗，没有一点骨气和尊严。但同时又忍不住地想自己不能这么想，这么想太没有道德感了，这么想太卑鄙了。

在前面介绍与他人关系当中也提到了几个与道德有关的事情。如来访者和母亲说偶尔有想掐死表叔家孩子的想法的时候，母亲和她说这是不道德的、不应该的；当来访者希望同学周末不要再来她住的出租屋的时候，母亲和她都觉得这个想法是不道德的；当来访者买了假发票之后，觉得这是不道德的、不应该的，于是把发票撕了；在她答应借给同学床铺以后，心中有不高兴的想法的时候，觉得自己不应该这么去想，这样想是不道德的。

总之，在来访者的思想中，有很多对自己思想的限制。这些限制不是停留在行为层面上，而是深入到了思想层面上，对于一些"不道德"的事情连想都不让自己去想。来访者的这种对自己的压抑不仅体现在这类有关道德的问题上，还时时刻刻体现在与他人关系中不能很好地表达自己的想法和意见上。在与他人发生冲突和矛盾的时候，总是会压制自己的想法，顺从他人的意见。但是在内心里并不是真正认同他人的意见，因此，内心淤积了很多意见和不满。

三、诊断与评估

（一）咨询师印象

来访者第一来到咨询中心的时候，衣着比较随意，没有化妆，显得比较疲惫，眼光无神，精神状态非常不好。眼神有短暂的交流，但随后目光就几乎不再和咨询师接触。来访者身高一米七左右，身材中等。

（二）诊断：

第一轴：临床疾病，可能为临床关注焦点的其他状况

曾有过躯体症状，背部和脚底有刺痛感，但目前已完全没有。

抑郁情绪。来访者表现的症状是感觉抑郁，偶有怀疑生活价

值的想法，有过自杀的想法，但次数较少，没有自杀行为和自杀准备。此次前来咨询的诱因主要是抑郁情绪比较强烈。

焦虑情绪。担心毕业与未来工作的事情，担心和他人的关系处不好。

主要问题表现在人际关系紧张，难以与人长期相处。

第二轴：人格及神经发育状况

智力正常。本科期间学习成绩优异，攻读硕士和博士研究生。

人格方面：人际关系的异常偏离，很难与他人建立和保持亲密关系；敏感、压抑自己情绪情感，比较自我中心。（咨询师判断可能有一定程度人际关系相关的人格障碍，但不能纳入具体的一种人格障碍当中。）

第三轴：医学状况

身体健康状况良好。服用赛乐特4年。

睡眠困难。曾经感觉背部和脚底有异样的刺痛感，但医学检查并无异样结果。

第四轴：可能影响精神疾病诊断、治疗及预后的心理社会及环境问题

人际关系，主要是本科期间的暗恋事件，与表叔关系及目前宿舍关系较为紧张。

社会支持非常少，几乎没有朋友，只有母亲一人可以倾述。

第五轴：对功能之整体评估。由1到100分

整体功能评估：70分

在学业、工作上：还能正常上学，也能完成研究生该完成的

任务，但有一定难度。开题的时候准备不够充分，被老师严肃批评，但对来访者影响不大，因为其他的同学也都被老师严肃批评，可能与开题是为了督促学生有关。同时，来访者对未来工作的问题比较忧虑，现在也在考虑是否留在上海工作，找什么类型的工作等问题。

在生活上：基本能够自理，但情绪不稳定，希望家里人从外地过来陪她。

因此，总体上看，来访者的各项功能处在一个能够处理日常事物，完成基本功能的状态。整体评估得分为70分。

诊断：中重度的抑郁，伴有一定的人际关系方面的人格问题和焦虑问题。

（三）鉴别诊断

癔症：来访者在描述大三期间的发病过程时比较符合癔症性感觉障碍，有心理社会因素作为诱因，有针刺样的感觉障碍。但这种感觉只在当时出现，之后不再出现，但来访者的各类心理问题还持续存在。

疼痛障碍：目前来访者并没有感到任何刺痛感，而且大三期间的刺痛感也只持续了不到一个月的时间，之后几乎没有再出现。

四、案例分析

(一) 来访者的病因分析

1. 来访者父母的影响

来访者的父亲常年在外地经商,与家庭的联系较少。虽然来访者个人觉得父亲并没有给自己带来太多的影响。但一个女孩在成长过程中由于父亲的缺失,可能给其带来一定的影响。

来访者的母亲与来访者关系可以说是非常密切。来访者目前29岁,但感觉与母亲的关系并没有随着年龄的增长而显得疏远,反而由于来访者几乎没有同性或异性的朋友,使得母女的关系显得更加亲密,甚至是相依为命。(至少从女儿这方面来看,对母亲在物质和精神上的依赖都非常严重,每天至少要一个或多个电话交流。)但来访者与母亲之间的交流并不是一种朋友式的沟通,而更多的时候母亲是以一种道德卫士和教来访者如何做人的角度来教导来访者。

比如,在来访者不愿意同学及其男友周末住到她的出租屋的时候,母亲告诉来访者说:你不能做这样的事情啊!当年大学的时候你生病了,人家都是辛辛苦苦来照顾你,现在你的条件好了点,怎么就能拒绝人家呢?

在来访者告诉母亲她有一种想掐死表叔家孩子的想法的时候,母亲并不是去了解来访者产生这种奇怪的甚至是邪恶的想法的内在原因,而是教育来访者说:你可千万不能这么想啊!表叔家对我们这么好,经常给你送东西,送钱,请你吃饭,你怎么能有这样的想法呢?

在来访者对母亲说自己不喜欢上海，想回老家找工作的时候，母亲不是想听听女儿不喜欢上海和想回老家的原因，而是劝女儿说：要是能留上海的话就留在上海吧。表叔能帮你在公司安排工作，要是回老家了，可没有这些条件了。

母亲在道德上对来访者的影响使得来访者在思考各类事情的时候，总是在与自己的道德感做着斗争。一方面有很多"不道德"的想法，一方面则在不断地压抑自己这方面的想法，不敢去表达自己的喜好爱恨。我分析这也是直接导致来访者在大学期间背部和脚底感到异常疼痛但检查不出任何身体上病变的一个非常重要的原因。

2. 来访者表叔的作用

表叔对来访者疾病产生的作用是双重的。一方面是来访者学习和奋斗的榜样。表叔是家乡里走出来的成功人士，因此，来访者非常喜欢甚至是崇拜表叔，希望能和表叔一样在上海有很好的发展。另一方面，表叔的存在对来访者来讲是一个压力。来访者自知自己无法达到表叔的成绩。此外，表叔的强势和来访者的表面顺从使得其压抑的行为模式进一步加深，这对其疾病的产生有着负面的作用。

3. 来访者长期以来的社会支持缺乏

来访者从小学一直到现在的研究生阶段，都少有朋友，在小学到高中少有的两三个朋友中到现在研究生阶段也几乎都没有联系。在大学期间只有一位女同学还保持着较好的联系，但就是这样一位朋友，在周末到来访者住处次数多了以后，来访者也会一直考虑用什么方式能让这位朋友不要这么频繁地来打扰自己的生活。因此，来访者很难交到朋友。

而这种社会支持的缺失，使得来访者在思考问题的时候更加地以自我为中心，无人与之交流，各种情感情绪绝大部分时间都无人与之分享，因而形成了压抑的特点。

（二）此类案例的咨询理论和技巧

来访者咨询的主要问题是较为严重的情绪问题，以抑郁情绪为主，同时伴有一定的焦虑情绪和在人际关系方面表现出来的人格问题。

首先，在对待抑郁情绪上，来访者的抑郁情绪很大程度上来源于睡眠问题，同时睡眠问题又加剧抑郁情绪；同时居住场所内人际关系紧张也是导致抑郁情绪的一个重要因素。我在第一次咨询中就与来访者讨论是否有条件改变居住场所。如在学校附近租房子，让母亲过来照顾；或者是住出租屋之类的。这么做的主要目的一个是给来访者创造一个好的、比较清静的生活环境，这样有利于来访者情绪稳定，另一方面让来访者身边有人照顾，这样可以避免出现极端事件（来访者在第一次咨询的时候提到有走到窗户边跳下结束生命的想法）。

在抑郁问题上主要是采用认知疗法，和来访者一起寻找其悲观的、负性的想法和观念。同时，引导来访者逐渐认识到自己的价值所在。

其次，在人际关系问题上，引导来访者整理从幼儿到研究生期间的人际关系及其模式，认识自己在人际关系方面所秉持的思考方式。同时，引导来访者与咨询师之间建立健康人际关系，敢于表达自己对他人的不满，并能认识到在表达不满之后并不会出现关系破裂的情境。

最后，在焦虑问题方面，来访者的焦虑情绪主要是面临毕业后的就业问题和面对具体的人际关系时如何对人表达自己感受与意见的问题。由于就业问题还不是主要问题，在此段咨询中并没有太多涉及，人际焦虑问题则主要在人际关系的认识上加以引导。

五、本案例的咨询效果评估

（一）短期咨询效果

来访者的睡眠状况和身体状况有了较大的好转，精神状况比之前好了很多。这些改变不仅应该归因于心理咨询的效果，也应该考虑到来访者住宿环境的改变和坚持服药的结果。

来访者现在能够体会到在自己身上存在的一些问题。如当发觉别人对自己不重视、不在意或不耐烦的时候，会觉得是自己做得不够好，是自己没有魅力而导致的；总是用一些非常道德的标准来要求自己，不允许自己做一些甚至想一些不好的事情；自己在人际关系方面特别敏感，等等。这些对自我的发现也许能够为来访者打开一扇自我认识和自我改变之门。

来访者虽然还存在着很多问题，而且这些问题短期内很难有根本性的转变，但是来访者对自我的接受程度比之前有了很大的进步。如上所述，在认识到自己的这些问题的过程中，也逐步在一定程度上接受了自己目前的这个状况。

（二）长期咨询效果

通过几次咨询，来访者的长期咨询效果有待进一步考察，但咨询师感觉长期咨询效果可能欠佳。来访者深层次的问题是在长期的成长过程中形成的，如从小学到研究生阶段就一直没有可以交心甚至是交流的朋友；长期压抑自己的想法；而这些已经形成了来访者在人格上的特点。

来访者受外界环境的影响比较大。宿舍环境人多嘈杂，不大适合来访者居住和生活，如果有更加好的环境应该会对来访者的康复和成长起到很大的作用。

个人感觉在此类个案咨询当中，如若想来访者在人格和能力上有很大的改变，似乎难度很大，也会同时给来访者和咨询师以挫败感，更切实的可能是将目标设置为来访者如何能够在现有的基础上更加适应当前的生活，部分改变对于外界环境和他人的看法，更少地用世俗道德标准来要求和评价自己，更加适应现在的社会和生活。

花儿为我开放——强迫思维女大学生的箱庭治疗个案研究

张雯*

一、案例介绍

小燕（化名）初次来到咨询室的时候是大二下学期刚开学不久，三月份正是春暖花开的日子，与窗外阳春三月的一派盎然不同，室内的小燕有着与其年龄不相称的忧愁和焦虑。对于心理咨询，小燕显然有备而来，带着几张涂满的信笺，开始了她漫漫的

---

* 张雯，博士，副教授，硕士生导师，北京师范大学 MHS 中心督导师，中国心理学会注册心理师，日本箱庭疗法学会会员。现任中华女子学院儿童发展与教育学院院长助理，心理学系教师，专业方向为心理咨询与治疗，主攻箱庭疗法。主要承担课程有：自我成长、团体心理辅导、心理咨询理论基础等。毕业于北京师范大学心理学院，硕士、博士均师从于"箱庭疗法第一人"张日昇教授。从事心理咨询13年，曾经在北京多个高校心理咨询中心和机构兼职心理咨询师。出版专著《强迫症与箱庭治疗》（2014年7月，中国社会科学出版社），《箱庭（沙游）疗法实务》（2015年12月，首都师范大学出版社）。在中外学术期刊发表心理咨询领域的中英文论文四十余篇。

求助之旅。

(一) 家庭情况

小燕出生在北方的一个小城市,家里有工薪阶层的父母和一位年长六岁的哥哥。在小燕的印象里,哥哥就是家中的"小霸王",从小惹是生非。从小学的时候起,就经常打架滋事,初中的时候几次因此被记过,勉强升入高中,恶习不改,终于在高二那年被勒令退学。在家闲赋一年后,父母花钱让其在省外的一个城市读高职,哥哥依旧不争气,脱离了父母的监督以后更加变本加厉,不仅没有拿到毕业证,还在肄业后留在省外城市游手好闲不务正业,每个月向父母讨生活费。在小燕的眼里,哥哥是个彻头彻尾的失败者,一个让她感觉羞耻和愤怒的人。小燕努力学习就是为了摆脱哥哥的不良影响,成为与哥哥不同的人,一个真正成功和优秀的人。

小燕的母亲是一名小学教师,小燕笑称别人家是"严父慈母",而她的家却是"慈父严母"。小燕母亲性格急躁,要强好胜,很喜欢与别人攀比,或许因为哥哥不争气的缘故,母亲对小燕的要求更为严格。在小燕的印象里,从小到大从来没有听到过母亲的表扬和鼓励,无论做什么及其结果如何,得到的永远是母亲的不满和指责。"不做是错,做了还是错",这个抱怨型的母亲让整个家庭时刻都处在战乱之中,一不留神某个言行就会引来母亲的一次爆发。虽然母亲对小燕的生活有着无微不至的照顾,但是这种指责和抱怨的教养方式却让小燕感受不到丝毫的温暖和自信,小燕始终觉得自己不够好,所以才会让母亲如此失望。

小燕的父亲也是一名教师,与母亲咄咄逼人的性格不同,父亲内敛寡言，在家中常不言不语不管不问。父亲上班之余最喜欢在家中独自看书，很多时候小燕渴望与父亲沟通让彼此更亲密些却总被拒之门外。小燕回忆小时候喜欢缠着父亲问东问西，却总被搪塞和拒绝，所以小燕觉得父亲不喜欢自己，所以才会如此繁忙和冷漠，常常忽视自己的需要和感受。每当母亲爆发时，父亲总是及时回避，或者沉默或者逃离。小燕对父亲的感觉是冷漠而拒绝的，她不知道自己怎么样才能引起父亲的注意，让父亲喜欢自己。

（二）成长经历与病史

小燕出生的时候计划生育政策依然非常严格，因为身份的缘故，小燕生下后就被送到农村奶奶家寄养，奶奶年岁已高，不能独立照看小燕，所以小燕的童年是吃百家饭穿百家衣度过的。邻居的大婶，远房的表姑，跟随奶奶生活的叔婶都是小燕成长中的"重要他人"，寄人篱下的早年生活让小燕很小就学会了察言观色谨慎行事，无论做什么都小心翼翼，委曲求全，生怕一不小心就惹怒大人失去生活的保障。父母每个月会去看小燕，受身份所限，小燕不能称呼自己的父母，只能称其为"伯父伯母"。小燕自豪地说从小到大在称呼的问题上她从未出现过一次错误，听着辛酸。在别家孩童撒娇任性、欢快成长的时候，小燕却不得不过早地尝尽人间冷暖。在小燕6岁的时候，随父母一起来到城市上学，成为母亲班里的一名学生。正因为母亲是班主任，小燕学习异常刻苦，希望能为母亲增光博得母亲的赞赏。然而无论怎么努力，成绩如何优异，换来的都是母亲的不满意和指责，小燕渴望的肯定和鼓励一次次地落空。

小燕高中的时候就觉得自己比其他同学更加焦虑和紧张,一遇到考试经常失眠、神经衰弱,在人际关系方面也比较敏感,常常刻意去讨好别人来获得对方的认可和喜欢。高三下学期的时候,小燕患有"写字声恐惧症",一听到同桌写字的声音就全身紧张得无法学习,为此换过很多同桌,最终自己坐在教室的角落里,考试的时候带上耳塞才能勉强坚持下来。小燕没接受过任何治疗,在高考结束后自行缓解了,上大学后也没有再犯。刚上大二的时候,小燕跟一名外校的男生确立了恋爱关系,因为是初恋,小燕格外珍视和投入,未想到几个月后对方因为三角关系提出分手,给小燕造成非常大的伤害。此后小燕出现了一系列的奇怪表现,开门的时候要反复考虑用哪只手比较好,抬脚的时候要反复考虑先迈出哪只脚,走在路上经常怀疑别人在议论自己,似乎知道了自己被甩的惨痛经历。在宿舍的时候也经常神情恍惚,想不起来自己要做什么,总是担心自己忘事,一遍遍地做计划,反复地提醒自己。这样的状况持续了一两个月,之后在行为方面有所缓解了,但是在思维方面加剧了。

(三)主诉

小燕感觉自己经常不能控制地想某事情,刨根问底不能停止,因此焦虑不安。一方面想让自己停下来不去想,另一方面又无法控制,为此特别痛苦,影响了正常的学习和生活。小燕形容这些诡异的想法和担忧就像是内心深处的魔鬼,自己生活的方方面面似乎都能被"它"影响,不知道什么时候就跑出来干扰自己的生活,痛苦不堪。小燕感觉自己内心有种想要破坏的力量,每当事情做得很顺利接近完美的时候就会出来破坏。除此之外,小燕还总担心自己会遭遇危险，担心别人会伤害自己，对自己不利。因而对周围的人时刻提防，别人的一言一行都会让她浮想联翩，非常累。小燕害怕犯错误，做什么事情都反复检查，确保无误，做事非常繁琐，小心翼翼，搞得人际关系更为敏感复杂。这样的状态持续了两个多月，小燕觉得自己无法控制而且不能解脱，生活和学习都受到了严重的影响。

二、评估诊断

小燕是带着一沓信笺来的，就坐后直奔主题，讲述自己的心理痛苦。信笺上写满了各种症状的表现和内心的感受，提醒自己要表达清楚以防遗漏。小燕说话语速很快，神情紧张，带着惶恐和不安。对症状的表述很细致形象，用词谨慎。在小燕的主诉的基础上，根据DSM-V有关焦虑障碍中强迫障碍的诊断标准，对小燕的诊断如下：

小燕的主诉比较符合DSM-IV中强迫障碍的诊断标准，突出的表现是强迫性思维。在小燕的脑中会反复持续地闯入一些不合时宜的想法（如威胁、危险），造成小燕明显的焦虑和痛苦；这些想法的闯入和出现并不是因为生活中的确出现了如此严重的问题，而且小燕对此的反应明显过度；小燕试图自己来控制和压抑这些念头，往往不见成效，并因此感到痛苦不安；小燕对自己的上述症状表现有明显的自知力，知道其是不合理的，但又无法控制。根据小燕主诉，症状持续了将近两个月，自己的学习和生活受到严重的干扰，不能专心上课和自习，人际关系也格外紧张。这种症状的产生是在小燕与男友分手之后，并非其他药物或生理变化的影响。

因为生活背景以及成长经历的特殊性，小燕从小养成了谨小慎微的性格，害怕犯错甚至不能犯错，为了赢得更有利的生存环境，对人际关系也格外敏感。母亲的挑剔和指责也使得小燕对自己严格要求，做事追求完美，遵守规范，专注于规则和次序，对事物的控制感要求高，对学习过度投入，生活中缺少弹性和娱乐。伴有强迫性人格障碍的一些特点。

小燕身体状况良好，妊娠、出生均未见特殊状况，高三的时候曾经罹患"写字声恐惧症"，但未接受任何药物治疗。本次求助之前和过程中，也未接受任何药物治疗，平时也没有长期服用其他药物的习惯。

小燕幼年的成长环境比较复杂，没有固定的照看者也没有形成安全的依恋关系。寄人篱下的生活经历使其安全感不足，对生活的稳定和控制的需求更为强烈。母亲的挑剔和抱怨与父亲的冷漠和拒绝让小燕从小缺失家庭的温暖和自我成长的自信，怀有深深的内疚感和耻辱感，初恋男友的背叛和抛弃让小燕对自我价值彻底失去了自信，出现一系列的症状问题。

虽然正值花样年华，从小燕的身上丝毫感觉不到青春的活力和朝气。小燕每日忧心忡忡，为学业和未来担忧，唯恐现在不努力累及日后的发展。失恋后小燕频繁出现各种症状，思想行为更加刻板、僵化，言行更为谨慎，反复地确认和检查，导致人际关系更加敏感，又反过来使其状况恶化。最严重的时候小燕感觉一整天自己都是恍恍惚惚，焦虑不安。时间都在思考中蹉跎了，甚至连集中精力学习自己都无法做到。

三、咨询过程

（一）确立治疗方案与治疗目标

强迫症（Obsessive-compulsive Disorder，OCD）是一种病因复杂、表现形式多样的心理障碍，是以反复出现强迫思维和强迫行为为主的神经症[1]。根据症状自评量表对大学生心理健康状况的调查，强迫倾向是当代青年心理问题中最突出的问题[2]。心理动力学理论认为，有特定无意识冲突的个体更容易患强迫症，强迫思维是为了防御更加无法让人接受的想法，强迫思维能够维持是因为能成功地抵抗焦虑。只有让个体意识到无意识的冲突，才能消除强迫思维[3]。霍妮指出，因为基本焦虑而引发的自我疏离是神经症发展最初也是一贯的神经症驱力[4]。基本冲突得不到解决必然产生基本焦虑，从而导致自我疏离，使得行为和情感具有强迫性。不安全感与神经症的关系密切，可能是神经症患者的一个本质症

---

1 David H. Barlow, Clinical Handbook of Psychological Disorders, A Division of Guilford Publications, Inc., 1985, pp.69-144.
2 郑莉君：《大学生心理调查中强迫症状因子高评分的原因》，载《中国临床康复》，2005年第32期，第169—169页。
3 王建平主编：《变态心理学》，北京：高等教育出版社2005年版，第99—100页。
4 丁建略、田浩：《霍妮神经症理论述评》，载《医学与哲学（人文社会医学版）》，2007年第28卷，第43—45页。

状[1]。强迫症患者的不安全感体现在生存、人际交往、爱与被爱、自我成就四个方面,应从中选择其一作为患者努力减轻和消除症状、重塑安全感的手段[2]。

根据小燕主诉的问题及其产生的深层原因,我们决定采用箱庭疗法作为主要的治疗方法,辅以来访者中心的治疗。箱庭疗法给来访者提供自由与受保护的空间,致力建立"母子一体性"的治疗关系,帮助其建立安全感,体验无条件的积极关注;沙子和玩具可以帮助来访者更好地探索和表达自己,在制作的过程中获得控制感和价值感;箱庭疗法作为沟通意识与无意识的媒介为来访者提供与无意识对话的机会[3],对解决其深层心理问题提供了可能性。

治疗短期目标是缓解小燕的强迫思维和焦虑情绪。长期目标是帮助来访者建立牢固和客观的自我概念,促进来访者的人格发展。

(二)治疗工具及程序

1. 箱庭疗法工具

沙箱:2个,规格为 $57 \times 72 \times 7$(厘米,内尺寸)。箱子内壁涂成蓝色,内装半箱净沙。

玩具模型:共有人物、动物、植物、建筑物、家具与生活用品、交通运输工具、食品与果实、石头贝壳等类别玩具若干。

---

1 沈学武、耿德勤、赵长银:《不安全感与神经症关系的理论探讨》,载《中国行为医学科学》,2002年第11卷,第235—236页。

2 沈学武、耿德勤:《强迫障碍与焦虑障碍不安全感心理特点比较》,载《中国行为医学科学》,2005年第14卷,第54—55页。

3 张日昇:《箱庭疗法》,北京:人民教育出版社2006年版,第65—66页。

数码相机:对来访者的箱庭作品拍照。

箱庭疗法记录表:记录箱庭作品特征(作品主题、玩具使用、空间配置、自我像、沙的使用)及箱庭过程(与治疗者的互动、制作过程)。

(2)治疗者与督导

治疗者为某大学心理临床方向博士生,有5年学校心理咨询与治疗的经验,受过专业培训。整个治疗过程由博士生导师进行连续督导[1]。

(3)治疗程序

每周一次,每次50分钟。具体程序如表1

表1 箱庭疗法程序

个体箱庭	内容和指导语
感受沙子	"请把手放在沙子上,闭上眼睛,去感觉沙子的质地、温度、触感带给你的感觉。"
制作作品	"请用这些玩具在沙箱里做个什么,想做什么都可以。" *制作中,治疗者不给于任何指导,由来访者自由创作。箱庭制作中,治疗者陪伴在一旁,并对过程做简单记录。
体验作品	"这是你自己的世界,用心理解自己的这个世界,体验这个世界给你的感受。"
对话交流	治疗者与来访者就箱庭作品进行对话,从中了解有关作品主题、内容和来访者心理状态的信息。如"请说说你作品中的故事吧""给你的作品起个名字吧"。
拆除作品	对箱庭作品进行拍照存档后,请来访者拆除作品。
撰写报告	每次治疗结束后,由来访者撰写自陈报告,作为对本次治疗的反馈。

---

1 张日昇:《箱庭疗法》,载《心理科学》,1998年第21期,第544—547页。

3、治疗过程

从某年4月3日至当年7月17日,历时4个月,共12次箱庭治疗。具体过程如表2:

表2 治疗过程

治疗单元	过程和内容	治疗方法
第1次	会谈,了解小燕的家庭背景和成长经历。	谈话
第2—13次	个体箱庭	箱庭制作和谈话
第14次	会谈,了解小燕治疗后的现状,结束治疗。	谈话

小燕的12次箱庭治疗呈现出明显的阶段性,在参考前人有关箱庭治疗阶段划分的基础上[1],将治疗过程划分为:问题呈现、斗争对抗、转化成长、治愈整合四个阶段。下面从作品内容、玩具类别、自我像、沙子使用、谈话内容等方面依次呈现各个阶段的治疗过程。

1. 问题呈现阶段(第1—2次,图1、2)

初始箱庭就像心理分析中初始的梦,具有十分重要的意义[2]。既呈现了来访者当前的问题状态,又呈现了来访者治愈的可能性[3]。

小燕的第一次箱庭作品主题为"我的心灵世界",作品的上

---

1 Allan, J.& Berry, P., "Sandplay", in *Elementary School Guidance & Counselling*, 1978, Vol.21, pp.300–306.
2 申荷永、高岚:《沙盘游戏:理论与实践》,广州:广东高等教育出版社2004年版,第114—118页。
3 Ryce-Menuhin, J., *Jungian Sandplay: The Wonderful Therapy*, New York: Routledge, 1992, pp.35–47.

方用大量的玩具营造出一个理想的天国，这种宁静祥和以及高雅的精神追求是小燕的理想国度。面对天国位于下方的三个人形是小燕自我像的化身，一个是虔诚的信徒，一个是求学的孩童，另一个是学有所成的博士，这是小燕渴望达到的三种状态：能够虔诚认真地学习，最终学有所成。在箱庭的中轴线上，小燕由下而上放置了塔、门槛和桥梁，这是由现实通往理想的道路，首先要心有所愿，其次要迈过门槛，最后要走过艰险的桥梁。左边梦幻般红色的小房子代表小燕的童年，正是因为自己的童年如此不堪，所以希望能在幻想的世界里重温童年的美好。右边山水相依的世外桃源是小燕期望的老年生活，可以怡然自得。

小燕在作品1中使用了大量的宗教类玩具来呈现内心渴望的世界：圣母像象征着慈爱、关怀和包容，是母性原型的象征。天使给人智慧的启示，是一种对自己实际能力的任务情境中获得帮助愿望的投射[1]。"门槛"象征着对于即将开始的旅程的准备[2]，意味着面对、超越并开始走向成长。

小燕的第二次箱庭作品主题为"我的魔鬼地狱"，如此相似的作品情景所表达出完全不同的内容感受。在第二次作品中，小燕用了一座更为陡峭的桥梁取代了原来的桥，并倾斜摆放以说明道路更加崎岖。自我像也换了三个防御和攻击的小人，表达了自己当前焦虑不安的状态。身前身后各选了一个庞然大物代表自己当前所承受的威胁和压力。

---

1 张日昇：《箱庭疗法》，北京：人民教育出版社2006年版，第130页。
2 Bradway, K. and McCoard, B., *Sandplay-Slient Workshop of the Psyche*, London:Routledge, 1997, p.93

如果说作品1呈现了小燕内在治愈的可能性，那么作品2则呈现了当前的问题状态：栅栏、陡峭的桥、河流等表达了自己在通往理想道路上遇到的阻碍，身前身后的怪兽表明所遭遇的威胁，处于防卫状态的小人形象地表现出了自己所面临的问题：阻碍与威胁。

图1　第1次作品：我的心灵世界　　图2　第2次作品：我的魔鬼地狱

2. 斗争对抗阶段（第3—5次，图3、4）

这一阶段作品的内容主要体现出小燕与心中大量强迫性思维间的冲突和对抗。

在第三次箱庭作品中，小燕将自己放在箱庭的最中间，旁边放一个小士兵，四周划出浅浅的水印，在水印周边放置了大量恐龙、蛇、蜥蜴、蜘蛛等动物。小燕说"这就是我此刻的感受，它们就像是我心中那些魔鬼念头一样时刻围绕着我，让我很恐惧"。作品3使用恐龙、蛇等动物象征纠缠自己的强迫思维，表现了其恐惧、焦虑和无助的情绪。在这次谈话中，小燕详细地给治疗者例举了生活中各种强迫思维的内容以及对其的影响。

在第五次箱庭作品中，小燕将自己摆在箱庭上方的中间，身处旋涡之中。中间摆放了相互对抗的两大阵营，娃娃代表"好的""对的""优秀的"；恐龙代表"坏的""错的""丑陋的"，小燕感觉自己经常陷入这样的对立之中，如同旋涡中的小人无法自拔。"恶势力"与"好势力"的对抗，意味着阴影的一面将要被整合[1]。自我像处在漩涡之中，进入和离开旋涡的活动象征着死亡和重生，交通工具的出现预示着心理的积极变化。

在第四次治疗中，小燕主动与治疗者谈起父母，并表达了对其教养方式的不满。这既表现了对治疗者的信任，是治疗关系确立的标志[2]，也暗示了对自我探索的深入。

图3　第3次作品：摇摆中的自我　　图4　第5次作品：迷茫的旋涡

3. 转化成长阶段（第6—9次，图5、6）

从第六次作品开始，代表可怕想法的恐龙等玩具没有再出现在箱庭中，可能暗示了来访者对过去创伤的处理告一段落。开始积极处理现实中的人际关系问题，父母、男友、同学和朋友成为

1　Mary Shamsboiam, "Cycles of Life in Sandplay: First Regional Sandplay Conference", in Journal of Sandplay Therapy, 2006, Vol.2, pp.17–19.
2　张日昇：《咨询心理学》，北京：人民教育出版社1999年版，第271—275页。

箱庭作品的主题。当描述日常生活的场景出现在来访者的箱庭作品中时，标志来访者重新回到日常意识状态，有能力将获得的心理成长整合到现实生活中[1]。

在第八次箱庭作品中，小燕比较全面地呈现了其人际关系状况。首先将自我像放在箱庭的最中央，之后在四个方位圈出一个沙圈，代表不同的部分。左上方放了两个年龄相仿的男孩，这是小燕的情感世界；右上方放入了梦幻红房子和花草代表小燕的精神家园，值得注意的是花草掩映之中还放入了一条蛇，小燕表示虽然让她恐惧的想法还是会偶尔出现打扰她的生活，但是她已经能够很好地对待和接受，认为这是自己思想的一部分。这表明小燕心理容纳能力的增强和意识空间的提升。左下方放入了不同的小人代表小燕的同学关系，问及里面是否都是朋友，小燕表示"有喜欢自己的也有不喜欢自己的，现实中也是如此，不可能要求全部的人都喜欢自己……"对同学关系的辩证观点表明小燕两极化的对立思维有所缓解，更为灵活。右下方代表小燕的童年，因为是过去的事情所以都放入水中。小燕表示能够将过去所经历的事情作为自己人生中的一部分来自然面对，尽管有些难过，但可以接受，不再像过去那样为自己命运多舛而感慨。可以看出，小燕的心理空间相对于从前有较大的扩容，能够更为全面、客观和辩证地看待生活，然而小燕还缺乏一种整合和连接的能力，将各部分融为一体。

本阶段两次较大幅度地动沙，挖出类似湖的水域，并在水中

1　Babara A.T., The Handbook of Sandplay Therapy's, Temenos Press, 2004, pp.156–157.

放置象征自我的玩具,这是自我深入的表现。作品9中小燕惊喜地发现一些新的玩具,实际上这些玩具一直存在于玩具架上。当来访者的问题得到解决,就会注意到平时自己不注意或注意不到的事情[1]。在制作结束后与治疗者的谈话中,小燕表示第七次箱庭治疗后,感受到了一种内在的生活信心与力量,之前焦虑和恐怖的情绪大大缓解了,生活和学习的状况也得到了改善。

图5　第8次作品:分割区域　　　图6　第9次作品:美好的笑脸

4. 治愈整合阶段(第10—12次,图7、8)

这一阶段的作品以自性箱庭为主题,即在沙箱中间制作的、能量集中于一点的、高度精神实现的箱庭作品[2]。三次作品极为相似,除了延续大量绿色植物的使用外,还加入了色彩斑斓的花卉。箱庭作品中的花表达来访者对奖赏、鼓励的渴望[3]。作品10小燕主动与自我像展开对话,对自己进行了更深层次的探索,了解

1　张日昇:《咨询心理学》,北京:人民教育出版社1999年版,第285页。
2　Kalff, D.M., Sandplay:A Psychotherapeutic Approach to the Psyche, Boston:Sigo Press, 1980.
3　张日昇:《箱庭疗法》,北京:人民教育出版社2006年版,第145页。

到内心深处渴望被关注和认可的需要。小燕发现尽管作品中使用了大量的花草,颇为生机,但是花朵的朝向都是向外的。小燕意识到这是自己长期以来存在的自我认识问题,总是渴望赢得外人的认可和喜欢,却从来没有考虑过自己的感受。小燕觉得这样的生活很累,而且在逐渐远离活着的本质,总要自己认可自己才能拥有真正的快乐和自信。随着咨询的进行,小燕和父母的关系有所改善,父母也逐渐意识到自己当年的言行带给小燕心灵的伤害,对小燕有很多的抱歉和内疚,因而对小燕格外关切。这种变化让小燕极为不适应,作品11表达了对独处的需要,以及对过去经历的再次面对,这是个体心灵成长的表现。在最后一次作品中,小燕用茂盛的植物制作了一个更大的圈,将过去曾经带给自己伤害的人都放入其中,微笑面对。所有的花朵朝向都面向圈内的自己和重要他人,这是小燕对自我的肯定,也是与过去的和解和接纳。小燕用水晶球和花束作为对自己成长的肯定和鼓励:"生活是美好的,我要更加坚强和自信地走下去。"

图7 第11次作品:蜷缩

图8 第12次作品:美好

四、案例分析

箱庭治疗的效果一方面反映在来访者箱庭制作的过程和箱庭作品中，另一方面也反映在来访者的现实生活中。通过上述关于治疗过程的描述，我们可以看到来访者发展变化的脉络。下面，我们主要结合箱庭作品主题分析来访者在箱庭中的自我成长以及考察治疗效果。

（一）箱庭作品的主题与分析

箱庭作品的主题是对作品所表现的象征性意义的总括，反映来访者内在心路历程的变化[1]。瑞·米切尔（Rie Mitchell）曾归纳了箱庭的受伤主题和治愈主题。前者指来访者在箱庭作品中呈现具有实际的创伤体验或经历的主题，后者则反映来访者内在的积极的变化。纵观12次箱庭作品，在前两个治疗阶段，箱庭作品表现出较多的受伤主题。如作品2在象征自我的玩具前后各放了一个大型的怪物，是"威胁"的表现；横在中央的栅栏、陡峭倾斜的桥梁和湍急的河流暗示了过桥的凶险，是"受阻"的表现。作品3中，自我像的周围放了很多恐怖的动物，再次突出了"威胁"的主题，增加了"忽视"的主题，位于中间的小女孩孤立无援，正是内心感受的真实写照。作品5表达了"分裂""受阻""限制""对抗""矛盾"等受伤主题，反映了随着治疗的深入，与无意识冲突进行抗争时所遭遇的抵抗、压力、对峙的内心

---

1 申荷永、高岚：《沙盘游戏：理论与实践》，广州：广东高等教育出版社2004年版，第118—139页。

状态。

之后箱庭主题呈现出受伤主题向治愈主题的转化。作品7、8中出现了类似湖的圆形水域,并将自己放入其中,这是"深入",意味着一种深层的探索或发现。作品8出现现实中的人际关系,体现了"培育",但四个区域相对孤立,并未整合协调起来。植物的使用是"能量"的表现。作品11、12里圆圈的扩大暗示了意识"容器"的扩大,包容性的增加作品呈现出"趋中""整合"和"中心化"的倾向。通过对系列箱庭主题的分析,我们可以看到通过箱庭治疗,来访者的内心世界从创伤走向治愈。

(二)箱庭中的自我成长

以沙箱为中心,创造一个自由与受保护的空间,促使来访者的治愈力得以发挥是箱庭治疗的基本假设之一[1]。箱庭制作的过程是来访者对内心力量的挖掘,对自我的探索。在初始箱庭所投射出的自我是受到威胁、没有力量、有强烈的不安全感和否定的情绪,对父母的感情是矛盾的。随着治疗的进行,借助箱庭这一媒介,上述问题得以面对。从排斥、矛盾到接纳,对亲子关系的处理表现了自我的发展和成长,同时也帮助小燕看到身边所拥有的支持资源。后期的箱庭作品中所投射出的自我是快乐的、幸福的、安全的、自我接纳的。

玩具是来访者意识和无意识的心象表现和象征语言[2],玩具性质、色彩的变化从另一角度反映了自我成长。初始阶段小燕经

---

1 张日昇:《箱庭疗法》,北京:人民教育出版社2006年版,第10页。
2 张日昇:《箱庭疗法》,北京:人民教育出版社2006年版,第121页。

常使用恐龙等原始动物来表达自己的内界,这一象征暗示了其创伤发生的时期有可能是在发展的早期[1]。转化阶段小燕尝试使用象征生命和活力的植物以及卡通色彩的动物,这是平衡自己过于紧张和悲观情绪所做出的努力。最后,使用水晶球、花束等美好的玩具作为对自己进步的肯定和接纳。

与阴影的对话也反映了自我的成长。在初始阶段呈现出的"恶势力"是个体阴影的象征,意识到阴影存在本身就具有积极的意义。在对抗阶段呈现的对立和深入意味着对阴影的整合。当人在接纳自己的阴影时会感到充满力量,后期将代表阴影的蛇放在房屋和花草之中,暗示了其对阴影的接纳。

(三)现实生活的适应与治疗的终结

由于来访者是治疗者在临床实践中遇到的案例,而不是经过研究设计和筛选后的小燕样本,为了不影响治疗的顺利进行,我们没有使用任何标准化的问卷和量表,也未对来访者的关系人群进行访谈,而是以治疗过程中的言语和非言语的表现、箱庭作品的分析以及个人自陈报告等进行心理评估。来访者自述经过治疗,焦虑情绪和强迫思维等症状有较大程度的缓解;能较好地处理与父母、男友和同学的关系,积极乐观地看待生活中的事情;学习效率也有所提高。学期末,来访者表示自己已经投入紧张的考试复习中,很期待暑假回家与父母相聚。结合张日昇(1999)总结的关于心理咨询终结的指标[2],我们决定结束治疗。

---

[1] Babara A.T., The Handbook of Sandplay Therapy's, Temenos Press, 2004, p.158.
[2] 张日昇:《咨询心理学》,北京:人民教育出版社1999年版,第284—286页。

(四)箱庭作品和制作过程

箱庭作品大都集中在中部和左部,表现出对现实的关注和认可,以及对过去问题的呈现。制作时间在一定程度上反映了来访者对内心世界的投入程度,小燕迅速地完成作品,说明她对自我的驾驭能力有限以及较低的安全感和自我稳定性。不能长时间地对内界深度探索,可能是强迫症患者穷思竭虑、不能遏制的强迫思维在箱庭制作中的体现。此外,来访者在动沙方面也相对谨慎,说明在发挥自身潜能方面缺乏开拓性和深刻性,在某种程度上也反映了强迫症患者刻板、缺乏自信等人格特点。

不管是在初始箱庭中还是系列箱庭治疗中,箱庭作品里都有比较清晰的自我像,但是与普通大学生不同的是,自我像的象征物通常不是只有一个,而是多个,代表不同的自我实现。并且,小燕一般会把自我像放在箱庭中比较中心的位置,如空间的中央或者是其他玩具围绕的中心。这些制作特点表明在小燕的无意识里,自我是处在一个非常中心的位置,被时刻关注着。此外,在制作后的谈话中也发现,闯入式的念头经常是一些细小琐碎的事情,但往往经过小燕的"反复推理"成了生命攸关的大事。由此带来的焦虑和恐惧不得不再通过一些细小琐碎反复的行为来缓解。小燕大都存在较高的自我矛盾感,在他们的意识中只能接纳自我好的一面,排斥自我不好的一面。为了缓解这一矛盾,小燕精确化自己的行为和思维,形成严格、刻板、教条、仪式化的习惯,忽视内心的情感体验。因而在治疗中,治疗者会发现让强迫症个体表达自己的内心感受是件非常困难的事情,他们更多的是习惯描述事情的细枝末节,罗列各种情境和可能的各种后果。

在小燕的箱庭作品中，很少有家庭、集会等日常生活的主题，以及对未来美好生活的期望或建设等。小燕倾向于通过箱庭呈现一种心理状态，或者仅仅是将自己的渴望罗列出来，玩具之间可能并没有任何关联，箱庭作品也没有故事情节。治疗者从中感受到的不是一种流畅的表达，而是停滞的片段。箱庭主题多是一些对自我的反思和评价，或者是一种探索和寻找。对于连续治疗的小燕来说，箱庭主题的改变也是疗效的表现之一。从创伤到治愈，从分裂到整合，从摸索、反思到面对、展望，小燕的作品愈加整合、流畅、富有生机。

对沙子的忽视甚至抵触也是他们的心理问题在箱庭制作中的反应。即便是在单纯的谈话治疗中，也经常出现类似的情况，强迫症患者总是滔滔不绝地谈论自己的强迫症状，以及这些症状带给自己的巨大精神压力和情绪困扰，但是当治疗者试图就某个症状深入去寻求背后的原因时，患者会突然转移话题继续下一个症状的描述，治疗也因此陷入僵局无法深入。在箱庭治疗中，动沙是消耗来访者心理能量的过程，与沙子的接触可以帮助来访者与自己的无意识进行沟通，对沙子进行积极的建构是来访者释放无意识的冲突、调配心理能量的表现。这也是很多儿童只通过玩沙就能起到心理治疗作用的原因。对于强迫症患者来说，强迫症状产生的原因是深层的自我矛盾，这给患者带来强烈的不安全感。拒绝触碰沙子是在拒绝无意识传达给他们的真实信息，在自我没有做好充分的准备以及拥有足够的力量之前，患者很难面对无意识带给自己的这些真实体验，因此动沙也可以看作是来访者自我得以成长的表现。

（五）箱庭体验

小燕对箱庭有较少的情感卷入，对沙子没有特别的感觉甚至有消极的感觉。这一点与强迫症患者习惯于忽视自己的内心体验，将主要精力放在理性和言语能力的发展上的特点有关，因为后者更容易被控制和降低矛盾性的感受。小燕在初期对箱庭没有特别的感觉，通常是抱着一种试试看的态度来完成，匆忙地制作后便开始谈话。在问及箱庭的内容和感受时，描述得非常简单。尽管如此，因为沙、玩具以及制作本身的象征性表达，小燕还是在治疗中触动了自己的无意识，这个意识化的过程会让小燕有些不知所措甚至是痛苦，在治疗的中期过程会表现出对箱庭制作的抗拒，比如，"我不知道该做什么？""这样持续做真的有用吗？""今天可以先聊天吗？"之类的周旋之词。治疗者在这个过程中不为所动，但表现出对小燕选择的尊重。在一番讨价还价之后，小燕还是会照例完成箱庭的制作。其实抗拒的时候正是治疗过程深入的时候，通常度过这种艰难的局面后会有新的变化。随着治疗的深入并接近尾声，小燕对箱庭的体验也日趋深刻，有些患者甚至能承受长时间的沉默和内心独白，这对于喋喋不休的强迫症患者来说是非常大的进步。

五、效果评估

强迫思维患者在其箱庭制作的过程以及箱庭作品主题方面有其独有的特征；箱庭疗法能显著改善强迫思维患者的强迫性症状

和焦虑情绪,重塑其缺失的安全感,促进强迫思维患者的自我成长和人格发展。

来访者的箱庭治疗取得良好的效果,其治疗机制为:第一,箱庭疗法所致力建立的"母子一体性"的治疗关系以及所创设的"自由与受保护"的空间是来访者安全感得以重塑的关键条件。第二,来访者在咨询室中所体验到的积极无条件的关注和自我价值的肯定为人际关系信赖感的建立提供了资源。第三,来访者通过接触沙子、玩具,制作箱庭作品,将外在的真实性转变成心灵的真实性,接触无意识,箱庭唤醒了来访者内在的自我治愈力,从而进入治愈的过程[1]。第四,箱庭治疗着静默的见证、共感理解的态度,使来访者在"自由与受保护"的空间中自我治愈[2]。

---

1 茹思·安曼:《沙盘游戏中的治愈与转化:创造过程的呈现》,蔡宝鸿等译,广州:广东高等教育出版社2006年版。
2 徐洁、张日昇:《11岁选择性缄默症女孩的箱庭治疗个案研究》,载《心理科学》,2008年第31卷,第126—132页。

寻求依恋的客体：一例特殊恋物倾向的大学生案例

项锦晶[*]

一、个案简介

M，男，21岁，大二学生，第一印象是身形高大，有些胖胖、圆圆的脸型，动作有些女性化，声音会伴随着情绪的变化而变化：从柔和的到愤怒的、从男性的声音到女性的声音。他是一个温和、腼腆、高智商、追求上进的男生，但是十分害怕失败。他最初寻求心理帮助的原因是被动的，由学院转介至心理咨询中心，原因是偷拿他人的鞋子，被医院精神科医生诊断为恋物癖。

---

[*] 项锦晶，华南师范大学心理分析博士，北京林业大学应用心理学系副主任，副教授、硕士生导师，中国心理学会注册心理师（X12-048），国际分析心理学会（IAAP）候选分析师，国际沙盘游戏协会（ISST）中国发展小组成员。2011年至2018年担任国家二级心理咨询师评审专家；从事心理学学习与研究18年，从事心理咨询与心理教育工作14年，同时长期从事沙盘游戏咨询的培训与教学工作。

随着心理咨询的进展，求助动机逐渐从被动的心态慢慢转为主动求助，十分希望自己"恋鞋"的症状得到改善，不被鞋所控制，做一个正常的人。

M出生在一个知识分子家庭，是家中独子。父亲就职于一家事业单位，母亲在中学任教。在他小时候，父亲在单位里工作一度不愉快，也常常带着情绪回到家中，此时M就要为他顽皮的行为付出代价，因为父亲对他的方式会比较粗鲁，经常打骂他。而母亲则是个十分严厉的人，她对M的期望是很高的，各种要求也很严格，也可以说对M的控制很多。

家族病史：家中有一位叔叔曾患精神分裂。

社会支持系统较弱：与妈妈关系尚可，但完全不认可父亲；完全不信任他人，几乎没有关系亲密的同学或朋友，只有一个在社团的学长还能保持交流。

对鞋子的喜欢历史：他从小就喜欢楼下小朋友的鞋子，也曾偷拿过别人的鞋子。中学时代压力大的时候也想过拿别人的鞋，但都克制住了。到了大二，M实在觉得自己压力很大，才会忍不住去拿同学的鞋子来缓解压力，最后终于被发现。现在他会跟踪自己迷恋的某种特定的鞋子，拿不到鞋心里就难受，如同蚂蚁在咬噬，一旦偷到鞋子后就会进行某种仪式，喜欢别人的鞋子的味道，结束后会感觉自己的压力释放了，也更有力量了。对于鞋子同胞——袜子，M也曾有过兴趣，他在中学期间也曾买过很多双白丝袜，他的解释是因为成功人士都会穿白丝袜，穿上去觉得自己也会是成功人士。

备注：本案例报告得到M本人的允许。

二、症状形成的原因与分析

（一）M的成长历程与"鞋子"的联结

在M五六岁的时候，母亲曾因为学习不在他身边，那时他有了一只塑料的米老鼠，每晚抱着米老鼠睡，又闻又咬，直到六年级，他觉得这是温暖的味道。童年期，M就开始表现出初始的无能感，他自己无意识的处理方式是将寻求安全与温暖的需要投射到橡胶或塑料的"米老鼠"上，"米老鼠"成了他重要的过渡性依恋客体，是他寻求安慰的对象。此时所恋的客体与M之间的连接靠的是"气味"。因为橡胶被咬过后的味道对他来说是温暖安全的。

被否定逐渐成为症状的诱发因素。从小学开始，M就十分喜欢电视里的成功人士，他得出结论：凡成功人士，都穿白袜子、黑皮鞋。所以曾经在六年级疯狂地买白袜子，但这一行为被妈妈呵斥。他认同成功人士的方式被母亲完全否定了。同时小学期间，有老师如此说他："你看看你，这样子，连扫大街都不如……"父亲也曾对他进行"挫折"教育："你不好好学习，就去要饭。"这些否定的声音成了病症的基础，声音不断地被强化，慢慢地他就会产生一个感觉，一旦有一个声音说"你这样不对！"或一个否定的眼神，就可以激活他内心的观念：我是如此无能，一无是处。这个核心是"自卑与自我否定的原型"，对他来说外在的创伤经验是父亲、母亲、老师的否定，不认可。任何带有否定意义的言语都可成为触发M的这个症结。

（二）"恋鞋"成为M应对压力的方式

到了大学二年级，M有些课程没通过，这些事件成了导火索，他一下觉得压力重如山，喘不过气来，于是开始偷鞋子，从看上鞋子开始他就处于一种紧张、兴奋的状态，等待，直到如获至宝地将鞋拿回，然后进行仪式，紧张和压力瞬间得到了松弛。从这个仪式中M感觉自己更有力量了、更强大了。显然恋鞋是M应对压力的一种处理模式，他通过鞋子的仪式得到力量和自我肯定。

从这个仪式的过程来看，我们还看到了积极的一面：M有一个积极的倾向是追求超越与成功。他是一个比较上进的学生，他努力学习，渴望自己能够完全脱离无能的状态，成为十分成功的人。此刻，他将成就的力量投射到球鞋上，并将鞋子当成是一种处理焦虑的方式，球鞋连接的核心概念：我穿上了这鞋，就跟鞋的主人一样有力量！球鞋似乎成了他心中的"一扇门"，走进这扇门，他就重获力量，成为一个有力量的男人，恋鞋成了他生活中一种仪式化的行为，通过这个仪式他将获得力量。

三、诊断与评估

运用DSM-IV-TR（2000）的多轴向的评估系统进行评估，分析如下：

（一）轴I临床障碍

M的症状符合《诊断与统计手册：精神障碍》（DSM-IV-TR）

中性与身份识别障碍中的恋物癖标准：A.至少6个月以来，反复多次以非生物物体来激起性幻想、性迫切愿望或行为（M对非生物球鞋性幻想，从中学就有拿球鞋手淫的行为，时间超过6个月，行为反复发生多次）；B.这种幻想、愿望或行为，产生了临床上明显的痛苦烦恼，或在社交、职业或其他重要方面的功能缺损（M对鞋的渴求和偷同学的鞋子的行为极大地影响了他的社交，他感到十分痛苦）；C.恋物癖所用物体并不仅限于易装（如异性装癖）用的女性服装，也不是作外生殖器刺激用的器具（如某种振荡器）。M的症状也符合中国精神疾病分类方案（CCMD-3R）提出的恋物癖诊断标准：（1）符合性变态的诊断标准；（2）至少在半年内，反复出现使用某种非生命性物件，以满足强烈的性欲和性兴奋联想，所恋物件是性刺激的重要来源或获得性满足的基本条件；（3）曾经付诸行动。

但M的一个特点区别于普通的恋物癖，他是对同性的物品感兴趣，而且他的行为举止也有些偏女性化：声音温和，动作柔和，坐下来的时候也有些像女生，所以我猜测他可能有同性倾向，但在当时他并未表现出来。

（二）轴Ⅱ人格障碍

曾对M进行施以人格障碍诊断问卷（PDQ4+）的评估，结果表明M在多项项目上超出临界值：

（1）强迫型（9>5）：M做事强调细节、规则、次序、结构，甚至活动的主要方面却被忽视，如设计大赛、计算机维修，他都在意细节；做事要完成得十全十美，如果做不到，他宁愿不做；不愿与其他人共同工作，过分专注工作，以至于没有业余活动和朋友交往；显得僵硬固执，只要是他认定的观念，很难改变，如别人都是不安全的。

（2）回避型（7>4）：回避一些涉及与较多人际交往接触的职业活动，M基本上没有参加社团活动；不愿意与人打交道，除非个别所喜欢的人；很少与人发展亲密关系；不参加新的人际交往场合，因为有无能感；认为自己在社交方面很笨拙，没有吸引力（M说他以前都是怎么难看怎么穿，自己是没吸引力的）。

（3）抑郁型（7>5）：表现为对自己的过分关心：极度敏感，对侮辱和伤害耿耿于怀；思想行为固执死板，敏感多疑；很自卑，从来不轻易信任别人的动机和愿望，认为别人存心不良；不能正确、客观地分析形势，有问题易从感情出发，主观片面性大。

（4）边缘型（9>5）：疯狂地努力以避免想象出来的遗弃（与小时候妈妈去学习，而奶奶作为照顾者却没有好好地疼爱他，让他觉得有被遗弃感）；不稳定的强烈的人际关系，从极端的欣赏至极端的贬低间变化（曾与一个女孩的交往表现出这个特点，从交心到绝交）；身份障碍，对自我形象或自我感觉显著和持久的不稳定变化，明显；表现出性的冲动；长期的空虚感。

（5）分裂型（7>5）：社交和人际关系方面的缺陷，与亲友在一起感到很不舒服，很少情感，而且还有认知方面的弯曲及古怪的行为；关系观念、与其文化背景不相一致而影响其行为的古怪想法（如迷信）、猜疑或偏执反应（总是不信任他人，觉得别人会陷害他）、情感受限制（在妈妈面前情感得不到表达，总是被压抑）、除一级亲属外没有亲密或知心朋友、过分的社交焦虑并伴随偏执性的害怕感。

（三）轴Ⅲ 一般医学状况

身体状况良好，无器质性病变和损伤。

（四）轴Ⅳ 心理及社会环境

M在当时的社会支持系统较弱：与妈妈关系尚可，也能认同妈妈，但妈妈总是批评与指责他，让他很压抑；与父亲关系疏离、敌对，从未认同过父亲；与舍友基本上只是空间上住在一起，没有一个与自己特别要好的舍友；同学中也没有深交的朋友；唯一一个能够交流的朋友是一个社团的学长。因此M在人际交往、亲密关系这个层面上存在很大问题。M现在处于大学教育阶段，将来主要面临的问题是完成学业、找份工作。M在经济上未独立，接受学校的咨询是免费的。

（五）轴Ⅴ 整体评估

整体功能上，M属于重度症状或外在问题（50-41），因为M的恋鞋行为难以自控，而且受其煎熬，严重影响其正常行为和人际交往，但他由于性格温顺，计算机能力较强，与老师有良好的交往，不属于"外在领域严重失调"，所以我认为他的总体功能介于外在领域严重失调和功能良好之间，属于重度症状。

四、咨询理论与技术、计划与目标

在咨询中主要运用荣格心理分析的理论和技术——建立咨访关系、沙盘游戏治疗技术、绘画技术和梦的分析技术；咨询过程常运用"此时此地"技术,让 M 表达当下的情绪感受、想法,偶尔也会让 M 感受身体的感觉,通过咨询师的反馈来增强他的存在感和现实感。此外,还运用谈话技术、认知行为疗法。

咨询时间的计划与安排:每周一次,基本上是每学期为一阶段(12 次左右),不限定总次数。本个案的咨询时间为三个学期。

咨询的长期目标:人格的重建与完善。

短期目标:症状缓解;人际关系的改善(对男球鞋的依恋感转化到正常的人际交往中)。

五、咨询过程:沙盘游戏治疗过程呈现与关键突破点

沙盘游戏治疗是一种以分析心理学为理论基础的技术,遵守无意识水平上的工作、象征性的分析原理以及感应性的转化机制等心理分析治疗的基本原则。沙盘游戏的构成元素包括沙盘、沙子、水、沙具、沙盘游戏者、沙盘游戏咨询师及沙盘游戏咨询师所营造的自由和保护的气氛。在沙盘游戏咨询师所营造的自由和保护的气氛中,沙盘游戏者利用沙盘、沙子、水和沙具把各种意象和情景呈现出来,在游戏中情结和自我治愈的力量同时被激活,最终获得一种心理整合性发展。

第一学期:关系的建立与问题的呈现

(一)初始沙盘:问题的呈现 —— 创伤与无力感

M 第一次来咨询室时给我的第一印象是高大的、胖胖的、笑

眯眯的、动作慢慢的,总有点低着头(害羞的感觉),咨询师说什么他都点头(咨询师以为他这是在表达认同,但后来发现他只是表示在听),似乎很配合。他简单地说了自己的情况。

第一次沙盘:咨询师向 M 简单介绍沙盘:"如果你愿意的话,你可以用手感受一下沙子的感觉。"他看了看,并未用手触摸沙子,而是直接走到沙具架前,很快地拿了沙具,然后挨个摆上。以下是 M 的沙盘过程以及他的主观感受:第一个拿的沙具是带骷髅的棺材,给他很舒服、轻松、自由的感觉,感觉骷髅很亲切。放了一个戴面具的巫婆在棺材里,并盖上盖。拿了金字塔,在塔里放了一个人;羊头骨,在里面也放了一个人;拿了个人脑袋的沙具,在里面放了一个戴面具的人(M 说在沙漠的部落里,这里面是放内脏的,起到辟邪的作用),旁边的狮身人面像也是辟邪的作用;在十字架上吊死的人,很享受这个过程,解脱了,很轻松;在不远处的毒蜈蚣、蜘蛛、老鼠,都是杀人的,容器里躺的

第一次沙盘

人都是被它们杀死的;死亡的气息很浓,却让 M 感觉很轻松,他羡慕骷髅可以很轻松地躺在那里,因为感觉自己过得很累,总是被逼迫似的,就像被那些毒蜘蛛、蜈蚣等逼迫。平时他压抑情感,感到无形的压力推动着他,使得他不得不把每天安排得满满的。

1. 死亡与重生、分裂与整合

M 的整个沙盘弥漫着一种死亡的气氛,无论是受难的耶稣、金字塔、狮身人面像、祭坛、坟墓和羊头骨,还是会杀人的毒蜈蚣、蜘蛛、老鼠,都在向我们传达这样一种气氛:象征意义上的死亡并不一定意味着结束自己的生命,可能只是某种痛苦的终结,对某种关系或心理内容的放弃,这是一种无奈与无力的表达。但与此同时,耶稣的受难和埃及文化以及祭坛和摆放鲜花的坟墓也在同时表达着一种重生的意义。象征性的死亡和新生的磨难同时表达着创伤和治愈的希望。

沙盘结构上呈现出分裂的感觉:生与死的两种场景。M 的沙盘有着很明显的区域感:以中间鼠、蝎、蜘蛛等毒虫为界,分成左侧是孕育生命的鸟巢和滋养的奶牛、右侧是死亡的坟墓。毒虫们有着强大的攻击性,同时似乎给生命区域营造了一种保护的屏障,这些"毒虫"也起到了联系两个区域的作用。

2. 回到母亲与对母亲的依恋

沙盘中所有可以成为容器的沙具中都放有人,包括棺材、羊头骨、金字塔和右上角人脑沙具。这可以理解为一种无意识地向母亲的回归,或者说回到母亲的子宫的一种象征。沙盘左下角的鸟窝和左上飞在房子上的蝙蝠都可以理解为对母亲的一种依恋。

这些沙具在之后的沙盘中经常出现。

3. 面具的温和与真实的压抑

M在沙盘中摆放了五个戴面具的人，四个在不同的容器里，一个是站在祭台上面向咨询师（这个人正用手扶着面具，似乎要将面具摘下）。这些戴面具的人都是笑容满面，但摘下面具都是打补丁的脸，狰狞万分。对于M来说，他温和的外表下是否也存在强烈的被压抑和被扭曲呢？如何能够营造一个自由受保护的空间让他的情感能自由表达？

4. 咨询师的感受

M在沙盘游戏的过程中很配合，几乎是有问必答，但都相当简单，且仅限于有问才答，给我的感觉是被动的。在主观情绪上，M摆的戴面具的人和与死亡相关的沙具都朝向咨询师，祭台上的"鬼魂"还朝向咨询师述说着什么，这让咨询师心里有些发怵，胃里有些难受恶心的感觉。总体上，M的沙盘中呈现出的创伤主题（包括隔离、限制、威胁、攻击、受伤）远远大于治愈主题（包括新生）。

（二）第二次沙盘：问题的再现与解决的努力

这次沙盘与第一次沙盘中间隔了一周，中间停了一周，理由是他感觉到咨询师不够专业，仅仅是让他做做沙盘，都是他在说，没有得到指导性的建议，所以就没来做沙盘。显然这是他的一种防御性，可能担心咨询师不能包容他的问题，存在顾虑。咨询师为了解除他的顾虑，建立良好咨访关系，形成治疗同盟，做了以下的工作：向M解释恋物癖，这是一种偏离正常的兴趣嗜好，解决方法首先是将偷的行为变成正当的购买行为，其次通过兴趣对象的转移，最后自己不要将这个当作病，这是一种应对方式，正视自己的需求。适当解释他提出第一次沙盘的疑问：死亡，可能只是想结束某种关系或者某种痛苦，而非真正的想结束自己的生命。M对此做法表示满意，看来他需要明确的指导。

M同时也在医院就医，主要是吃药，药物是使人安定、抗抑郁类的精神类药物，吃了后会睡不醒，白天上午肯定是起不来，所以上午的课基本不去上。咨询师表示理解，让他听从医生的建议按时服药。

第二次沙盘：沙具更多集中在沙盘的右侧，M的描述：右下角是墓地，石头是一些墓碑，旁边黑色的狮子是保护墓地的，戴帽子的是个鬼魂，死后回来，跟棺材上的两个鬼魂对话；后面是猫头鹰，深夜总是有猫头鹰的；羊头骨上的苍蝇说明这是一个充满死亡气息的地方；墓地外有三只老鼠，它们也会攻击人；如来佛和弥勒佛在右上角，觉得他们在商量什么；八卦镜是辟邪的，

第二次沙盘

旁边有只鸟在笼子里（但放不进去），旁边的大象在找方向。

与第一次沙盘比较，他开始能用手触碰沙子，堆出一个小沙堆。沙盘的右下角部位仍然是棺材和羊头骨，这次棺材上站立着上次沙盘中站在祭坛上的人物。整个沙盘中的人物都集中在棺材那里。这次多了一个三角形容器和一个墓碑，可以说，这个部位仍然与死亡相关联，也可能表达着一种心理历史的残留。并且整个右下部分通过一个栅栏与右上方相隔离。沙盘的右上方出现了一个如来佛和一个寿星以及一个八卦镜，可看作是他对能在精神上指引自己的男性的需要。现实中，他觉得父亲没有优点，因此补偿机制就会在他心里产生一种需求，需要道德崇高的父亲式的人物为榜样，找回男性的力量。而从沙盘的左侧过来朝向右侧的三只老鼠仍然在对右侧造成威胁。就好像是意识部分所感受到的来自无意识的威胁。大象所在的位置原来是奶牛和运奶车，大象在此似乎是一个积极的因素，从能量的角度大象表征着吉祥、广大、有力。从方位上说，大象正从沙盘的上侧朝向左下角，这可以理解为一种探索无意识的准备和征兆。

在这次沙盘中 M 虽然再次表达了与死亡相关联的内容，同时也表达出对精神指引的渴求，解决问题的努力，以及自己对进入无意识内容的准备。而栅栏的作用可以是一种隔离，也可以是一种保护。

（三）第三次沙盘：死亡的威胁与重生的渴望

这周发生了一件应激事情：M 去跟管理员借钥匙，但是管理员态度很差，且没有借给他，"别的同学他就肯借，就是不借给我，歧视我吗？死了算了"！那天他非常伤心，心想就这么死了算了。咨询师的做法是共情与安慰:"你的感觉是否觉得管理员不信任你,这让你觉得非常的气愤!"M说:"是的,实际上我已经没拿鞋子了。这事一发生,我又有想拿的冲动,做了两回斗争才没拿。"咨询师:"嗯,自己明明已经改过还被别人当贼来防你一定很委屈!但你很勇敢,用意志控制了自己拿鞋的冲动。"

第三次沙盘:本次有干沙和湿沙盘两个选择,M选择的是湿沙盘。最开始拿的是鸟巢,M说他喜欢鸟巢(孕育新生的象征),鸟巢仍在第一次出现的位置,但这回在鸟巢下多了郁郁葱葱的绿树。M的故事:这个中间红色帽子的人快要死了,他下面有毒虫、有蛇(有一条蛇是从井口爬出,半截被埋在地底下),他是被人陷害的;左侧下脚的鸟,他很喜欢,觉得很舒服,但也面临着危险;右侧是一些图腾(与宗教和崇拜相关的内容,其中图腾柱在表达了父性崇拜同时也表达了一种塔布禁忌),骷髅,死亡

第三次沙盘

的气息,右上角是一只渔船在一片很小的水域中,中间的长蛇游向高塔。相比较前两次沙盘,本次沙盘中安全的区域在缩小,而威胁的范围在扩张,威胁的力量在凸显,而图腾、湿婆等神秘的力量也在悄悄出现。威胁范围的扩张,问题的呈现,应该是咨访关系递进的表现,如果他觉得不安全就不会自如地表达问题,且呈现与表达问题是解决问题的必经之路。在左上角,第一次的运奶车,第二次的大象,这次出现了水域和老翁渔船:如果运奶车是为了积累滋养、传输能量,大象为探索无意识做好了准备,在此基础上水域应运而生,水域的出现意味着无意识的海洋,老翁驾船出游好比是自我开始探索无意识。只是目前的水域还很小,或许只是试探的开始,期待更广的水域。

  理解沙盘中的新沙具:湿婆舞神。湿婆舞神化身采用的是站姿,在班丹(bandhan)圈中翩翩起舞。他的右上手拿着一面达莫和鼓,象征着创造,有的说象征各种声音,声音由以太〔空元素ether〕所乘载,代表太初创造之音(唵);右下手象征神的保护和祝福;他的左手托起燃烧之火,象征可以毁灭一切(也有人说象征谬误的毁灭和真理的传播);左下手斜向下垂,与抬起的左脚相对,象征着不受一切羁绊的自由;右脚下踏一魔鬼(名叫莫亚卡拉),象征着善征服恶;左脚上抬,象征着超脱尘世,升腾不息。舞蹈周围装饰,则是象征养育人类的自然世界。湿婆舞神代表的也是一种守护,是毁灭和重生兼具的力量。蛇,蛇的出现比较值得关注,从象征的层面蛇可以是一种男性生殖器的象征;但同时蛇也是一种智慧的象征,作为一种与无意识相联系的动物,蛇进入地底也可理解为一种向母亲的回归。而这正是来访者本人需要去面对的问题。沙盘中最引人注意的蛇是那条从右下角到左上角的蛇，可以理解为一种意识上的能量向无意识的回流。

沙盘中戴着红帽子、胖胖的沙具形象，M用来代表自己，这个形象手中拎着煤油灯，脚下满是危险。这个情景与M感受到的现实类似，他总是觉得朋友没有可信的，只有利用、欺骗和侵害，由于这个偏执的观念，导致他的情绪总处于焦虑与不安、绝望与抑郁当中。但正是这种创伤体验的呈现与表达，危机的出现，给了治愈一种契机与希望。再者，来访者的这种威胁感也可能是对母亲的依恋；然而现实对他提出的要求是尽快脱离与母亲的连接，进入"磨炼与成长"仪式阶段从而变成一个成年男性。同时沙盘也为治愈的方向提供了线索，回到母亲或者说重新去体验母亲和将对待消极父亲的矛盾情感意识化，主动建立一种意识与无意识的连接。这都可能是治愈的方向。

（四）第六次沙盘：正视自己

第六次沙盘：从沙盘整体看，积极主题的增加：绿色植物占了四分之一，加油站、油车、车下的两个人、下棋的老人的出现，积极的能量与消极力量的对抗十分明显。羊头骨和棺材的沙具一直出现在M的沙盘中，但位置和摆放方式上却一直存在着变化：这次蛇盘踞在棺材上面，且棺材被打开，棺材里面的人也能看到外面的世界并具备出来的可能性，这可理解为一种"消亡"后部分心理内容在无意识中的重生。而骷髅、棺材和蛇是最靠近M所站的位置，或许他正在做好准备去面对自己的问题，开始探险的旅途。在沙盘中出现了三个女性沙具，左上角正在洗衣

第六次沙盘

服的女性,右下角准备给左上角女性送去水果的女性,和左下角处在危险和攻击下正要死去的小女孩(上一次出现在左侧,用来代表自己的未成年女孩)。正如 Henderson 所说,在仪式的前一阶段的受挫将使得我们无法获得下一阶段仪式的主题,我们往往不得不通过各种方式再次重新经历前一阶段的仪式(Henderson,2005)。M 在成为心理意义上的男人前,仍需处理与母亲的关系。女性意象的出现可能是积极的,在这三个沙具中,两个成年女性都具备母亲的特质,而即将死去的小女孩也可能象征着 M 部分内在女性成分的消亡,这都为进一步的成长做准备。

在来访者与咨询师共同守护的领域,出现的是狗和下棋的老人,都是相对安全的沙具,但只是一小块,并且用栅栏拦着,说明 M 对咨询师态度的转变,认为咨询师在某种范围下是可以信任的、智慧的。

在现实层面，M虽然看到喜欢的鞋子还是有去偷的冲动。但是也开始思考和挣扎，这也说明了一些原本无意识的内容开始意识化。

（五）第八次沙盘：历练探险仪式的尝试

第八次沙盘：关于小矮人的（曾经出现过，M以他比喻自己）经历磨难的故事，小矮人的对面是三头怪物，他还处于毒蛇、毒虫的危险地带，将被人陷害。左上象征着死亡和重生的鲜花与棺材、骷髅，上面有只蝙蝠和灯。右上是灯塔与佛，前面是祭台，往下是嘴里放满了毒虫的羊头骨，右侧是提供庇护的八卦镜和黑色猫头鹰。这次沙盘可以理解为M内在历练探险仪式的尝试，他必须面对怪兽，面临毒蛇和毒虫的威胁。在他的背后是死亡，而他的前方是提供庇护的猫头鹰和八卦镜，右上方祭坛上的指南针和佛以及灯塔则表达了一种对指引和庇护的渴望。这种无意识上层的宗教内容也许是他得以通过仪式的保障。在对母亲意

第八次沙盘

象和内在女性成分的重新理解的基础上，M能够象征性地去经历磨难仪式阶段，可以说是治疗的结果，同时呈现的问题是如何能让M在类似宗教等精神上层内容里获得勇气和力量。

在现实层面，来访者讲述了自己对白丝袜的特别感觉。因为看到电视上那些成功的人士都穿白色袜子、黑色皮鞋，他也常常购买白丝袜。这可以理解为一种对权威的认同，但这种认同现象的背后是一种能够指引和庇护自己的男性意象的缺失，因为主观上，他认为父亲在这方面完全不胜任。

（六）第九次沙盘：潜在的威胁

最近他在准备辅修考试，每晚复习到凌晨两三点，导致第二天精神不够好，睡到很晚。咨询师说："嗯，看来你最近很用功学习。"M说："辅修是自己选择的，因为现在的专业并不是自己特别喜欢的，希望能学些自己喜欢的科目。但辅修功课很多，压力很大……"咨询师说："嗯，同时学习两个专业的课程确实时

第九次沙盘

间紧张，压力大。但是你花更多时间来学习喜欢的课程需要很强的毅力吧，说明你为此确实很努力。"

第九次沙盘：这次的沙盘是上一次沙盘的延续，从沙盘中看好像所有原来针对小矮人的威胁都得到了解除，但这种解除是以掩埋的方式来获得的。掩埋往往表现的是一种受伤后的无法面对，运用压抑或否认的防御机制，使得威胁由显在的变成潜在的。正如 M 自己的叙述所表达的：红色的胖胖的小矮人又出现了，他将被人陷害。在沙盘的左上方埋下了一对新人，已经死去；一条大蛇，翻着肚皮，右上角是红色花轿，出现了两口井，里面是沙，右上和右下是庇护作用黑色沙具（猫头鹰、狮身人面像）。左下角仍是棺材与骷髅，上面有一条翻了肚皮的蛇，井口都被沙子淹没。

沙盘中提供庇护力量的沙具的继续存在可能是一种积极的象征，但是威胁仍然存在（只是由显在变成潜在的威胁）。与上次沙盘不同的是，新加入的结婚新人和红色轿子分别死去和受到威胁，这可以理解为与女性成分的结合仍然是危险甚至指向死亡的。并可以理解为通向地底的入口，此时的井却被填满了沙子。蛇此刻翻着肚皮，但或许它能很快地重生。可以说 M 在对母亲意象的重新体验基础上，对离开母亲所需经历的"磨难"仪式的象征性尝试仍未成功，他对母亲意象重新面对和理解所带来的改变，在内在的女性成分上仍有待发展。

由于是考试周，他的时间集中在复习上，只能期待他下学期的沙盘。

第二学期：问题的深入与转化的契机

（七）绘画与自由联想

这是新学期的第一次面谈，M进行了对鞋子、袜子的自由联想，讨论了与父母的关系。M对袜子做了自由联想，袜子最终指向与性幻想有关的快乐。同时联想起初中班上有一个男孩，白净、漂亮，常打架，干坏事，但在M看来他很厉害，有力量感。M以前特别喜欢这个男孩，希望成为那样的人，但现实中自己却是个懦弱的人，他很希望自己成为开朗、活泼的人，但真实的自己却很内向。

开始谈论父母。M完全讨厌爸爸，无论是长相还是粗鲁的性格。他喜欢妈妈，她能力强；同时又讨厌妈妈不够理解他。可见，M一方面想回归到母亲的港湾里，感受舒服与安全，另一方面又恐惧妈妈的拒绝。

（八）第十一次沙盘：泰坦尼克号撞冰山

M讲述了实习期间的情况：他在实习时对自己要求很高，备课也很认真。他说在放假期间，自己看到街上有人穿这样的鞋子又有冲动，回来吃药缓解冲动。他似乎有些着急，迫切希望消除恋鞋的症状。咨询师此时也共情到了他的无力感，说："感觉到你很着急，希望不再对鞋有冲动感。还有我发现你在咨询中总是点头，是说明你认同我说的内容，还是其他的呢？"M说："那表示我听到了……"咨询师心想，原来只是听到了，怪不得交流的时候总感觉"拳打出去了，就如同打在棉花上"，咨询师在说，但对方的反馈极少。咨询师说："为了解决这个问题，你平时做

第十一次沙盘

过什么样的努力呢?"M说:"我希望你能给我具体的建议。"他说他对沙盘游戏治疗的期望很高,希望药到病除,但觉得进程缓慢,他甚至考虑网上介绍的厌恶疗法,三个月就解决问题。因此咨询师可能需要在策略上有所调整,M现在是茫然的、对于冲动开始惶恐,他可能真的需要具体的建议和支持,咨询师需要结合认知行为疗法,布置家庭作业,让他对冲动有合适的应对。

第十一次沙盘:在这次沙盘中,M由沙子联想到水、液体、海绵、舒服。沙盘中所呈现的是个凄凉的场面,泰坦尼克号将撞冰山,沉入海底。美人鱼是招魂的,旁边的棺材装死去的人,右边是小鬼,左侧是一只黑色的老鼠。M的前方是一只老鼠,他对老鼠展开了联想:他说自己喜欢老鼠,回忆起童年,在他受到委屈、情绪低落时,有一只塑料小狗,他总是抱着睡,后来有一只塑料的米老鼠,他也是每晚抱着米老鼠睡。他说这是温暖的味道，现在仍非常留恋那种味道，就好比现在的鞋子。咨询师对于病症的思考：味道似乎是过度依恋物米老鼠到现在鞋子的联结。咨询师的另一个大胆猜想，这种味道或许与婴儿吸食妈妈的乳头之后，唾沫与皮肤接触产生的味道是类似的。恋鞋，味道与温暖是联接。

在现实层面M开始发展自己的社会功能，在一所学校实习做老师。虽然自己备课很认真，但是面对自己某一节课上因忘词而表现不佳，M感觉到自责，觉得误人子弟。沙盘中最为突出的是船长，这是一个典型的男性成分，同时也表征着社会化和意识以及理性功能。但是船长驾驶的是撞上冰山的泰坦尼克号，这一事故本身象征着意识功能被无意识（水下冰山）内容所摧毁。这也正是M对自己面临的问题的反应。他还回忆起他托儿所前，有时候气急了，就用头撞墙，觉得很无能，说明他在成长的路上，内在男性成分在童年期没有得到很好发展。同时，当船沉没之后，美人鱼出现来为死者招魂，在这里男性所代表的理性和意识功能因为忽视无意识的内容而遭遇毁灭，而作为阿尼玛典型象征的美人鱼却具备召唤和安抚死者灵魂的能力，这可以理解为M对待自身内在男性和女性成分的理解和态度。

（九）第十二次沙盘：小孩准备进入灵魂的居第

现实层面的变化：M说其实自己还是有变化的，尽管现在还是会想拿鞋子，但已经跟过去不同。记得有一次在外面，看到有人穿着他迷恋的那种鞋，然后就开始想鞋，但后来回宿舍睡了一觉之后就没事了。若是以前，会非常难受。

第十二次沙盘：沙盘中佛是收魂的，小女孩将被骗到里面，

第十二次沙盘

孔明与中年男人都是鬼魂。小女孩现在还在门口,但是即将被骗进去(沙盘的主题是"通过"仪式的呈现)。女孩前面有三道门,地下是两条蛇,进去后是海市蜃楼,有个老翁在一小湖里驾船;孔明拿扇子指点小女孩过去佛那里,同时中年人会过来指路,再是面具人,然后才会到佛祖那里。小女孩只有五六岁,所以很单纯无知,思想不全面,容易被骗进去,进而感到悔恨,感到受人控制,没有了思想。M声称自己以前也是这样。

在这个沙盘中,我们仍然能看到一个仪式(通过仪式)的呈现,而这个"通过的门"正是栅栏围成的三道门和入口将两个阶段相隔离。小女孩在门外受到蛇和其他动物的威胁,但同时她即将被"骗"入另一个完全不同的时空。而这个时空里有男性、佛和死亡。在主观上,M认为女孩是被骗,而且必然会感到悔恨,被人控制而没了思想,这说明了他对这一仪式阶段的认识及没有做好充分准备。

对之前沙盘的发展线索做一个大致的梳理：从开始男女两极结合所产生的危险和死亡到对母亲和女性成分的重新理解和体验，然后是一小矮人意象代表的男性通过"磨难"仪式阶段的失败和上一次沙盘中船长这一男性意象所导致的毁灭与美人鱼这个阿尼玛意象的招魂。不难理解，来访者为什么要将面对仪式阈限的意象由男性变化为女性，因为对母亲的依恋和母亲的拒绝阻碍了他类似阿尼玛等内在女性成分发展的受阻，使得他无法进入和通过"磨难"仪式阶段从而发展他的男性成分。而他现在正是在重新体验内在女性成分从而获得下一仪式阶段的勇气和主题。在现实症状层面，来访者也感觉到了自己有能力控制和有效处理冲动行为。这也正是 Henderson 用"回到母亲"这一阶段所表达的重新仪式化的思想。

（十）第十四次沙盘：讨论阻抗与通过仪式

M 谈论不能信任咨询中心的老师，包括咨询师。之前他曾用蛇代表咨询师，表达了一种恐惧与担忧。此时他能将这些事坦诚地说出来，是一种进步，对咨询师更加信任了。能够当咨询师的面把话说出来，是自我意识增强的一种表现。

第十四次沙盘：通过生死门。M 认为这是生死门，轿子被鬼控制，小孩五六岁的样子被引诱过来，她很害怕。她很讨厌蛇，但是喜欢神仙。M 觉得结婚意味着死亡，而且死得不明白、不甘心。这次沙盘可以看作是第十二次沙盘的延续，不同的是这次沙盘中的小女孩通过了生死门，象征性地说，进入仪式进程的另一个阶段。M 虽然觉得结婚意味着不明不白的死，表现出来的是轿

第十四次沙盘

子被鬼所控制，结婚的新人重新回到棺材里。但棺材和金字塔上盘成圆形的蛇，也在表征着重生和转化的可能性。

从整个沙盘来看，这次沙盘有了很大的发展。通过了仪式的阈限就表示 M 内在的女性意象不再是一个过渡期的模棱两可的似有似无的存在，她开始获得意义和身份。这是 M 对自己受挫的内在女性成分重新仪式化的成果的象征，也是"回到母亲"阶段的发展成果。而女孩进入的世界是一个未知的世界，这也正是恐惧的来源。而 M 用被"骗进去"来表达这种渴望同时又惧怕的心情，他内在女性成分在这个未知的仪式阶段所获得的意义将是我们接下来工作的要点。值得期待的是，来访者曾经受挫的内在女性成分的重新发展将会使得他获得一种解脱，释放与母亲这种强烈被动依恋的心理能量，从而进入"磨难"和"力量的试验"等仪式阶段，使得他的男性成分得以发展。

(十一)第十七次沙盘:走向希望

第十七次沙盘:这次的沙盘虽然沙具还是之前曾经出现的,但是出现了比较明显的变化。在之前的沙盘中的沙具之间的关系开始变得和谐,不再出现冲突和威胁。在之前的沙盘中曾经代表来访者自己的沙具(小矮人、狗、小女孩)都聚在了一起。新人和红色的轿子也出现在沙盘中。不难发现在之前的沙盘中曾受到威胁和经历死亡的人物在这次的沙盘中获得了重生和整合,他们聚在一起朝向沙盘的右下角。而且沙盘中多了两个新的人物,戴眼镜、穿格子衣服的男孩和旁边不戴眼镜的男孩,与 M 的年龄相仿(可能是他对自己身份的认同对象)。用 M 的话来说,他们正走向希望。

这同样可以理解为来访者在通过了仪式阈限后的变化,从之前处在死亡和重生阈限之中的两可到现在的重生,人物的身份获得了确认,威胁和死亡得到了解除。之前代表着自己的各个身份

第十七次沙盘

开始聚合在一起，这是一种整合的趋势。同样重新站立和获得生命的结婚新人和婚嫁用的红色轿子也表达了一种男性和女性成分的结合或者说是仪式两极的渗透和结合。总体来说，本次沙盘表达了一种通过仪式阈限中死亡之后的重生，身份的重新确认和由无序到有序的转变。

（十二）第十九次沙盘：新事物的诞生与希望

第十九次沙盘：M说这是一个没有压力、痛苦的休闲之地，哪里都是路，他说咨询师与他之间的一条路可以进入，这里充满生机与活力。M靠近咨询师，望着前方的鸟，这只鸟在清闲地散步，它看到未来的希望。左边的鸟，在思考问题，什么是理想？是创造新的技术，推动社会发展，虽然很多人认为这是不可能的，但M觉得这是个好想法，做完才知道啊，他觉得可能实现。鹦鹉，他用来代表自己，他说鹦鹉在笑，可放弃所有烦恼，对未来有信心，看着两只蛋，自问新的事物到底是什么样的呢？水车

第十九次沙盘

是用来发电和打磨粮食的,他说朝下的花是掉落的,其中红色的花是盛开的,这是夏天的场景。而金黄的叶子则是秋天的。看着最大的鸟巢,M说未来什么都不知道,只有到了最后才能知道,自己对未来有些担忧,但还是要努力的。蛋里面是什么,他不知道。

整个沙盘传递的情绪是愉快与放松的,在对代表自己的鹦鹉的描述中,可以看到来访者现在的积极心态。与此同时,代表自己的鹦鹉已经成年并离开了鸟窝。鸟同时也具备一种超越功能。鸟窝和里面的小鸟和鸟蛋都可以理解为一种新生。而对这种新生来访者是充满希望的。同时沙盘中不仅充满了能量,而且这种能量是流动的,并不是停滞的。水车,使人想到这种能量已经获得了部分的转化。

从沙盘游戏治疗的连续性来看,这次沙盘可以理解为上一次沙盘的延续,是一种整合后转化的开始。这种超越和转化功能也是仪式的主要功能之一。

在现实层面,M对中学的求职面试、英语四级、辅修考试不知怎么选择,但他坚持着对中学求职的期望,现在处于烦躁与焦虑的状态。他不知道怎么选择,不断保持与同学沟通,同学的意见对他影响很大,如果支持他,他就继续往前,但目前没有得到太大的支持,基本都是劝其放弃中学的,所以他期望得到我的支持。他强调他之所以想当中学老师,是因为不想学生跟他一样受害,他想给学生一个自由的空间去认识自己的错误,不用打骂等暴力,不想惩罚学生。这让我想到卡夫卡那句话:"适度的痛苦让人喋喋不休,而太多的苦难则让人沉默承受。"虽然M还是会遇到现实中的许多问题，但是这些问题更多地是意识层面的问题。更为关键的是，他能够很好地诉说和面对这些问题。在面对这些压力时，他已不采用拿鞋子手淫的方式来缓解和处理压力，他选择的是寻求同学和咨询师的支持，同时从他当老师的动机不难看出自我的苏醒和成长。

M将这个沙盘命名为"新事物的诞生与希望"，正如他自己所说的，未来是什么我们不知道，但是这并不代表我们要放弃努力。也许心理分析治疗的目标就是让来访者拥有了经历生活中的种种的困难勇气和智慧，而不是要将他带入一种永远没有烦恼和痛苦的境地。最后想对这个来访者表达真诚的谢意！你我都不知道未来是什么，但请热爱并勇敢地去经历生活！希望你能在未来的日子中安之若命！

（十三）咨询的结束：M顺利毕业、顺利就业

从第二学期中后期到毕业前夕M都没有"发病"，没有拿鞋子、没有盯着鞋子看三分钟、没有跟踪穿鞋的人，如果压力大，偶尔会逛商场，通过购买来满足。可见，M最初的"恋物"症状已得到了很好的缓解，达到了短期目标。

M最后通过努力终于顺利地拿了大学毕业证书，在找工作中，他制作的精美简历、精彩的试讲、坦诚的交流为他带来一个好消息，一所教学质量较好的中学接收了他，他终于如愿成为一名中学教师。M对自己的评价不再会被"球鞋"控制了，如果出现对鞋子的渴求会以理性的方式对待，较好地控制自己的情绪；此外，交往的人多了，能跟不同的人顺利进行交流；在生活中，开始喜欢一个人，尝试努力地跟对方建立亲密关系，能对人产生

信任感。

M 学校期间的咨询就告一段落了，咨询师心里滑过一丝离别的伤感，最后一次访谈咨询师也把这种真实的感受告诉他了，他笑了笑说："如果将来我有困难，还会找你做沙盘的。我知道我的问题暂时缓解了，也毕业了，但还是希望继续做成长性的咨询。"

六、对"恋鞋情结"的理解和自身的思考

本个案被医院诊断为"恋物癖"，其恋物对象为男生的球鞋。弗洛伊德使用了恋物这一术语是来唤起阉割焦虑的后果，恋物对象的"符号"作用在于它替代那些被认为是缺失的东西（劳拉，2006）。这一替代物也具有面具的功能，遮蔽和否认缺席造成的伤痛，尤其是如果缺席使人想到受伤。对 M 来说，"球鞋"替代了缺失的母爱、缺失的对父亲强有力的认同；同时它也遮蔽着 M "被人否定"的创伤。恋物的对象同样也是纪念，是为失去的物体而哀悼的标记，作为记号的恋物甚至包含了关于其起源的知识记忆。恋物对象将这一历史事件固定和冻结于理性记忆和个人编年史之外。但是，恋物仍与其最初的创伤体验保持联系，并保留接近自己历史故事的潜在途径。弗洛伊德恋物观包含了在其作为"纪念物"的功能中的象征性踪迹。

弗洛伊德和马克思两人都曾使用恋物这一概念，都是为了解释思想的拒绝或封闭，或者恐惧症引起的精神无能，是为了理解

社会或精神分析领域中的价值符号体系。一个是在社会领域内使用，另一个是在心理分析领域内使用。个体把自足和自主力量归结于一种显然的"人造"之物，就像M所表现的那样。M对球鞋的感觉是在22岁的时候达到顶峰，说明过去的压力和创伤事件"聚集"在此时是最多的。恋物总是困扰于支持他的心理机制的脆弱，M的各种学业压力、人际压力很大，但他的社会支持系统十分脆弱。他的病症转化过程十分缓慢，一方面或许是社会支持系统弱，但同时也因为恋物者的否认通常是："我知道得很清楚，但还是……"（奥克塔夫·曼诺尼的名言）。恋物对象总是具十分独特的文化象征——鞋与脚的象征。鞋的心理分析中的象征意义有：（1）女性生殖器或躯体的象征功能。弗洛伊德在其《精神分析引论》中提到，所有具备空间性而能充当容器的物体都象征着母亲或女性，因为女性有着孕育人类的容器——子宫。弗洛伊德也说："鞋或拖鞋常是女性生殖器的象征。"（2）恋母情结的象征和表达，如弗洛伊德理论中的俄狄浦斯恋母情结。中国典型的子恋母就借传统习俗中的恋足到恋鞋来表现的。M对鞋的依恋，似乎以上的两种象征都有涉及，但咨询师认为M对鞋更多连接的需求是母亲的温暖和力量的认同。

综上所述，M为恋鞋症状所困的背后，可以还原为自卑与自我否定情结、消极的父亲情结、消极的母亲情结等，症状背后对于来访者自身的意义十分值得我们作为咨询师不断地探索与发现。

参考文献

1. ［德］西格蒙德·弗洛伊德:《图腾与禁忌》,赵立玮译,上海:上海人民出版社 2005 年版。
2. ［瑞士］荣格:《人及其象征》,史济才等译,石家庄:河北人民出版社 1988 年版。
3. 申荷永、高岚:《沙盘游戏:理论与实践》,广州:广东高教出版社 2004 年版。
4. Joseph Henderson, *Thresholds of Initiation*, Chiron Publication, 2005.
5. Bell, C., *Ritual Theory Ritual Practices*, New York:Oxford University Press, 1992.
6. Thomas Kirsh, "Virginia Beane Rutter", in Thomas Singer, *Initiation the Living Reality of an Archetype*, Routledge, 2007.
7. 维克多·特纳:《模棱两可:过关礼仪的阈限时期》,载史宗主编:《20 世纪西方宗教人类学文选》,金泽等译,上海:上海三联书店 1995 年版。
8. 劳拉·穆尔维:《恋物与好奇》,钟仁译,上海:上海人民出版社 2006 年版。
9. 项锦晶:《心理投射机制的探索:主题统觉与情结激活效应》,华南师范大学博士论文,2010 年。

一例原型神话方法咨询案例

王广新[*]

一、一般资料

张 X，女，22 岁，独生子女，家庭经济状况一般，父母感情一般，张 X 为足月顺产，自幼身体健康，学习成绩优秀，性格敏感、自卑心比较重、心事重重、不愿意和别人交往、对别人缺乏基本信任，重感情，无重大躯体疾病史，家族无精神病史。

---

[*] 王广新，男，心理学博士，现为北京林业大学心理学系副教授。主讲：心理压力调节、广告与消费心理学、司法与犯罪心理学等课程。2005 年毕业于吉林大学哲学社会学院心理学系，获哲学博士学位。研究领域：文化与社会心理学；研究方向：犯罪心理学。主要研究成果：主译《社区心理学》。在国内外学术杂志发表《中国心理学史与中国本土的传统心理学研究之比较》《中国犯罪心理画像及评估体系理论论纲》《中国犯罪心理画像及评估体系理论论纲》等论文 10 余篇。

二、主诉和个人陈述

主诉：从小时候开始，反复受到父亲的骚扰，包括语言上的和身体上的，感觉恐惧、敏感、自卑心重、压抑，不愿意和别人交往、不信任别人，内心痛苦抑郁、食欲下降，情绪低落。

个人陈述：从出生到5岁左右，是被他们（爸爸、妈妈）送出去养的。带我的是姥姥、姥爷。姥姥对我特别好。十分怀念和姥姥在一起的时间，特别幸福、知足。6岁开始回到爸爸、妈妈身边，却是噩梦的开始。爸爸从我很小的时候就开始骚扰我，一开始的时候我不懂，很害怕，后来，每天睡觉前，我都会把自己的房间门锁上，还不放心，再用凳子放在门后面，几个凳子摞起来，不敢睡得太沉。他这样，我非常痛苦，不敢和妈妈说，不敢和亲戚说，也不敢和朋友说。从初中开始，我选择了住校，远离了家庭，这样才感觉好一些。但是每次回家的时候，都感觉特别压抑。我非常自卑，不敢信任别人，也不敢交往男朋友。

三、观察和他人反映

咨询师观察到求助者中等身材，衣着整齐，举止得体，表达清楚，言语流利，但情绪低落，有些疲惫。身体和智力均发育正常，接触交谈合作，无幻觉、妄想，无智能障碍，自知力完整，有明确的求助要求。但在谈到有关被骚扰事情时，情绪比较激动、愤怒和伤心。

四、咨询和干预过程

由于这个案例涉及比较特殊的伦理问题，涉及的话题非常敏感，同时又由于来访者和咨询师在性别上的差异（来访者为女性、咨询师为男性），所以，在考虑这个案例的干预方案时，咨询师想起了荣格心理学中以原型神话为主导特征的干预方式，并且在这个案例中，进行了初步的尝试。研究表明，原型艺术治疗的方式，对于性伤害受害者的治疗是有帮助的。

最早接触到"原型艺术治疗"（archetypal art therapy）是受到大卫·奈格（David Neg）（1991）的一篇文章《波希枫的归来："原型艺术治疗与受虐幸存者之处遇"》（Neg，1991:123-130）所吸引，文中提到治疗师藉由来访者一系列自发性的黏土作品，带领她联结到西方神话故事中有关"母亲的神话"之意义引申，大地女神狄蜜特（Demeter）因为爱女泊瑟芬（Persephone）被地底之神黑帝斯（Hades）掳拐而黯然神伤，爱女虽在母亲营救奔走之下最后回到母亲身边，但一切已然不同；虽然如此，泊瑟芬作为地底之后则在西方文学艺术史上占有一席之地。来访者的作品好似狄蜜特在哀悼她的女儿，也似在哀悼她自己的内在小孩；透过作品似重新回到地底的创伤过去，层层揭露抑制的记忆及已解离的诸多感受。来访者借以自己的黏土雕塑进行一趟心灵的深层之旅，藉此发现了自己的内在恐惧与内在小孩，死亡与衰颓之主题伴随着重生与转化。黑帝斯不只是地底之神同时也是富裕之神；在以此神话重构来访者之经验时，她被鼓励去探索意象中隐含的深度与丰富，以及透过自己的故事去发现其显著意义。

有关性侵害案例探讨的文献指出，可能是因为性侵害受害者在表达上有其困难与迟疑，若参与艺术治疗，其意象作品之外观意义常是模糊、未知的，此时有赖治疗者与作画者（即性侵受害者或幸存者）一起探索其意义。有的治疗者基于对神话故事及其意涵之熟悉，乃引用荣格"积极想象"之方法，与作画者共同探索意象作品之各种隐含意义，作画者因之对于曾经历之创痛可以逐渐面对。神话故事之引用常常可能对遭受创伤者产生安慰作用，达到精神上之提升，因为神话中的主角所面临的巨大创伤与死亡之旅所带来之挣扎艰困，常能带给受害者共鸣；而故事中主角受苦所带给世人的宇宙精神之收获与启发，也能帮助幸存者在跨越现实之苦痛与限制方面有引导作用。

咨询师针对来访者在意识加工层面深入探讨涉性问题的尴尬和回避，采用原型神话分析的方法，设法绕开来访者的阻抗，了解来访者的深层潜意识动机以及内在的阴影。下面是在实际咨询过程中，这种方法使用的具体过程。

为了克服来访者的阻抗，每次神话故事的演绎都是在不设定任何主题，在来访者未知背景的情况进行的。神话的主人公和基本故事原型由咨询师临床确定，具有很大的灵活性。咨询师会依据性伤害后主人公的心灵状态，拟合出适合的原型意象，让来访者顺着咨询师指定的原型意象，继续这个神话故事，直到该神话故事有一个结局为止。荣格的积极想象法是原型神话演绎的基本方法指南。

第一个原型意象

在一个非常漆黑的夜晚,外面大雨滂沱。有一盆花在外面,孤单地被大雨浇着……

下面是来访者的神话故事:

> 在一个非常漆黑的夜晚,外面大雨滂沱。有一盆花在外面,孤单地被大雨浇着……这盆花非常害怕,它开始在雨中奔跑……(停顿,表情很痛苦)。这盆花在路上看到了一个行人,他打着一把伞,于是花儿立刻跑到雨伞下……(暂时的缓解和放松)。
>
> 但是,行人走得非常快,他很匆忙,花儿很快又失去了雨伞,于是这朵花又开始寻找新的路人,跑到另外一个行人的伞下(停顿,自言自语道,这很不好……)。但是,它不得不这样做……终于,每个行人都走光了,在空荡的大陆上,只剩下这朵花。
>
> 这盆花继续往前走,它终于看到了一个房子。房子里面很温暖。有一个老人,白白的胡子,像圣诞老人那样。他让这盆花进去休息,并且在它临走的时候,送给它一把伞,告诉它,有了这把伞,你以后就不用挨浇了……

相信细心的读者可以读得出来,在一个非常漆黑的夜晚,外面大雨滂沱。有一盆花在外面,孤单地被大雨浇着……这个原型意象本身就有一种被伤害,无助又非常无力的意象感。对于有过性创伤的人而言，她们在讲述这样的神话故事时，很容易将自己的经历和体验，包括自己对待创伤的态度投射进去。而这种投射又是在故事层面下进行的，因此，不会引起像意识层面上那么大的焦虑感。

在这个故事中，来访者讲了一个故事，但是并不是一个神话故事。为什么原型故事治疗性创伤案例需要神话故事，这是因为，神话中蕴含着力量。神话原型中的人物形象具有可以改变命运、主宰命运的支配力量，而这种力量是来访者比较缺乏的。而我们这位来访者，在讲述的过程中，根本就没有按照咨询师的要求讲神话故事。尽管如此，这个故事本身仍然有非常鲜明的象征意义。

在来访者的故事里，花本身是没有力量的（故事本身就是一个投射，任何讲故事的人都会下意识地把自己和花联系起来，或者对自己的经历做隐喻的投射，即使是那些非性创伤的来访者在陈述这一主题的时候，也会用花来投射自己的状态或经历）。花本身并不能凭借自己的力量来改变被暴风雨吹打的命运。

因此，在来访者的心理意象中，要寻求帮助是她解决问题的途径和方法。但是，她潜意识中的帮助获得都是短时的，是不长久的，是不可信赖的，是可能会失去的。这里也隐喻了她的焦虑，并投射出她与咨询师的关系。

而最后的帮助来自一个类似家庭的温暖的地方。温暖的房子让人觉得安全。并且，圣诞老人出现了，雨伞，象征着抵御伤害的方法和途径。来访者希望获得雨伞，进而可以避免遭到类似的伤害。

著名的神话学家坎陪尔（Joseph Campbell）曾说，神话是众人的梦，是沟通意识与无意识的桥梁……它是一种和梦相似的象征符号，激发并支配人类的心理力量。李亦园颇赞同坎陪尔的论点，认为神话乃是一种巧妙的文化产物，它表达了一个民族隐蔽在深处的理想与愿望，经由神话的幻想与象征，这些理想与愿望也就间接获得满足与导引（李亦园，1978: 163）；李亦园还引述人类学大师克罗孔（Clyde Kluckhohn）的观点说，神话学所表达的并不见得都是很遥远的理想，神话与仪式一样都是利用象征的方式来表达人类心理或社会的需要。

另一个原型主题

在一个森林中，有一条幽深的小路伸向远方。路的两旁是茂密的森林……

来访者的第二个故事是这样展开的。

> 在一个森林中，有一条幽深的小路伸向远方。路的两旁是茂密的森林……有一个小男孩（来访者是一个21岁的女孩）在这条幽深的小路上走着。这时候，小路上出现了一个怪兽，这个怪兽冲着小男孩张牙舞爪。小男孩很害怕，但是后来他发现，这个怪物除了向他张牙舞爪之外，并没有别的侵犯。于是，小男孩继续向前走。但是，在行走的过程中，路上有一个夹子，夹伤了小男孩的脚，小男孩的脚受了伤，流了血。他非常疼，但是还是这样走着，夹子还在脚上，一边走一边疼。这时候，他遇到了一个天使。天使很关心他，

问他要不要帮他把夹子拿下来。小男孩说：那很疼，我会疼死的。但是，天使使用了魔法，帮小男孩拿下了夹子。并且送给了小男孩一双鞋。小男孩穿着这双鞋，和天使再见，继续向前走……

这个故事，如果按照精神分析的观点来看，性创伤的隐喻主题不言而喻。来访者以一个小男孩的身份来掩盖自己的身份，这显示了其在潜意识层面上的自我保护。使得主人公的身份更加模糊，进而就缓解了来访者在诉说创伤性故事时的心理焦虑。之所以说性创伤的主题不言而喻，是因为在这个故事中，出现了许多和性创伤有关的原型意象。因为来访者是一个年轻的女孩子，但是，在讲故事中，她下意识地把角色替换成男孩子，以掩饰自己的焦虑。而故事中张牙舞爪的怪兽和小男孩受了伤害，流出了血，这些其实都是少女受到性伤害的隐喻。她很疼，这种痛苦既来自身体上的，也来自心理上的。而面对这种痛苦的时候，她自己并没有足够的力量去面对，因为她自己的力量并不足够。这时候，"天使"恰如其分地出现了。天使会帮助小女孩解决问题，缓解痛苦，除去那个让她出血的夹子。而且，天使还会送给她鞋子，正如在前面的故事中，主人公期望的那样，得到了一把伞，而在这个故事中，主人公得到了一双鞋子。这其实是获得了免于伤害的方式和手段，获得了自我保护的方式。

从这个来访者的故事中，我们稍微理顺一下其思路线索，就会发现她的思维状态和情绪状态。遭到伤害——渴望帮助——获得帮助——自我保护。

荣格说：水是潜意识的最常见象征。但是，希尔曼警告，要避免把梦中的水，如洗澡堂的水、游泳池的水和海洋的水，作为潜意识。要对梦中水的种类进行现象学的注意。解释学如何做？洗澡堂的水、游泳池的水和海洋的水——水——潜意识的抽象概念。梦中的主动想象和意象，具有具体性。

原型心理学转变成"诗意的"想象，藉由幻想、梦、神话、艺术及文化之表现将能了解心灵之过程，亦即是强调隐喻及意象之想象性语言，这也是病人在心理治疗中进行体验的一种途径。在故事的原型意象中，投射是一个无意识的、自动的过程，主体的无意识内容会借此将自己转移到客体，以致他看起来属于那个客体。投射在成为意识的瞬间即刻停止，换言之，停止于它被视为属于主体之时（荣格，原型与集体无意识）

在故事中，投射过程是一个个体潜意识语言和意识语言的联结环节，是连结意识和无意识的中间桥梁。个体在原型故事中，转换意识与潜意识，进行二者之间的对话。而这种对话在来访者看来，都是在故事层面，即在隐喻的无意识层面来加工的，并不会引起来访者过多的焦虑，并且更能贴近来访者的真实。

在上述的案例中，由于来访者自身的能量不足，所以，讲的故事里神话的色彩不够浓烈。随着来访者自我能量的加强，在孤独、受到伤害的花的意象中，她就可以展现更多的力量。

所以，一个看起来更加有力量的原型故事似乎可以是这样的：

在一个非常漆黑的夜晚，外面大雨滂沱。有一盆花在外面,孤单地被大雨浇着……这盆花想,这样非常不好。于是,这盆花从自己的叶子中摘下一片小叶子,变化成一把非常巨大的雨伞。雨伞很温暖,挡住了外面的大雨……

过了一会,雨停了,太阳出来了,花儿在阳光的照耀下更加灿烂……

在这个故事里面,其原型意象和第一个女孩子的原型意象不同。其中最大的区别是:当遇到困苦情境的时候,主人公在解决问题时的内在力量。

需要指出的是,这种力量的外在投射是不依据来访者本人的主观意愿的。也就是说,当来访者本人的心理不足以成长到坚强的时候,他(她)也就不会投射出坚强的原型意象。原型意象在故事中的演绎总是来访者内在心理状态的表征。也许聪明的读者可能会问,难道来访者不会猜测到咨询师的意图和原型意象的隐喻,而编制故事,伪装自己的真实意图,遮盖自己的潜意识动机吗?

应该指出,原型故事的原型意象都是咨询师现场根据来访者的心理困扰随机提出的,并且要求来访者现场创作。因此,从时间上判断,来访者要在短时间内猜测出咨询师原型意象的意图是很困难的。而且,短时间内创作出原型神话故事,这让来访者的意识内的防御很难启动。另外,原型神话故事毕竟是在潜意识中的隐喻加工,虽然,在故事创作中,也会逼近来访者的潜意识。随着越来越贴近来访者的潜意识,来访者会体验到焦虑。但是,毕竟原型神话故事是在潜意识中的加工,来访者的阻抗会少很多。

来看另外一个来访者相同主题的原型神话：这个来访者是一名心理委员（大学校园里的设置，负责班级同学的心理状态摸排），她对心理咨询和心理健康非常感兴趣。在咨询师的鼓励下，她讲了自己编的故事：

> 在一个非常漆黑的夜晚，外面大雨滂沱。有一盆花在外面，孤单地被大雨浇着……于是，这朵花开始奔跑，它跑着跑着，看到前面有一个山洞，就类似《西游记》里面的孙悟空住的水帘洞一样，洞外是一个大瀑布。于是，这朵花进入洞的里面，在洞里，它遇到了齐天大圣孙悟空，还有其他许多小猴子。它们都很喜欢这朵花。后来，孙悟空将这朵花送给了唐僧。唐僧带着这朵花去西天取经。后来，这朵花和唐僧、孙悟空、猪八戒、沙和尚一样修成了正果。

需要指出的是，一般情况下，在具体的咨询过程中，我是不去评价来访者的原型故事的，通常，我会告诉来访者，故事就是故事而已。在这里，是出于理论阐述的需要而对来访者的原型意象故事进行评价。在孤独、受到伤害的花的意象中，我不想用"好"或者"不好"来评价来访者的原型故事，我更喜欢用有力量感和无力感来评价来访者的故事。在这位心理委员的故事中，我们看到她在创伤主题面前，自然而然地选择寻求保护。在原型意象中，山洞就是一个可以提供安全保护的理想环境。它使我们联想到母亲原型，一个可以提供安全、温暖、保护的大母神。但是，这个故事后来有一个转化，有一个很明显的变化，就是后来故事中的创伤主题已经不见了，转化成了力量和成功的喜悦。修炼和正果代替了创伤和孤独。雨中那朵孤独、饱受痛苦的小花已经不见了，转而成为一个可以去西天取经，最后修成正果的花。这是一个很明显的变化，是来访者内在心理力量的体现。

五、对咨询过程和结果的反思

读者读到这里的时候，可能会有一些失望，因为这不会是一个完整的案例，在咨询的后期，因为来访者的移情（移情有超越边界的风险），所以，咨询师采取了转介的处理方式，结束了这次咨询。尽管如此，以原型的方式来处理这类棘手的问题，还是非常有价值的，我也想借这个机会，做一些系统的梳理和总结。

首先，原型神话治疗和阻抗的关系。

这个案例涉及的问题很多，伦理、道德、规范、侵害、性这些都是比较敏感的话题。尤其是咨询师和来访者是异性的时候更是如此。传统的中国人的思维观念和道德观念，也会使得来访者在诉说过程中产生很多阻抗。实际上，该来访者在咨询过程中的阻抗反应是非常多的，比如，沉默，很久的沉默不语，有的时候，会说自己对一些情节的遗忘，记忆得不是很清楚，想不起来了。出现对被伤害事件的回避和有意识的遗忘。在这种情况下，和来访者直接面对面去谈这个话题，是不太合适的。所以，咨询师采取了一种比较隐喻的方式（原型的方式，隐喻的表征），是可以揭示其内心创伤,达到宣泄的目的的。同时,这个方法可以有效降低来访者内心的阻抗。

当然,只是降低,而不是消除。在实际的咨询过程中,虽然咨询师采取了隐喻的方式,决定采取原型神话的方式切入话题中,但是来访者还是非常聪明地意识到了这个隐喻的所指。因此,有的时候,也会表现出对这种方法的抗拒。不愿意去陈述神话故事,或者说讲不出来神话故事。但是,通过几个神话故事,咨询师和来访者还是共同发现了内在的心理状态和心理诉求。

六、关于原型神话治疗未来的发展

神话通过故事和意象,能够给人提供看世界的方式,能够使人表达关于自身与世界的经验,能够使人体验到自身的存在。罗洛梅认为,神话是给予我们的存在意义的叙事模式,能够在无意义的世界中让人获得意义。他指出,神话的功能就是能够给我们提供认同感、团体感,支持我们的道德价值观。重建价值观是一项重要的工作,可以通过好的神话来引领人们前进。

虽然有学者从社会学、神话学的角度论证了神话的意义和功能,但是挖掘整理神话的原型含义,整理出具有心理咨询意义的原型神话并把这些方式运用到心理咨询的实践中去还需要有大量的基础工作要做。例如,在古今中外的神话故事中,都会出现英雄原型。这几乎是全世界各地神话中英雄的典型行为。英雄乘船远航——与海怪搏斗——被海怪吞噬——他奋力挣扎,以免被海怪嚼碎而死（践踏母题）——他进入海怪的腹中，找到他的重要器官，用刀子把它割掉或者用其他方式将它毁掉……凭借一只鸟的帮助，英雄得以重见天日。在此，鸟的象征意义很可能是经过更新而再度升起的太阳，也是代表重生的凤凰，同时他属于那种帮助型动物，能够在降生过程中为英雄提供超自然的帮助。

在心理咨询过程中，来访者的某些心理问题是和其童年经历有关系的。而在童年经历中，又往往是孩子和母亲的关系成为来访者心理困扰的起源。在前面的分析中，我们已经充分地论证了这一点。那么，我们该怎样运用原型神话的方法知道来访者心中潜在的原型母亲形象？或者进一步来说，怎样知晓来访者心目中理想的原型母亲形象？我们知道，探究来访者与母亲的关系是一个比较有挑战性的话题。因为从社会伦理和规范来说，我们一般都不愿意去谈论和评价自己的母亲，尤其是母亲的缺点；就批评而言，就更加困难了。所以，在心理咨询过程中，采取隐喻的方式探究家庭关系是比较常用的方法（当然，也有许多咨询师喜欢用面对面直接沟通的方式，与来访者坦诚而直接地探索其与母亲的关系）。比如说，采取自由联想法、主动想象技术、心理剧技术、空椅子技术、家庭系统排列技术等。这里需要说明的是，原型神话的方法是探索与母亲关系的一种方法。可爱母亲与可怖母亲原型在探索来访者与母亲关系时至关重要。

原型神话治疗本质上是在良好咨询关系基础上通过隐喻方式的一种叙事。但是和传统的叙事疗法不同的是，原型神话治疗要借助更多的神话力量。原型神话治疗也是一种潜意识解决方式，它们会经由象征性方式表现出来，然后再由自我意识将之进行整合。荣格认为整合的方法以具体化的方式表现出来，例如画画、写作（作诗、写故事）、黏土雕塑、舞蹈或演剧等。所以，未来的原型神话治疗不仅仅可以应用于个体咨询，而且可以和多种表达性艺术治疗方式结合，应用于团体心理辅导中，发挥神话的力量，促进认同感、团体感，支持我们的道德价值观。

原型神话治疗的本体化非常重要，而且是未来重要的发展方向。中国有非常丰富的神话故事，有大量的富有启发意义的原型，这些原型神话和中国人的文化心理紧密契合，最能为人们提供文化滋养和心灵支撑，所以，进行原型神话治疗的本土化研究是未来努力的方向之一。

优等生的烦恼

邢全超*

一、背景

作为很多父母眼中的"别人家的孩子",往往是人们羡慕,甚至是嫉妒的对象,但是,他们的内心世界到底是怎样的,很少有人知道,也很少有人关心。而这个案例即将展示的,就是一个成绩优异的学生在学校碰到的各种烦恼,特别是她内心的感受、想法和不可思议的行为。她的痛苦在很多人看来是那么难以理解,让人羡慕嫉妒恨还来不及呢,她却在那里"无病呻吟"?可是,生活在这个世界的我们,有多少不是自寻烦恼呢?

我们就叫她 C 吧,她给我的感觉就像这个字母一样,非常单纯,而她总是忽略了本身存在的意义,迫切想将那个空缺填补,

---

* 邢全超,心理咨询师,心理危机干预师,企业心理培训讲师。从 2017 年开始个人执业。"在行"APP 心理模块"千单行家"。擅长拖延、职场压力、个人成长、婚恋等咨询主题。多次参与"天津港爆炸"等社会和企业危机事件的心理干预工作。

变成一个"O"。我们第一次见面是在2011年，我的身份是心理学专业的研究生，同时，也是她们学校的兼职心理咨询师，而她则是那所重点高校的大二学生。当我送走前面咨询的学生时，她已经提前在办公室等候了。接下来的几次咨询，她都会提前5至10分钟来到咨询中心。来访者对于咨询时间的把握暗含着多方面的重要意义，比如，咨询关系的质量、治疗动机的强弱、自身情绪状态、阻抗等。

对于C来讲，这种每次咨询提前5至10分钟的"习惯"，表达了她当前强烈的求助动机和焦虑的情绪状态。我所要做的，首先是让自己去感受她的那份焦虑和焦急以及这份感受背后的想法——这是建立关系的有效切入口。在这基础上，才能了解背后的原因以及探讨如何去应对。当然，随着咨询的推进，当C的心理状态得到明显改善的时候，内心的焦虑大幅减轻，她也恰好出现迟到的现象。

二、被"84"逼进咨询室（第1、2次）

在进入咨询室的最初几分钟里，C给我的感觉比较拘束，整个身体看起来有些僵硬、不自然。但是，当谈及自己目前遇到的心理问题的时候，整个人瞬间换了一种状态——变得特别健谈、爱笑，表情也跟着丰富起来，而且，经常用各种手势来描绘和强调当时的情形。我知道，这是她喜欢谈论的话题，因为她终于找到了能够认真倾听的人。而现在，咨询师耐心认真的倾听是最重要的任务，也是最有效的行为。

C讲述了自己前来咨询的原因——她觉得自己的"强迫症"越来越严重了。我问她为什么会觉得自己得了"强迫症"呢？原来，每当她学习的时候，脑海中总是不自主地反复出现"84"这个数字，越是不去想越是强烈，严重影响了她的学习。

那为什么会说是"越来越严重"？我试着了解她的困扰是如何一步步发展到现在这个程度的。

她回忆，最早在六年级的时候就有了"强迫症状"：经常在锁好门之后还得再回来检查一下。在后来的咨询中，C提及了一段家里被窃的记忆，虽然家里没有丢什么东西，父母也没有责怪她，但是似乎这段经历之后，她开始出现了反复检查门锁的行为。大概在初一的时候，频繁检查门锁的表现转变为经常回头看有没有丢钥匙、有没有丢钱包。

上了初中之后，她特别害怕感冒。于是，C特别关注自己的身体，尤其是喉咙，喉咙一旦痒了就赶紧去校医院开一大堆感冒药。后来，还特别关注自己的眼睛，担心眼睛会近视，所以总是检查眼镜是不是歪了等。

进入高中，强迫的表现有增无减，特别在高三的时候，害怕看到书的页码，认为这个页码与自己的排名是一致的。C自述，高三那年的晚自习就没有一天是不纠结的，总是在考虑要考多少分，排多少名等。虽然极力控制自己的想法，但是仍然没有用。

上了大学之后，大一由于身体原因在学习上花费的精力不够，所以想进入大二之后要努力学习。但是，经常不由自主地考虑学习成绩和排名。比如，有一次考完试了，大家都想放松一下,她却一直在考虑考试的事情。她想:要是我考试过程中做得更快一点就好了,后面那个题我是会做的,怎么就没有做完呢。但是又劝自己,反正都考完了,不应该再考虑这么多了。但是,这个规劝往往是无效的。而且,这个安慰的话还总是重复一段时间,挥之不去,令C痛苦不堪。除了这些强迫思维之外,C还会出现一些强迫行为,比如,在宿舍时候,经常会因为摆放东西而纠结好久,为了找到一个非常合适的位置,往往反复移动,一般都是直到手累了才会罢休。

而令C走进咨询室的直接原因是发生在前不久的一件事情。有个学长在讲某门重要课程的考试经验,"这门课比较容易,自己稍微复习了一下就考了84"。在之后的几天里,C只要复习这门课,就开始在脑中出现"84、84、84……"C强迫自己不去想,但是,仍然被这个可怕的数字死死纠缠,导致她的学习效率受到了严重影响。在复习其他课程的时候,也会碰到类似的麻烦。而且,随着期末考试日期的临近,C希望认真学习、摆脱强迫思维的想法越来越强,可是,"84"的威力却没有丝毫减退。在这种情况下,C敲开了咨询室的门。

在第一次的咨询中,我认真倾听了她的这些描述,初步判断她的确患有强迫症。于是,在第二次咨询的时候,我采用DSM-Ⅳ(美国精神疾病诊断系统,第四版)对C进行问诊,并经过导师的督导,初步确诊为具有强迫性人格风格的强迫症(轻中度)。其中,强迫症的诊断内容是:A部分除强迫观念的第2条外均符合,B、C、E均符合,自知力良好;强迫性人格障碍的诊断为5分。

在前两次咨询中，我所做的主要工作就是倾听和共情。在第二次咨询的开始，C说自己的情况好多了，因为她觉得平时都没有人理解她，在咨询室里说一说感觉挺好的。如果是跟同学和家里人说，得到的回应往往是"没事，别胡思乱想""你就是压力太大了"。这种回应看似是安慰，但对于C来讲，得到的是一种对她的感受的否定与排斥。所以，当有人能够认真倾听，能够理解她，这对于缓解压力、减轻症状是很有帮助的。

另外，纠缠在C脑中的"84"出现次数也少了，她找到了自己应对的有效方法——之前有两科自我感觉很良好，但是考试结果很差，而"84"这科再差也不会比那两科差。这里让我想到了人本主义心理学的理念——相信人有自我发展的潜能，所以，让来访者去面对适度的困难是一件有利于成长的事情；如果咨询师完全代劳，让来访者感觉太舒服，可能效果并不一定是最好的。当然，需要澄清的是，我并不完全反对在咨询初期给出建议或解释，有时候这些干预是有必要的——其最重要的作用就是能够减轻来访者的焦虑——但是，要根据具体的情况来确定是否这样做。比如，C的强迫程度并不是特别严重，是能够承受的，而且人格成熟程度较好，对她来说，不过早给出建议和解释是更恰当的。

三、"如果学习不好，我的世界都不存在了！"（第3、4次）

第三次走入咨询室，C给我的感觉跟之前很不一样，整个人都变得开朗很多，也没有之前那么焦虑了。我问她最近这周发生了什么事情，她说自己的强迫症状减轻了很多。听到这里，我感到有些吃惊，持续了那么长时间的强迫症状，怎么可能一下子就消失殆尽了呢？

C解释说："当没有学习压力的时候，就不怎么出现强迫症状。比如说我放纸啊之类的都会放半天嘛，最近不会了，就是没有学习压力的时候会减轻很多，比如，放假的时候不会出现强迫症状。"听到这里，我有些理解，原来C的强迫症状是与考试压力伴随而生的。为了确认这个假设，我让她回顾一下大学之前的求学经历是否有类似的规律。

（一）如影随行的强迫表现

根据C的回忆，自己最快乐的时光是在六年级，"那个时候学习状态最好，比较刻苦而且效率比较高"。尽管同班有个强有力的竞争对手，但是自己大部分都会处于领先的地位。最终，C如愿以偿地考取了城里的重点初中。"要知道，能从这个小学考进重点初中的人要几年才出一个。"老师、同学、村里人都投来了羡慕的眼光（注意，这个群体不包含她的父母）。

接下来的初中阶段就没有那么快乐了。C说自己在初一的时候会有很多奇怪的念头与行为，比如，走路的时候会反复告诫自己，要好好学习报答父母；走过校园角落的一棵大树时会默默地祈祷，让奶奶保佑自己好好学习；另外，C从来不进学校的小卖部，担心进去后影响自己的学习，但是，学校之外的小卖部无所谓；除此之外，还有前面提到的担心生病，担心眼睛近视等表现。虽然有这么多困扰，但是初中成绩都很不错，学习再差也是三四名。中考结束，C以优异成绩考入了省重点高中，再次羡煞旁人（注意，这个群体仍然不包括她的父母）。

高中所面临的压力非常大，C无法像从前一样在考场上叱咤风云、名列前茅。在这期间，会有与学习成绩相关的强迫表现，比如，C会反复想成绩和名次，会担心自己成绩下降；C在复习的时候看到书本的页码会习惯性地联想到这是不是自己的考试名次，导致她越是复习到书本的后面部分越焦虑；C还会刻意收集用过的草稿纸，因为她会认为这些记录了自己演算过程的草稿纸丢了会影响到自己的记忆。不过，在放假期间，这些强迫表现就会轻很多。

进入大学之后，由于学习压力没有那么大，竞争也没有那般激烈，所以，只有在考试前才会出现很明显的强迫症状，而随着考试结束，强迫症状也会大幅缓解，甚至消失。

通过对于病史的追溯，基本确定强迫症状主要与学习成绩有关，同时，会伴随学习和考试压力的增加而加重。

但是，这是不是唯一的规律呢？这种规律又是怎么形成的呢？该使用什么样的心理咨询方法来解决这种状况呢？新的问题摆在了我的面前，这些问题的解答还需要更多的信息、更长的时间去进行分析。

值得跟大家分享的是，作为一名初出茅庐的新手咨询师，非常需要自信和勇气。而督导恰恰给予我足够的支持，在心态和专业上帮助我快速成长。比如，我在第四次咨询和第六次咨询之后分别进行了督导，更加清晰地梳理出来访者的症状特点与规律，当然也更加相信自己能够应付接下来的困难。

（二）为何总是过分担忧

除了刚才提到的很多奇特的想法和行为，C还有一个特点：过分担心。她经常担心自己考得不好，担心自己考不上好大学，担心自己找不到好工作，等等，但是她的担忧明显超出实际的情况。当她能够心平气和地去评价的时候，知道这种担心是过度的，但是，当再次碰到这类情境的时候，又会陷入固有的情绪中难以自拔。例如，C有一次考得不太理想，在全年级排100多名（总共七八百人），"如果学习不好，就感觉我的整个世界都不存在了"。当咨询师让C对当时的成绩做出一个客观的评价，她说按照这个名次是可以上一本。

那长期以来C是如何应对这种过分担忧的呢？

刚上高中的时候，C会给妈妈打电话来倾诉这种担忧。可是，C每次都会把结果说得特别可怕，妈妈好像并不能够很好地理解，因为就客观而言C实在多虑了。所以，到了后来妈妈就不再相信她的担忧。虽然C也能在理性层面知道这种担忧是不合理的，但是，这种担忧的情绪还是那么强烈和真切，对她来说就是真实存在的危险。即使在进入大学之后，这种对考试和成绩过分担心也没有减轻。比如，在每考完一科之后，她都会抱怨自己做得有多差劲，几乎没有一门考试是令自己满意的。但是，在第二学期开学的时候，C告诉咨询师，如果客观地评价自己的整体成绩，其实还是很不错的。

在后面的咨询中，对过分担心背后的感受和原因我们做了进一步的探讨。C如果把这种担心说出来，心理就会觉得很爽，不论是跟妈妈倾诉，还是同学抱怨。对于C而言，如果自己首先说出成绩会很差,即使真的很差也可以从容地面对周围人,那么自己在面对考试时压力就会减轻,内在的冲突也会减弱。

对此,咨询师会做出更深层的推测,C在考试前多次做出这种考试结果很差的预测,但是结果比较好,由此在内心便形成了一种假设——如果我说自己考得差,那么我考得应该会很好。这很像一种魔法思维,就好像某些人坚信穿什么颜色的衣服给自己带来好运和胜利一样。

前面说到C担心成绩差,那么成绩差意味着什么呢?其背后的动机又是什么呢?咨询师就这个问题和C展开了一番对话:

咨询师:在得知自己考了100多名以后,是什么感受呢?

C:我就觉得我考得特别差,特别自卑,极度自卑,上了省重点高中还去当地大学读书,是一件很丢人的事情。

咨询师:假如你去了当地的大学,你最担心的事情是什么呢?

C:我最担心的事情是我初中的老师看不起我,还有就是初中那些不如我的人考得比我好。

咨询师:也就是说,那个时候不再想为父母……(在之前,C曾说过好好学习是为了报答父母。)

C:(抢着回应)对对对,我觉得我那个时候特别虚荣。现在想想,即使考上了当地的大学我真的无所谓,我的同学的确考得挺好的,最后去当地大学了,好多好多,真的是无所谓。我现在想想那个时候的自己,我觉得我自己挺虚荣的,就感觉是为别人而学一样。

咨询师:为谁呢?

C:就感觉为了以前的老师呀,为一些同学呀,就希望别人看得起我。

咨询师:这是为别人而学的吗?

C:不是啊。

咨询师:那是为谁呢?

C:为我自己啊。但是,我就是很爱面子。

这段话非常直白地展现出 C 努力学习的动力和过分担心的原因,同时,也是学习压力过大的重要原因——为了能够赢得老师、同学的肯定;害怕被老师、同学看不起。当咨询师引导来访者发现这个原因的时候,会给 C 带来很大的冲击,让她认识到自己这么努力、这么担心,原来都是源于"面子"。褪去"为了父母而学习"这个令人骄傲的理由,也就降低了过度担心、过分看重成绩的正向推动力,也就减轻了学习的压力。不过,这种领悟的效果是有限的,还需要后期不断地分析、校正和巩固,从而到达真正的修通。

在这个过程中,咨询师并不仅限于精神分析的范式,也结合了认知行为治疗和人本主义的理念。比如,在第四次咨询中,为了巩固咨询的效果,使用了认知行为疗法中的箭头向下技术,从而帮助她认清自己的核心信念和不合理的自动思维。在整个咨询过程中,还多次布置认知行为方面的家庭作业,比如,记录旧有的不合理思维,并进行自我矫正。在我看来,应用这些技术,扩大被分析的行为和思维的范围,反复审查,这些恰恰是精神分析流派中修通的过程,有利于巩固咨询室里取得的效果。

(三)强迫表现的动力机制

结合对前四次咨询内容的分析,咨询师尝试着总结出 C 的强迫表现的动力机制。如下图所示:

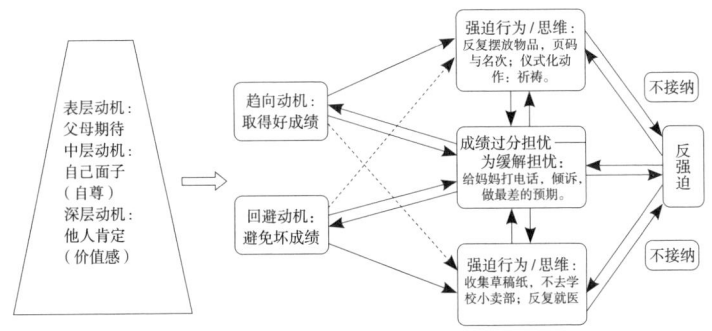

图 1:个案 C 的强迫症状与动机机制分析图(前四次咨询)

注:实线箭头表示主导作用,虚线箭头表示辅助作用。

先来看一下动机,从动机所处的意识层面可分为三类:表层动机(为满足父母期待而努力读书)、中层动机(为了自己的面子而读书)和深层动机(为了得到他人,特别是老师和同学的肯定)。所有的动机按照作用可分作两类:趋向动机(取得好成绩)和回避动机(取得不好的成绩),正是这两种动机的趋势,才会产生不同的行为及感受。

按照两种不同动机所占比例不同,把强迫症状划分为三大类:第一类症状以趋向动机为主动,回避动机作为辅助,比如反复摆放物品等强迫行为和把页码与名次联系起来等强迫思维,以及经常到校园角落祈祷的仪式化动作;第二类症状以回避动机为主,趋向动机为辅,比如,收集用过的草稿纸,不去学校小卖部,反复就医等行为;第三类症状(或者说是表现)是对成绩过分担忧,两种动机都有很重要的作用,而为了缓解这种焦虑,C会做出给妈妈打电话、跟朋友倾诉、对自己评价过低以及反复回忆考试场景的表现。另外,第一类和第二类的大部分症状是C所不愿意接受的,所以会产生反强迫症状,同时会加重焦虑和担忧的情绪。而反强迫症状会对强迫症状有一定的增强作用,特别是对焦虑情绪有很重要的影响。焦虑和担忧也会反过来增强趋向和回避动机。由此,一个包含着数个小循环的大的恶性循环便产生了。而这个循环的启动点就在于考试的压力。

我还需要澄清一点:并不是所有的强迫症状都存在明确的动机。比如,C的学长在作报告的时候多次提到84分,随之脑海中反复出现"84"这个强迫思维。当下台下很多同学,凡是听到"84"这个信息的人都会在脑海中出现"84"这个数字,这是一个自然的反应,但是特别之处在于C本身的强迫症状或者强迫性人格特质会赋予这个数字特殊的含义,会不自觉地把这个数字卷入自己的内在世界,而不一定存在确定性的强烈动机。打个比方,C就好比一块磁铁,而84好比是铁屑,正是源于磁铁本身的特性才会和铁屑产生吸引。除了后天的心理因素外,也可能是来访者的一个先天性的生理特点,而不一定存在深层的心理动机,这需要我们进一步去了解和辨析。

通过咨询中和结束后的不断思考与梳理,逐渐清晰C的症状表现及背后的动力机制,并完成图1。一方面,这个图除了让大家全面和深入地认识这个个案,还帮助大家清晰了解来访者心理问题的诊断、咨询方案的制定以及心理咨询的实施。另一个方面,也可以帮助大家理解一个重要的理念——动机系统。当然,如果你是一个心理咨询的新手,不需要立刻要求自己在做案例时就达到如此清晰的地步,可以尝试对案例多多回顾、反思,思考得多了自然就有了更整体的把握和更深刻的认识,做出这样的图表便是水到渠成的事了。

每一种行为背后很可能不止一种动机,而且动机背后往往还存在更深的动机,动机之间也会存在相互作用。所以,单纯找到某一个动机来解释整个症状,这显然是不全面的,而且解释之后的治疗效果也是不足的。訾非在《感受的分析:完美主义与强迫性人格的心理咨询与治疗》中提出了动机分解技术,试图贴合心理咨询实践,精细地理解来访者症状背后的动力机制及运作过程,抽丝剥茧,发现不同动机之间的相互作用,勾勒出症状背后动机网络的轮廓。

四、从"台前"到"幕后"(第5—7次)

(一)仿佛一切归于平静

进入新学期之后,邀请C到咨询中心做了一次回访。来访者反馈,"开学之后,像收集草稿纸这些强迫行为都没有了"。但是,当某一种严重症状缓解的时候,其他方面的表现就会浮现出来，这种情况在心理咨询中是非常普遍的。值得一提的是，根据我的经验，可以将这种情况简单分为两类：第一类，前后两种问题和表现都属于容易体验和观察到的症状范畴，或者说属于轴Ⅰ症状；第二类，前面的问题和表现属于轴Ⅰ症状，而后续出现的问题属于轴Ⅱ症状，即人格层面的问题。显然，C的情况属于第二类。

她的后续问题的危害性似乎看起来没有前者那么大，带来的痛苦感受也没有那么强烈，但是，并不代表这些问题不重要。这些人格层面的问题往往更具有弥散性，对个体的影响更广、更深，常常是先前问题的动机所在。这种关系就好比是病人因为发高烧去医院看病，做退烧处理是最紧急的处置措施，但是仅仅如此是不够的，可能深层原因是病人有慢性的炎症，如果不对慢性炎症做处理的话，还可能会有更加严重的问题出现。另外一个非常形象的比喻，最开始出现的症状和问题好比是台前的魔术表演，而人格层面的问题则是幕后的玄机。一般人，甚至包括来访者本人，都仅仅关注台前精彩纷呈的演出，被如梦如幻的表象所蒙蔽，而心理咨询师则要透过这些表象，看出其中的破绽和规律，甚至要走到幕后去揭开这个梦幻的真相。当然，任何真相的揭露往往伴随着诸多的痛苦和阻碍，这也恰恰凸显了咨询师与一般揭秘者的区别——咨询师要尽可能帮助来访者自己去揭开和面对真相。

因此，在接下来的12次咨询中，我们的咨询把更多注意力转移到了人格特点、人格与强迫症状的关系，以及这种人格是如何形成的等问题上。而我所采用的心理咨询方法也开始由认知行为疗法为主转变为心理动力取向，以经典精神分析（特别是人格结构理论）和自体心理学为参考的主体。就我的个人经验而言，这种以事实为根本，然后选择理论来理解的方式是更有利于对个案的把握。但是，弊端就是容易陷入复杂的分析之中，让自己觉得很混乱，一时难以理出头绪。所以，列出某种图表可以作为有益的补充。

C告诉咨询师，虽然现在很多强迫的行为没有了，但是自己还是会在很多事情上反复纠结，总希望得到完美的结果，这种完美主义表现主要表现在两个方面：做决定特别犹豫，总想着成绩。不过，在我看来，这两个问题是紧密相连的，即这些犹豫不决的决定多是与成绩相关。比如，C对于是否应该去上一门非专业类的选修课而犹疑不定：去上吧，觉得浪费了时间，这门课的学分很少，而且有不少同学都不去，在最后考试的时候也比较容易；不去吧，担心老师上课点名，会影响到自己的成绩。在纠结之后决定带着作业去上选修课，但是效率很低，自己并不满意，纠结了几个星期后仍然没有找到好的解决办法。除此之外，某些行为或思维会跟成绩有直接联系。比如成绩出来之后，C会跟同学特别是跟宿舍人进行比较，而且这种比较会反复出现。另外，对于这种成绩的差异，C会有一套自己的解释——"有一次跟同学在背后议论这个女生，结果第二天考试的时候就考得不好，我就是觉得这是因为在背后说她坏话才导致这样的结果，非常害怕"。虽然理智上知道这是不可能的事情，但是内心还是控制不住去这样想。C的解释是，自己太迷信，显然，这仅仅是表面的现象。

来访者过于关注成绩,所以就千方百计地保证自己有好成绩,想控制一切不好的因素,想利用一切好的因素,这时候,原始的魔法思维占主导作用,压制了理智思维,才会有各种联系和想象。所以,来访者做出很多的应对想法和行为,一方面是用来缓解焦虑,另一方面,更深层的动机是幻想好事发生、坏事不发生。但是,对于成绩背后的东西,还没有完全的呈现出来。虽然在上学期做过一个箭头向下的工作,找到了成绩与自尊的联系,但是,这些都是理性层面的东西,对来访者产生的影响不大,来访者还是没有体会到深层的动机,这也是下一步要进行的工作之一。还有一个工作就是,成绩和背后的动机是如何联系在一起的。

在最开始的六次咨询中,我们谈话的内容基本全都是围绕着学习、成绩进行的,而与此关系密切的一个主题就是关于自己的智商、记忆力和逻辑性的评价,如果有人怀疑或者诋毁这些特点,她会非常愤怒。与此相对应的,如果有哪个老师夸奖她很聪敏,她会非常感激他们,对于这些鼓励的话语一直铭记于心。在C内心有这样一个信念:农村出来的要学得更好。而面对同样来自农村而成绩更优异的同学,她会很自责,也会很羡慕。

在咨询师看来,这些信念是C的强大超我的一部分,自责源于超我的良心部分,而羡慕源于超我的雄心部分。正是由于超我的过分强大,对自己要求过分苛刻,努力追求完美,这在现实生活中难以达到,正是这样的矛盾导致她出现了各种强迫症状。而就目前所掌握的信息来看,C的超我形成的影响因素主要是老师、爷爷以及榜样的共同作用。在第六次的咨询中已经简略提到过自己受到了老师，特别是小学老师和中学老师的很深刻的影响，后面咨询会做更细致的探讨。而就C的整体人格而言，爷爷和榜样的作用其实并不是特别突出——这是到了咨询的后期意识到的——所以在此仅作简要介绍。

C的同村有一个比自己大几届的学长，在小学时成绩非常好，考上城里的初中，又进入省会读高中，最后考入了北京一所非常有名的高校。而C一直把他作为榜样，努力地追赶着他的脚步，先后进入与这个学长同样的小学、初中、高中，然后考到了北京，只是最后没有进入同一所大学。C说，虽然自己没有跟那个学长说过话，但是自己把他当作自己的一个榜样，一直在激励着自己前进。按照科胡特的说法，C把学长作为一个理想化自体客体内化到自体中，而它的主要作用就是慢慢化作雄心（ambition）。

在小学一二年级以前，C跟爷爷奶奶在一起的时间很多。爷爷经常会说，"要好好学习，将来考个女状元，要不是父亲当年不让自己上学，可能自己早就当大官了"。上学之后，每次见面，爷爷都会说类似的话，直到在C初中时候爷爷去世。爷爷的这种夸奖和赞美可能满足了C夸大自体的需求，而女状元的意象——学习成绩最优秀——深深刻在了C的脑海中，进而融入超我的雄心部分。

（二）强迫症状再次出现

本已经几乎销声匿迹的强迫症状又突然出现了，这次竟是因为体育课要测试800米。第七次咨询是在体育测试之前，C非常紧张，提前半小时就在咨询室外等着。她说，近两三天一直在想这件事情：是该穿哪双鞋子啊？是该穿什么裤子呢？跑步的时候要不要脱外套呢？这次一定要跑好才行，要是跑不好可怎么办呢？这几天一直在反复想这些东西。

而事实上来访者的体育很好，上次800米的成绩不错。虽然上次跑800米和测试其他项目的时候也会紧张，但不至于此，究其缘由，来访者说主要因以下三点：第一，上次800米成绩很好，担心这次不如上次好了；第二，这是最后一节体育课，感觉意义挺重大的；第三，这是最重要的原因，最后体育成绩算的时候每10分一个档次，上学期800米的成绩很好也只有91分，最后算综合分的时候自己综合测评86，来访者就想，要是自己最后算综合分数的时候得一个89点几，差一点点上不了90分，那多可惜啊。来访者自述，第三点是最重要的原因，但是她自己不敢承认。

在这次事件中，我们看到了C的完美主义。

为什么会如此在乎这次的体育成绩？主要是先前取得了很好的成绩，这次也很想取得好成绩（追求完美）；但是担心这次不如上次好（害怕不完美），内心非常冲突。担心考89点几的很遗憾的分数，这种交界情景激发了来访者的内心冲突，唤醒了消极完美主义的动机，所以会出现强迫与反强迫的症状表现。同时，她把这次的体育成绩（其实只有0.5个学分）看作决定最后综合测评的关键，给予了过度的重视，这种不合理的认知加重了这种交界情景的利弊程度，加重症状。

不过，这些内容只是我的分析，我并没有直接跟C说出来，而是尽量引导C去体验和表达那种紧张与焦虑。在经过近一个小时的咨询后，咨询师问 C，马上就要考试了，你现在还会像刚进咨询室那么紧张吗？C 不好意思地笑了，说自己刚才忘了紧张的事情了，觉得说出来就好多了。

在第 7 次咨询的后半段，还出现了一个很重要的主题——人际关系。在前一次咨询中，咨询师把 SCL-90 的测试结果反馈给她，说在人际敏感一项得分比较高，问她有没有类似的表现，当时得到了否定的回答。但是，C 在一周后反馈，发现自己在人际关系方面真的有不对劲的地方。比如，宿舍有人团购没有叫她，她就会考虑为什么没有叫自己，是不是她们对自己有什么意见？自己跟同班的异性交往非常少，很多异性朋友都是别的院系或者是老乡，有一个还是火车上认识的。除了在现实的人际交往中有点不寻常之外，C 对于自己的评价也比较奇怪。C 觉得自己应该做一个胸怀宽广的人，像高中时两个舍友，每次同学借她们的水，都会非常热情地给别人，而自己却是一个心胸狭窄、非常虚伪的人。另外，有一个舍友经常借用 C 的水和生活用品，C 很不情愿却要做出很愿意的样子。但是，跟别人说自己很小气很虚伪的时候，大家都不相信。

咨询师告诉 C，大家都是靠外在的行为来判断一个人的内心，来访者也是如此判断他人的。但是，来访者对自己的要求不仅仅是从外在行为，还从内心的角度去评判，这就采用了双重标准，对自己过于苛刻。这是来访者认知不合理的地方。究其原因，我觉得是来访者的超我（道德和成就）过于强大，一直在压抑自己的本我。而经过咨询的不断深入，来访者终于表现出了学习以外的内容。针对以上情况，我又解释了"三我"人格结构理论，让来访者进一步了解自己问题的原因。

五、追根溯源（第8—16次）

首先，我先简单总结一下C的强迫性行为。

（1）强迫表现与成绩有关。这一点已在前面详细描述，此处不做赘述。我们可以发现，不论是在哪个阶段，C的强迫表现的具体形式多种多样，但主要与成绩，特别是与名次有关。虽然强迫的表现有很大差异，表面的关注点也各不相同，但是，都是围绕着成绩和名次产生。

（2）强迫的严重程度与考试压力呈正相关。咨询师发现C的强迫表现会有波动，其出现的频率和严重程度跟考试的压力有关，当即将面临考试，不论是较为重要且困难的专业课，还是轻松的辅修课程，甚至是体育课，凡是涉及到学分、排名的考试都会伴随频繁且严重的强迫行为；当考试结束，强迫表现在较短时间（通常1—3天）会非常明显地缓解。

（3）过分强调学习和竞争。在小学和初中阶段，C的目标就是第一名，如果考不上第一名就意味着失败。C告诉咨询师，自己在上初中的时候感觉第一名特别重要，非常害怕"2"这个字，害怕只能考第二名。但是，即使考了第一名，C也会有担心。当我问C，如果考了第一名，但是只和第二名差几分，自己会有什么样的感受？"我会觉得不够好，就比如说，有好几次模拟考试，初三的时候，我比第二名高了20多分，我感觉很好，对自己很满意。如果说我只比他多两分的话，我会觉得，自己考得不好。"当问及 C 为什么会这么担心时，C 的回答是，"可能是怕别人超过自己吧。比如说，别人比我差一点，他下次努力一些就超过我了，20 分的话不是那么容易超过"。可以看出，C 在学习方面有着过高的目标，而且，过分担心失败，具有较强烈的消极完美主义倾向，消极完美主义问卷得分 137 分，累积百分比超过了 85%。而消极完美主义是强迫性人格的重要原因。

> 有可能是小的时候吧，老师灌输的观念，就觉得第一名有多么了不起，挺光荣啊什么的。还有我爸妈也给我这种思想。比如说我考了 90 分，他们不会夸我，他们说：唉，肯定还有更好的；不要骄傲，不要骄傲，还有考 95 分的。我妈特别喜欢说这句话，就小学的时候，说得太多了。

C 回忆说，小时候，父母从来没有夸奖过自己，不论自己做了什么家务，或者考了多少分，总是会让自己继续努力；而且，父母经常拿别人跟她比，总是贬低她，觉得人家是更优秀的。根据自体心理学的理论，自体的健康发展，需要自体客体的及时回应，即经常肯定和赞扬个体，满足自体对夸大的需要，才能一步步走向成熟。但是，C 的父母显然没有扮演好镜映自体客体的角色，因而，使得 C 的自体在夸大这一极没有得到正常的满足和发展，处于相对原始的自恋状态。从而导致 C 在整个的成长过程中，一直需要他人，尤其是父母的认可。所以，C 上了初中非常用功地学习，其重要原因之一就是想要获得父母的肯定，补偿夸大自体的需求。

另外，在学校生活中，C通过努力学习取得好成绩，获得老师的赞扬和夸奖，这在某种程度上弥补了父母在这方面的不足。因此，获得老师的赞扬成为补偿早期夸大自体没有得到满足的重要途径。而现实生活中，对于C来说，教师是对自己影响很大的一个群体，老师会经常表扬自己、肯定自己，而让自己也从这些鼓励当中摆脱自卑，变得自信。所以，C通过不断地努力学习，不断地超越对手，来获得老师和父母的认可与鼓励，这也部分解释了为什么C会如此在乎学习成绩。也正是因为这个原因，导致C在很多时候会很在意他人的评价，尤其是老师的评价。

C的竞争意识过分强烈，尤其喜欢跟周围的同学竞争。在C的眼里，如果不超过第二名很多，就不会让自己满意。从小学开始，有个女生一直与C势均力敌（两个人是班里的前两名），C就会担心自己的成绩不如对方。到了中学也是类似的情况，总会很在意与自己实力差不多的同学，担心被对方超越，彼此之间互为敌对，远超过一般学习竞争的范畴。在她看来，学习就是要竞争，必须要争第一。"合作这个东西是我上高中的时候才意识到的。我上小学和初中的时候，都喜欢超过别人。像考试之类的，我都希望自己考得很好，别人都很差。"而上了重点高中之后，C除了跟班里同学比较之外，经常会跟初中同学比，担心自己高考成绩不如之前考上一般高中的初中同学。在考试的时候，脑海中经常出现小学和中学竞争对手的脸，即使上了大学，C也是如此。例如，她会特别留意宿舍同学的成绩，跟我描述自己成绩的时候一般会说，"是在宿舍里面排名倒数第二"或者"在宿舍里排名是最好的"。

　　仔细分析可以发现，C 的这种竞争类型与跟弟弟的手足竞争有着诸多的类似之处。在访谈过程中，C 告诉我，自己在 0-2 岁的时候身体不好，母亲一直都会特别用心地照顾自己，即使去田里干农活也会带着她，而她也非常黏人，到哪都会缠着母亲。父亲也对 C 很关心，经常回家的时候都会给她带各种各样的水果。2 岁之后，虽然不会像之前那样无微不至，但是她一直是父母关注的焦点。弗洛伊德（1899）认为，3-6 岁是个体发展的俄狄浦斯期，其中有一个主题就是手足竞争。个体在这段时间通过手足竞争，可以摆脱相对原始的自恋状态，不再完全活在自己的世界中，变得更加实际和成熟，学会与他人竞争与合作。但是，如果错过这个年龄段，将错失度过手足竞争主题的关键期，保留更多原始自恋的状态。C 作为长女，由于 0—2 岁的时候身体非常差，所以从小被过度照顾。加上她跟弟弟相差的年龄较多（7 岁），这不利于 C 顺利度过俄狄浦斯期的手足竞争主题。所以，C 长期处于相对自恋的状态，只懂得竞争，而不懂得合作。这为 C 长大后在学习方面过分竞争埋下了种子。

　　在她 7 岁的时候弟弟出生了，从此之后，父母把大部分注意力转移到了弟弟身上。比如，之前会给 C 买各种吃的，但是现在只给弟弟买。如果两个人发生争执，母亲只会埋怨 C，说她不懂事。而且，当地人有重男轻女的习俗，虽然父母的这种观念相较于其他的家庭不是特别严重，但是，父亲对弟弟的过分喜爱之情还是被 C 察觉到了。

我三四年级的时候,我爸经常说我弟的时候,他不会说他的名字,说"我儿子,我儿子"!他说我的时候怎么没说"我女儿,我女儿"。跟我说的时候,他说"我儿子,我儿子",而不说"你弟弟",都说"我儿子,我儿子"。就是感觉特别宠他,听得出来的。

面对与弟弟的竞争,C是如何应对的呢?

首先,是与弟弟的正面冲突,意图夺回父母的宠爱。父母对弟弟一直过分偏爱,对C总是不满和责怪,这让她一直非常受挫,导致姐弟之间的手足竞争加剧。她本想通过跟弟弟的直接竞争来夺回属于自己的资源和关注,而父亲打了她之后,宣告这种竞争方式的彻底失败。这也为C将家庭内的手足竞争转移到学校的同学竞争提供了动力。

其次,家庭的竞争转变为在学校的竞争。C从四年级(11岁左右)开始在学习成绩上崭露头角,受到老师的鼓励和表扬。随着家庭争宠的失败,她把所有的精力都放在学习上,希望通过获得好的成绩来得到老师的肯定,从而弥补父母对自己的冷落。再结合前面提到的老师对她的种种关注和表扬,使得老师承担起镜映自体客体的角色。这样,C的竞争就顺利从家庭转移到了学校,竞争对象由弟弟转为同学,竞争内容由父母的爱和关注转移到学习成绩和老师的夸奖。

前面解释了竞争的产生和转移,那么,为什么竞争意识会如此强烈呢?为什么会对自己有过高的要求、会过分担心失败呢?

第一,由于C没有顺利度过俄狄浦斯期的手足竞争主题,充满挫败感；第二，C在早期缺乏镜映自体客体，极度苛求这个部分的满足；第三，C把手足竞争的主题转移到与同学之间的成绩的竞争，把老师作为镜映自体客体，而且学习成绩成为唯一的竞争手段。所以，综合上面的分析，我认为，C在学习方面的过度竞争是手足竞争的转移和再现，因为担心竞争失败而影响到自体的稳定性，所以会在学习方面对自己过高要求，并过分担心遭遇失败。

（4）过分在意他人的评价。在分析"竞争意识过强"主题时提到了过分在意老师评价的重要原因，即通过取得好成绩获得老师的肯定，进而补偿早期镜映自体客体对夸大自体要求的满足。但是，除了从C的角度分析之外，还可以从老师，或者当时的学校环境来进行分析。

在C上小学的时候，C的学校，尤其是老师，特别偏向学习好的学生。"我们那的老师特别喜欢学习好的，如果你学习非常好的话，他更喜欢你了。"比如，学习成绩好的学生可以做班干部，也可以不用做值日，让学习差的同学打扫卫生。一方面是老师和学校环境都是偏爱优等生，把成绩作为衡量一个人的唯一目标；另一方面，是由于C本身的经历恰好需要老师的肯定，正是在这两种因素的共同影响之下，C会特别在意老师的评价，希望得到老师的肯定。

而C逐渐会将过分在意老师的评价延伸到在意其他人的评价，特别是与学习相关的内容。

（5）过分注意细节。虽然与成绩没有特别直接的关系，但是也能够体现C在学习方面的强迫性人格，那就是在作业方面过分在意细节，过分追求完美。比如，老师布置要交一份课程设计的作业，其他同学都没有设计封皮，但是C一定会加上，因为在她看来，如果没有封皮的话就不完美了。另外，体育课要考800米，C在一周之前就开始反复考虑，"我到底是穿哪双鞋呢？我跑步的时候到底要不要把外衣脱了呢？或者是我跑的时候到底要穿哪条裤子呢？会不会影响发挥之类的。我一直在纠结，纠结了好几天啊"。

从这两个例子中我们能够非常清晰地看出C过分注意细节、过分追求完美的强迫性人格的特点。而她在解释做封皮的时候，她觉得自己平时是一个很认真的人，做事都会很仔细，如果没有封皮，会觉得自己做事不认真，很不舒服。而对跑800米这个问题，C认为自己如此在意，花这么多精力，一个原因是关系到自己的综合成绩，还有一个原因是这节体育课是跑步项目的最后一节体育课，想给自己画一个完美的句号。而完美主义正是强迫性人格的重要特点。

六、回顾总结与整体分析

接下来，我将从整体角度对C的强迫症状（特别是学习方面）的形成原因进行系统分析。

第一，基本安全感缺乏。由于缺乏基本的安全感，一方面会导致C过分焦虑和担忧，另一方面会激发和维持相对原始的阴性自恋状态。

C 在出生的时候身体不好，0-2 岁之间一直体弱多病。家人的过度关注，以及家人的言行举止给了 C 这样一个信念，即自己是一个很脆弱的人，是容易受到伤害的，这会激发和维持阴性自恋。而母亲作为最重要的照顾者，本身就比较容易焦虑、容易生气，遇事只会抱怨，而没有有效的举措。比如，她和弟弟不听话的时候，母亲就知道打骂，很少会耐心地教育或抚慰。按照自体心理学的理论（Kohut，2011），在个体生命早期，母亲作为焦虑安抚机制来安抚孩子的焦虑和恐惧等各种不良情绪。进而个体将这种焦虑安抚机制予以内化，成为自体的一部分，帮助个体形成最基本的安全感。而 C 的母亲容易焦虑、过分担忧，这种性格显然没有办法给 C 提供抚慰，C 无法形成良好的焦虑自我安抚机制。因此，C 的自体是相对敏感和脆弱的，没有形成良好的安全感。C 在很多事情上容易焦虑，比如，担心自己身体生病而影响考试发挥，害怕因自己的眼睛近视影响学习成绩等。

广义的自恋包括阳性自恋和阴性自恋，而阴性自恋即我们通常说的自卑（訾非，2012）。由于自身安全感相对缺乏，自体敏感脆弱，激发和维持 C 的阴性自恋处于相对原始的状态。C 认为自己是渺小的，是不如别人的，表现得非常自卑。而在学习上的表现就是，总担心别人超越自己，担心一旦学习成绩不好就什么都是失败的。即使自己考了第一名，但是跟第二名的差距不大，自己内心也很不安，担心对手下一次考试就会超过自己，比如害怕听到"2"。做事总是趋向于回避的状态，对自己没有信心。而为了对抗这种不安全感，提高自身的安全感，C 就想方设法超越对手，比如，总是比别人做更多的题目。但是，除了这些常规的方法之外，还发展出了强迫的表现，如因担心影响成绩而收集草稿纸等。

安全感低，导致 C 自体脆弱敏感，激发和维持相对原始的阴性自恋状态，这使 C 对满足自己自恋的学习成绩过分焦虑。为了保证自己好的成绩，而发展出了各种强迫症状。

第二，早期过度照顾。根据自体心理学的理论，人有自恋的一面（即广义自恋定义中的阳性自恋），觉得自己是无所不能的，是重要的，是这个世界的中心。如果有恰当的挫折（optimal frustration）和相对正常的关注（mirroring），个体会慢慢从原始的自恋状态发展成相对成熟的自恋。比如，如果个体在 3—6 岁的时候通过手足竞争能认识到自己不是这个世界的中心，自己不是唯一的，进而发展出竞争与合作的意识和能力。直到 7 岁弟弟才出生，C 长期处于这种相对原始的自恋状态。C 会觉得自己特别重要，觉得自己了不起，认为自己是唯一的。

还有一种表现就是自恋愤怒（narcissistic rage）。C 说，自己最不能容忍的就是别人贬低她的记忆力和逻辑能力，如果有人这样说，她会非常生气，有的时候会反唇相讥。当然，这种自恋的状态在高中的时候被现实打破了，这在某种程度上来说，对 C 的成长是有利的，让她逐步放弃原始的阳性自恋状态，认识现实的自己和现实的世界，提高自身的适应能力。不过，由于这种原始自恋根深蒂固，即使在理智上明白也难以从根本上改变自己的信念。所以，在 C 身上表现出来的更多是竞争，很少去跟人合作，想着如何取得更好的名次。正是有这种原始的阳性自恋才会让 C 不断上进，而原始的阴性自恋会让 C 担心自己目标无法达成，这两种动力的共同作用使得C出现了学习上的种种强迫表现。

虽然从表面看来，C表现出来的更多的是自卑（即阴性自恋）的一面，但是，如果学习压力降低，强迫表现减少，那么阳性自恋渐渐浮出水面，趋向于表面化。在最后一次正式访谈的时候，C告诉我，自己的学习成绩有了大幅度的提升，焦虑也减轻了，强迫表现也减少了，觉得自己越来越自信了，但是，宿舍人说自己越来越自负了。

咨询师：你怎么发现自己自信了？

C：就是以前她们老说我什么什么，我就不会说话，比如她们会说我长得太黑啊，我会什么也不说。现在她们说我黑的话，我就会说："黑什么呀，有你黑吗？"就是那样。她们说我变得自负了。

咨询师：那还有其他事情说明自己变得自信了吗？

C：还有一件事情，就是我说读研究生的时候时间很多，可以去做兼职。她们说你怎么确定你能考上研究生。我说，我努力一下不就考上了。她们就说，你越来越自负了（笑）。

咨询师：那以前的时候呢？

C：以前的时候，我肯定就不说话了。

上面两个例子中，面对同样的问题，C的心态和反应与先前有了很大差异。我认为，这种表现正好证明了之前的假设，即C在学习方面的强迫性表现源于原始的阳性自恋和原始的阴性自恋两种动力。在压力大的时候，原始的阴性自恋为主导动力，表现就是过分担心考试结果,进而为避免产生负面结果而出现种种强迫思维和强迫行为,当自恋受到他人攻击的时候以沉默应对(这个时候,也会有原始阳性自恋的存在,其表现就是制定过高的目标);当压力小的时候,原始的阳性自恋作为主导动力,表现为过分夸大自己的能力,自恋受到他人攻击的时候予以还击。

第三,镜映自体客体和理想化自体客体均强调学习方面。由于父母很少夸奖自己,所以,C 的镜映自体客体主要是老师,而老师主要是对学习成绩进行回应,这种镜映自体客体的影响就是让 C 过分关注自己的学习成绩。自体心理学认为,夸大自体、理想化自体客体和原始的才能技巧有与生俱来的潜能,有各自的发展路线;如果自体客体能够充分发挥作用,满足个体的自体客体需要,夸大自体就可以发展为志向,理想化自体客体就会发展成理想,原始的才能和技巧就会发展为成熟的才能和技巧(Kohut,2011),而 C 的自体的志向一极集中在学习方面。

C 的理想化自体客体有很重要的一部分是自己村里的学长。这个学长比她高好几届,在 C 看来这个学长"就感觉像成功人士,好像是伟人那种,去崇拜他,就感觉我要像他那样做"。而事实上,C 也确实一直向这个学长看齐,沿着学长走过的路一直向前走,先后考上了当地最好的初中,然后去了重点的高中,最后顺利考上北京的重点大学。所以,在 C 的自体的志向和理想两极都朝向学习成绩发展,中间的能力和技能也集中在学习方面。导致 C 在生活中,特别是在大学之前,只在乎学习成绩,只知道竞争,不知道合作。对学习成绩的过分关注,一方面给她带来了好处,即受到了老师的表扬,满足了自己被肯定的需要,同时也能够顺利考上大学；另一方面，使得C过分关注成绩，除了竞争之外，人格其他方面发展缓慢。而且，由于过分关注成绩，原始阳性自恋和原始阴性自恋均投注到这个领域，产生了强迫和反强迫表现，令自己主观上非常痛苦。

第四，手足竞争转移到学习竞争。首先，由于C没有顺利度过俄狄浦斯期的手足竞争主题；其次，C缺乏镜映自体客体；随后，C把手足竞争的主题转移到与同学之间的成绩的竞争，把老师作为镜映自体客体。所以，综合上面的分析，我认为，C在学习方面的过度竞争是对手足竞争的再现。那么为什么竞争意识会如此强烈呢？结合前面提到的三个原因，我们就能够很好地理解了。主要原因是由于C缺乏基本安全感而导致激活和维持相对原始的阴性自恋状态，由于早期过度照顾导致激活和维持相对原始的阳性自恋状态，这两者是C形成强迫性人格和发展出强迫表现的根本动力。而镜映自体客体和理想化自体客体均强调学习方面，自体的志向和理想两极均朝向学习成绩发展，而中间的能力和技能也是集中在学习方面，所以，在她的内心世界，只存在学习成绩。另外，C生长于农村环境，自小受到的教育就是学习改变命运，只要考上大学就是成功。而且，她也很在乎他人的评价，总是"活在大家的口舌之间"，而大家评论C的时候也主要是在学习方面。

所有的动力都指向学习成绩，所有的回应集中于学习成绩，所有的评论也是以学习成绩为标准，在这些因素的共同影响之下，C在学习方面的竞争意识必然会十分强烈。

第五，当地社会文化环境的影响。C在访谈中谈到自己很担心找不到工作，说自己对于工作问题很焦虑。而C当时才大学二年级，显然C是过分焦虑和过分担忧的，这也再次验证我们前面对C性格的分析。我问C，如果找不到一个好工作，最害怕或者最没有脸见到的人是什么人？令我出乎意料的是，C的回答是"我们村里的那些人"！这个答案说明C除了担心老师的评价之外，还很在意村里人的看法。

在农村，大家生活在一个大的集体，在这个大集体中人们喜欢评论他人，而自己也很在乎他人的评论，比如村里大部分人特别在乎村里人的口碑，很在乎自己的面子。而C就生活在这样的环境中。由于C的成绩一直很好，所以，在村里人的口中，她是一个有出息、有能耐的孩子，将来一定大有作为。这对于满足C被肯定的需要是有很大帮助的。但是，另一方面，村里人还有一种看笑话的心态存在，比如，有几个孩子专科毕业之后没有找到工作，村里人就认为上大学是没有用的，就忙着打听其他几个上大学的孩子是否找到了好工作。

"我们那有个特点，特别搞笑，就是特别爱嚼舌头，到处乱说，一有点什么小事，传得到处沸沸扬扬的。"村里人曾经不止一次打听C的学习成绩，找工作的前景如何等等。当她想到村里人的评论的时候，就会觉得压力很大。"找到好工作成了一种习惯，（或者说是）感觉好像他们希望我找到一个好工作我就必须找到一个好工作一样。"当她谈到如果自己毕业找不到工作最担心的事情是什么时，C的回答竟然是最担心被村里人知道。而她就从小一直生活在这种社会文化环境中，生活在这样的群体压力之下。在我看来，C已经将这种群体压力、这种社会文化内化为自体客体，所以，在很多人看似很荒谬的事情，在她看来就是符合这种文化自体客体的规范。

所以，C在这种文化自体客体的影响下，对于学习、工作会特别看重，对学习方面的强迫表现的形成具有重要作用。

七、个案回访

大约过了半年左右，我跟C通过网络进行了短暂的回访，C的强迫症状好了很多，尽管在考试前还是会紧张，但是已经没有之前那么强烈。C也尝试着做一些兼职，平常也会逛逛街、看看电影，开始有了娱乐的时间和娱乐的心态。

附录："情绪—认知—行为"咨询模式简介

（一）声明

"情绪—认知—行为"咨询模式是我（邢全超）在咨询中根据自己现有理论和实际经验综合得出的一种咨询模式，希望给大家提供一些借鉴和思路。

（二）适合人群及问题

适合有一定领悟能力、对情绪有所觉察的青少年或成年个体。

适合的问题包括抑郁、焦虑、强迫等神经症以及常见的拖延、情绪问题、适应问题、人际沟通、亲密关系、个人成长等主题。

（三）禁忌人群及问题

来访者有述情障碍；严重的心理疾病；来访者缺乏领悟能力。

（四）对咨询师的要求

需要治疗师对情绪有敏锐的感知能力，同时具备良好的逻辑思维能力，快速抓取来访者情绪—认知—行为背后的关系，并能够快速整理出来访者典型的应对模式。当然，如果咨询师具备整合咨询理念将会取得更好的效果。

（五）实现形式

可以在咨询中进行适时引导与互动，也可以作业的形式由来访者实现自助。

（六）预期效

1. 针对来访者

A. 帮助来访者将关注点放到当下，减少焦虑；

B. 提高来访者体验、觉察、表达情绪的能力，缓解情绪的强烈程度；

C. 帮助来访者快速了解自身存在的情绪—认知—行为模式，增强对自身的了解；

D. 帮助来访者在咨询之外也能够灵活运用和训练咨询中获得的领悟和能力，提升来访者的自信。

2. 针对咨询师

A. 帮助咨询师与来访者更好地共情，建立或巩固关系；

B. 快速找出问题关键，提升咨询效率；

C. 有利于咨询师对已知的模式进行快速干预，快速见效；

D. 提高来访者的获得感，增强来访者对自身的掌控感以及对咨询的信任感和积极预期。

（七）基本原理

在认知行为疗法中，以想法或思维为切入点，由于想法出现的时间太过短暂，且极其容易被理性伪装或改变，所以获取真实而直接的想法和思维是很困难的。而情绪在心理和生理层面都会有所表现，且不易被隐藏和改变。大部分人稍加练习即可掌握对自己情绪的觉察与识别。

以来访者的情绪为切入点，引导来访者关注当下的情绪感受，对情绪进行觉察、体验、辨析和表达。在共情基础上咨询师引导来访者去思考情绪背后的想法，发现其存在的认知特点或误区。接着，咨询师进一步与来访者讨论在认知和行为层面如何应对与调整。

通过上述工作，帮助来访者缓解当下情绪，识别自身情绪—认知—行为模式及存在的误区，同时根据咨询师给予的指导和建议来改善情绪—认知—行为模式，更好地应对当下问题。而且，来访者在咨询之外可以进行相应的练习，养成一种新的思考和应对习惯，大大提升咨询的效率。

需要强调的是，分析情绪—认知—行为模式的时候，切不可单纯集中在心理层面，需要结合来访者提供的早期经历、客观环境、人际互动、社会文化等因素，更加全面而客观地分析与反馈，避免来访者对自身问题的理解出现偏差。而这样分析本身，也是在做一个心理教育和正常化的工作，降低来访者的焦虑，形成看待分析事物原因的客观标准与逻辑思考能力。

（八）操作过程

1. 情绪体察、辨析与表达

A.当咨询师观察到来访者存在着较为强烈的情绪的时候，询问来访者当下是什么样的情绪。如，"我刚才看到你讲到××的时候，脸上很凝重，能告诉我你当时的感受是什么吗"？

B.对情绪进行引导、辨析和体察。

来访者可能会表达"不舒服""难受"等，可以进行适当引导，比如，"我感觉你刚才会有一些委屈"。对情绪的辨析一定要足够细致，能够感受到来访者更深层的一些情绪体验，比如，"在整个事件中你是很委屈的，但是我会感觉到你在谈到××的时候还有一些愤怒？"

C.咨询师对上述情绪进行及时的共情与回应。

2. 认知反思、辨析与表达

A.咨询师以情绪为线索，询问某种情绪背后的想法、念头、期待或者假设。如"当你感受到这种委屈的时候，你当时在想些什么呢？""你说很失望，那么你之前的期待是什么呢？""期待落空，又会想些什么？"

B.对第二种情绪进行讨论。如"除了委屈外，我们还有愤怒的情绪，那当你很愤怒的时候，你会想什么呢？""你说被别人拒绝很生气，那别人拒绝你对你意味着什么呢？"

C.其他情绪的讨论。

3. 行为反思与讨论

A. 咨询师询问来访者面对上述情景在行为层面的应对方式。如"你那么委屈、愤怒，那你的反应是什么？"

B. 找出相应行为应对方式的结果。"你说你会选择逃避，那这种逃避最后给你带来什么样的结果呢？"

4. 寻找其他典型场景

A. 咨询师与来访者讨论，除了上述场景外，在其他情景下，比如，生活中、工作中、与其他人交往时，是否会遇到让自己产生相似情绪的例子。

B. 然后按照上述程序进行工作。

5. 提炼情绪—认知—行为模式

A. 通过对来访者在不同场景下的问题的探索，提炼出来访者的情绪—认知—行为模式。如"你有没有发现，不论是在工作、社交还是家庭中，你经常出现一种类似的模式……"

B. 重点指出来访者在情绪—认知—行为某个环节上的关键问题。有的可能是存在情绪觉察和表达不充分或扭曲情绪，过高期待或糟糕至极等不合理认知，以及采用回避、压抑、讨好的行为模式等。

C. 思考不同行为应对方式。询问来访者，面对所有类似情景都是这样的反应？或者，其他人在面对类似情景的时候，他们是如何反应的？

6. 追根溯源

A. 可以以整体的模式，或者情绪、认知、行为某个最典型的表现作为切入点，引导来访者追寻这种模式的来源。如"你觉得自己这种模式是怎么形成的呢？""你从什么时候开始压抑自己的情绪呢？""这种回避的方式，会让你想起什么经历或者什么重要的人呢？"

B.了解既往信息，进行解释、修通。

7.回到现在，展望未来

A.通过对过去重要经历和人物的讨论，帮助来访者更加深刻地理解自身情绪—认知—行为模式的形成过程及其不合理性。

B.增强来访者改变的动力和信心。如，"通过前面的讨论，我们发现这些习惯性的行为是来源于你妈妈的影响。现在我们看清楚之后就能够更加明确我们面对的不是原生家庭，而是一个完全不同的人。与以往最大的不同是，你现在有了更多的选择权——你可以选择按照既往的模式来应对，也可以选择建立一种新的应对模式。而这种新的选择会需要你付出更多的努力，也会带来更多的可能性"。

8.及时反馈，进行强化

A.对来访者的作业和新的体悟进行讨论，肯定来访者的努力和变化，增强改变的动力。

B.对其中的某些偏差或新的主题进行更多的反馈与讨论。

C.用这些领悟去理解既往讨论的某些事情，或者在后续咨询中再次使用这些成果。

9.给出建议，布置作业

A.咨询师针对来访者的情绪—认知—行为模式给出相应的建议，鼓励其尝试。

B.通过布置作业的方式进行尝试或巩固在咨询中取得的进

步。作业可以是行为实验，情绪日志，或者其他形式。

备注：以上九个步骤是最全面的操作流程，但每个步骤不是必须的。一般来讲，(一)、(二)、(三)、(五)是必须使用的步骤，其他步骤可根据情况灵活使用，或者组合使用，甚至可以在多次咨询中完成上述九个步骤。作业形式有两种：一种是在前期使用，重点发现自身情绪—认知—行为模式（表格1），第二种是后期使用，对现有模式进行辩论和修正（表格2）。

表格1　情绪日记—观察版

日期	事件	情绪	想法	行为

表格2　情绪日记—反思版

日期	事件	情绪	原有想法	新的想法	新的情绪

(九) 案例举例

1. 来访者基本信息

唐女士，36岁，某企业员工，有一个4岁女儿。来访者与父母关系一直不好，而且长期以来老公经常忙于工作，对来访者和孩子的照料很少，导致夫妻关系不断恶化。

2. 咨询过程
（1）了解事件背景

在吃晚饭的时候，来访者女儿比较调皮，提出各种无理的要求。来访者非常愤怒，训斥女儿。这个时候，老公跟来访者说：不要跟孩子发脾气。结果，来访者把老公骂了一顿。这导致来访者与老公发生了激烈的冲突。

来访者告诉咨询师，咨询到后来，来访者觉察到这种情绪不是针对老公的，而是源于另外一件事。原来，来访者白天在单位被领导骂了，来访者非常委屈和愤怒：明明自己做了很多事情，领导做甩手掌柜，自己没有什么功劳不说，反而出了事情要承担责任。

（2）情绪分析：分析感受的心理过程

咨询师：你能告诉我，在你向老公表达那些不满的时候，你内心中都有什么样的情绪呢？

来访者：非常愤怒。这种愤怒让我想到了我小时候遭受的那些训斥和辱骂。

咨询师：嗯，其实，我们的不满是表达我们内心对过去遭受的那些辱骂的气愤，或者是有些怨恨。

来访者：（笑）不是"有些"，是很多。

咨询师：嗯，有愤怒，有怨恨。还有其他情绪吗？

来访者：……

咨询师：我好像会感觉到，还有羞耻。

来访者：是的，有羞耻。

咨询师：另外也会有一些委屈。

来访者：是啊，是挺委屈的。一直不敢表达。

咨询师：嗯，你之前遭受了很多辱骂，所以就借着这个机会把所有受到的委屈一起发泄出去了。

来访者：（笑）是啊，不过发泄的对象不是我领导，而是我老公，所以，一会儿我去跟他解释一下，我为什么无缘无故向他发脾气。

（3）情绪分析+认知分析：分析这些情绪中针对自己和老公的成分。

咨询师：对于发泄的情绪，除了针对你领导之外，你觉得还有针对谁的呢？

来访者：我老公的吧。

咨询师：嗯，是啊。因为你老公也确实不经常照看孩子，让你增加了很多负担。

来访者：是啊，出了问题就说风凉话，站着说话不腰疼。

咨询师：所以，这些不满情绪的确也有一部分就是针对你老公的。

（略）

咨询师：除了你老公和你爸爸之外，这些情绪还会指向谁呢?

来访者:……

咨询师:你有没有感觉到,还有一部分情绪是指向你自己的?

来访者:哦,有的。

咨询师:你在单位被羞辱和训斥,没有反抗,会不会对自己有一些自责和愤怒呢?

来访者:……好像是这样的。

咨询师:而且,还有一部分情绪也的确是针对孩子的。因为孩子总是调皮,你肯定也会是疲于应对。

来访者:嗯。

咨询师:你看,在冲老公发火的时候,表面看是你针对老公的不满,背后其实包含了对领导的不满、对老公的不满、对孩子的不满,还有包括对自己的不满。

来访者:(笑)是啊。我老公太惨了。

(4)认知分析+行为分析

分析为什么向老公表达自己背后的想法,以及得到的结果。即来访者在与老公沟通过程中的动机,以及表达方式,取得的结果。

咨询师:你刚才提到,咨询之后会跟老公去解释,是吗?

来访者:是的。之前也有好多次类似的情况,不过没啥效果。

咨询师：没啥效果？

来访者：嗯。

咨询师：你会怎么跟你老公解释呢？

来访者：就是跟他说，我不是朝你发脾气，其实是向我领导发脾气。之前也有类似情况，也解释过好多次。

咨询师：你能跟我描述一下你们沟通的具体情形吗？

来访者：一般就是，我跟他说：有个事我要跟你说一下，我刚才吃饭的时候跟你发脾气，不是针对你，是针对我领导的。

咨询师：他会什么反应呢？

来访者：他应该没啥反应。很多时候就看着手机。他的性格可能就那样。

咨询师：我们一会再谈你老公的性格，先把关注点放在你的身上。我们来做一个角色扮演，我是你，你是老公。我来告诉你刚才发生的事情。（重复来访者的话）你听了之后会有什么感受啊？

来访者：（笑）好像没啥感受。觉得跟我没关系。哎呀，怎么会这样呢？

咨询师：是啊。为什么我们的解释会产生这种效果呢？

来访者：（想了一会）我也不知道。

咨询师：你有没有感觉到，你跟老公解释，其实并没有带什么情感，仅仅是把这个事情说完就行。好像完成一个任务一样，并没有顾及到你老公的感受和需求。

来访者：是的，感觉就是我说完了，这件事就完了，就是为了说。其实没有在意他什么反应。但是，我好像一直习惯这样了，就是沟通的时候只说自己的想法和感受，发泄自己的情绪。

咨询师：是啊，你每次都仅仅是在表达你的情绪，满足你的需求，你老公怎么可能给你很好的回应呢？所以，你下次可以做一些小小的改变。比如，谈的时候先谈老公的感受，在刚才吃饭的时候训斥你，你是不是特别难受？你是不是挺生气的？其实，我只是……

来访者：（笑）这样啊。好吧。我试试。不过，我老公好像性格就是那样子的，一直都不放在心上。第二天就跟没事人一样。（沉默）不过，之前吵架的时候他也会翻旧账，说我刚认识那三年都脾气多么不好，等等。

咨询师：是啊。所以不管你老公表面上看是什么反应，但是这些情绪内心肯定会感受到的，而且一直记着呢。

（5）追根溯源

咨询师：你有没有发现，尽管你是好意，想要跟你老公解释，但是你在沟通的时候你的方式和你妈妈的方式非常相似——就是只顾自己爽。

来访者：哈哈，是的。就是只管自己，不管别人怎么想的。

咨询师：关于你的模式我们之前沟通过很多了，你看在一个看似完全无关的事情上，也体现出那种模式。接下来，我们可以看看老公的模式是怎么形成的?

来访者:(讲述老公的成长经历和原生家庭。并分析老公心里特点及形成的原因。此处略)

(6)从过去回到当下

分析两人互动模式。在咨询师看来,来访者和老公都没有犯错误,都是带着既往的创伤和习得的认知、行为模式来互动。

(7)给出反馈,及时强化

咨询师:我们本次咨询仅仅提了一件非常小的事情,但是经过分析会把你和你老公的情绪、想法、行为模式总结出来,而且与之前咨询的内容也串联起来了。见微知著,这就是心理咨询做的事情。以后你可以根据这种方式来做更多的思考。

(8)给出建议

肯定来访者的突破与改变,最好的例子就是对待自己的孩子特别有耐心、平等、有爱。灌注希望,鼓励尝试。在与老公的互动中也要关注对方的感受,而不仅仅是单纯表达自己的不满和需求。

参考文献

1. 蔡飞:《自身心理学:科赫特研究》,福州:福建教育出版社 2008 年版。
2. 科胡特(Kohut, H.):《精神分析治愈之道》,(訾非、曲清河、张帆译),重庆:重庆大学出版社 2011 年版。
3. 邢全超:《强迫性人格者行为特征与动力机制的个案研究》,北京林业大学硕士学位论文,2013 年。
4. 訾非:《感受的分析:完美主义与强迫性人格的心理咨询与治疗》,北京:中央编译出版社 2012 年版。
5. Joseph D. , Lichtenberg, Frank M., Lachmann, James L. Fosshage, *Psychoanalysis and Motivational Systems: A New Look*, New York :Taylor and Francis Group, 2011.
6. 弗洛伊德:《释梦》,孙名之译,北京:商务印书馆 1996 年版。

大学生的人际与学习困扰

王欢 *

一、背景

来访者女性,19岁,就读于某大学二年级文科专业。

来访者是独生女,其父亲是长子,下有五个妹妹,在其原生家庭中最能干,有最大话语权。其母亲是家中的小女儿,上有两姐下有两弟,外婆对她寄予了把书读好的极高期望。

来访者10岁前父亲在外地工作,她跟着母亲,外婆带她也较多。家中的事务一直是父亲掌管,父亲脾气暴躁,对她要求非

---

* 王欢,女,应用心理学硕士,国家二级心理咨询师,二级婚姻家庭咨询师,现任长治市实验中学心理辅导教师。曾在中学、高校、企业、基层群众服务机构从事学生心理咨询与辅导、EAP员工帮助计划、社区群众心理健康训练工作,积累了丰富的个体及团体辅导经验。从教以来,多次获"教学能手""勤奋敬业奖",在《中小学心理健康教育》《心理与健康》等期刊发表《三个"代替",拉近与初中孩子距离》《那一刻你是我的"大白"》《不再做圈养"小和尚"的妈妈——一例家长"沙游"辅导案例》等心理健康教育教学论文。

常严格，方式粗暴，会打她；母亲也非常要强，但相比父亲则是"软弱的"，对于父亲打她帮不上忙；来访者记忆中从"小时候"到初中常挨打和受训斥，对此感到"无助"；住在江西时，那是个"小地方"，人们的观念"非常陈旧"，妈妈和同事见面的话题总是孩子的成绩，妈妈老拿自己的好成绩向对方炫耀，也老拿谁家的孩子有多优秀来跟自己比较以激励自己，亲戚邻居也是一样，都对简单粗暴的说教和打骂不以为意。

来访者10岁时，举家由江西小地方迁居到大城市广州，父母经历了国企下岗至广州另谋职业。来访者自述迁居前后对自己影响很大，看到父母艰辛打拼的经历，也体验到无根和被歧视的感受。

来访者从小到大一直努力学习，一方面是为了满足父母的愿望，但另一方面又为自己的用心和艰辛深感委屈，对父母只知道拿自己辛苦换来的成绩在人前炫耀却不体谅她的难处而心生怨恨。

经询问，来访者没有严重躯体或精神疾病病史。

上大学以后来访者学习很认真，成绩优异，确立了考研的目标，却时常为英语达不到自己的期望水平懊恼，平时一直很爱看书，读过许多书。住在六人间的学生宿舍。平时娱乐活动不多，有时自己去买点吃的东西或者衣服，觉得舍友们逛街很麻烦，挑来挑去逛那么久，而自己却喜欢速战速决，她们可能喜欢买便宜的买很多件，自己却宁愿去商场买一件好的，件数少却穿得长久。同班有一个相处不错的同学，时常结伴的。

来访者对自己有如下评价："控制""理智""自闭""自我意

识强""不会向人表达""也不愿解释"。

来访者的主诉：第一次会谈开始到结束前很长时间，来访者讲述上大学以来的寝室人际状况和自己的学习。来访者对学习严格要求，作息习惯与别人不一致，上学期末（第一次咨询是寒假后新学期刚开始不久）与一个舍友因作息时间发生矛盾，自己处理不善，对方也不理解，发展到恶语相向，对方振振有词，自己却不会争执和不愿争执。寒假在家精神很敏感、脆弱。这学期开学以来，又与一个以前相处相对较好的舍友发生了误会，这样便开始与同寝室两个同学间闹矛盾，深感人际关系压力，不知道该怎么应付。加上打算考研，学习中给自己很大的压力，尤其摸索薄弱学科遇一些瓶颈时，感到非常痛苦和无助。述说中时时流泪。

二、咨询师印象、评估

咨询师印象：来访者第一次来咨询室时，情绪低落，不断哭诉，思维清晰，逻辑性强，表达流畅，语速适中稍微偏快，倾诉欲强，配合度高。衣着整洁朴素，色彩白、黑、灰，背双肩书包。从不直视咨询师，眼睛向下望着自己前方不远处，坐姿较僵硬，少变动，动作较刻板，擦眼泪擤鼻涕的动作也比较拘束。咨询师感觉来访者非常无助和痛苦，对咨询师比较迎合，频繁以点头回应咨询师，行为表现顺从、拘谨，但思维很活跃。

诊断与鉴别诊断：来访者的主观与客观世界具有一致性，精神活动内在具有一致性，个性保持相对稳定，不具有典型重性精神病特异行为表现，主动求医，自知力完整，故可排除重性精神病。

根据许又新三标准，来访者的痛苦状况不足三个月，评分1；精神痛苦需借别人的帮助才能摆脱，评分2；社会功能方面能正常学习和人际交往，评分1；总分4，符合其可疑神经症的标准；但精神痛苦和社会功能的评定时间不足三个月，且来访者并无神经症典型症状，故排除神经症与疑似神经症。

来访者内心产生冲突，且冲突是现实性的，来自与舍友不和睦和考研学习压力，感到缺乏社会支持，体验到不良情绪；不良情绪持续不足两个月，未泛化，且仍在理智控制之下，基本能维持正常生活、社交和学习。上述符合一般心理问题诊断标准，故诊断为一般心理问题。

三、案例分析

（一）此类案例的咨询技巧

来访者从发展角度看已经达到成人思维水平。正处于大学二年级下学期，既不是大一新生，也未到即将毕业阶段。通常大学的这个阶段课业最重，学生也初步建立起跟特定人的友谊，形成了有些稳定的大学生活轨迹，并开始有一些对未来的模糊规划，有些更为忧心忡忡的学生可能会开始把模糊的目标常常放在心上，并因为模糊而更加焦虑。并且该个案对心理学的一些观点有所了解，思维缜密，读书涉猎广泛，主动思考能力强，理解能力很强。运用理性工具进行工作是可行的。

选择某咨询理论作为主要指导建立咨询预设，还可采用其他适用的心理咨询与治疗理论和模式的有关元素作为辅助，建立咨询的轮廓，短期咨询模式是可行的。

来访者从人际关系或学业压力谈起，痛哭流涕，来访者主动讲到家庭的种种，咨询师觉得，从家庭对来访者的影响入手是行得通的，并尤其注意建立支持性强的咨访关系，这是鉴于来访者内心缺乏支持的感觉，意在加强来访者的力量感和控制感。只是要留意，随着咨询的进行，确认来访者对父母的负面感受的同时，还要确认父母教养的积极影响，在适当的时候，将由对父母教养方式的"控诉"过渡到接纳自己作为成长了的个体，开始承担自己的责任、接受成长的代价，收拾好"过去"的感情碎片，把焦点转向"未来"。于是接下来就是把面向未来具体化，具体到如何改变不适应的信念和行为，如何建立和保持新的合理观念和适应行为，如何看到自己的潜在力量，如何变得"表里一致"，如何变得对别人更感兴趣，如何让别人更了解自己，如何拓展学习之外的生活空间……

（二）本案例的成因分析

家庭环境、成长经历影响：早期与父母的互动促成了来访者对生活情境的看法，构建了"他们都很强很霸道，我只有保护自己不受伤害，我只有让自己做好能赢得认可的事，才能安全，才能得到他们的牵挂"的生活意义，据此形成一味通过学习取得优异成绩追求优越的生活方式；当学习上的优越受到挑战（英语上的瓶颈、考研前途未卜）时，便面临失去安全和爱的可能，而当这种追求的实现手段与周围的人发生现实冲突时，该方式的副作用就凸显出来了，那就是潜在的局限性、不合作性、对他人不感兴趣；再加上社交技巧的缺乏，甚至不能继续维持至少在表面上看起来是和谐的关系。

近期环境影响：与舍友作息时间不一致，来访者的处理不善，对方也不理解，发展到两人恶语相向。来访者意识到有些事情可能造成误会，但也未加解释。

个人倾向性影响：要求完美，对自己要求很高，常用"非黑即白"的眼光审视事物等。

（三）在本案例中咨询师是如何运用咨询技术和咨询理论的

1. 多种咨询模式的融合。

咨询师以阿德勒的理论为咨询预设建立短期咨询模式，融合萨提亚家庭治疗模式、海灵格家庭治疗模式、客体关系和人本主义咨询与治疗的元素。

请来访者回忆最早的及早期的记忆。来访者回忆起，在她三四岁时，父母对她的学习和生活其他方面都严格要求，常训斥和打她，来访者对此感到无助、愤怒和自责，还有每次挨打时，其他长辈、邻居等也都支持父母，没人能帮她；来访者记得，也大概是那个时期，一次爸爸从外地写信回家嘱咐妈妈教育孩子时不要伤害她的自尊心，来访者懂事后觉得爸爸还关心自己这一点呢，觉得挺安慰的；迁居后，刚来到广州的新环境时，感到孤独和跟新同学间有差距，自己在学习上的优势没那么明显了，于是拼命努力，终于又取得了好的成绩，感觉这样又赢得了同学的尊重；后来读书过程中，有一回爸爸撕她的课外书，指责她"没出息""不孝顺""现在还没到你享受的时候呢"等话；一度以冷漠反抗爸爸……

第三次会谈中来访者主动讲述了几个早期记忆：（1）上学前特别想要个洋娃娃，很羡慕其他女孩的打扮，可妈妈就是不打扮她。（2）上小学时有一次花了四五元钱从租书屋买了一本课外书，当时家里经济拮据，爸爸妈妈一起指责她买了这么一本书太不值了。

探索来访者生活中由早期事件建立起的生活方式。澄清来访者与父母的关系。与父母的关系虽有所澄清，但过去的"强势人物"在来访者心中造成的印象和影响依然很深地影响着来访者对自己的认识和不接纳。就此澄清，来访者在与父母的交往中形成了对生活情境的看法，构建了"他们都很强很霸道，我只有保护自己不受伤害，我只有让自己做好能赢得认可的事，才能安全，才能得到他们的牵挂"的生活意义，并将之带入初中生活中。

来访者还多次提起初中班主任苛刻、要强，自己受到她的训斥和批评的场面，至今想起来仍感害怕，庆幸终于远离了那样的人，也很怕再遇到那样的人。如果再遇到，那就把自己很严地保护起来，远离那个人，不跟他/她有关联。对此咨询师的做法是，适当减轻这位老师在来访者心中伤害的特殊性，将之"正常化"，而把与她的关系还原到与父母关系所形成的问题上，而不让来访者感到，到这位老师时又出现了难以逾越的特殊障碍，这样便确认了其生活方式的一贯性和对来访者的意义。这么做是基于以下设想：证明自己弱小，就有理由继续按照原来的生活方式运作下去,就好像在说"你看,虽然在学校不再受父母管制,但还是不断出现类似的敌人来批评我、指责我,像初中班主任、现在闹矛盾的同学,可能以后出现的可怕的人……"否则就要勇敢地开放与合作。因为不相信也未尝试过,所以不得不继续维持不适应的方式。所以必须挑战这个"她很可怕很高很强,而我很弱很无奈很孤独"的幻想。打破了它,才可能让来访者感受到自己的真实力量和潜力。最后指出这些不过是理由,帮助来访者意识到是自己对情境的解释造成了这种让她感到处于劣势的处境,解释不改变,生活方式就不会变,担惊受怕亦不会变。协助来访者确认,现在情境已经不同,来访者不再弱小,他们不再如想象般强硬危险。

第四次会谈快结束时,对前一阶段做一小结:生活方式是什么,有何积弊,内心的焦虑紧张,现在的方式导致活动范围日渐狭窄。尝试将焦点转移至当下的生活。比如,与父母的沟通中加强表达真实感受,追求反馈,扩展到与身边同学的交流;认识到目前追求优越的途径的局限性,开拓更广阔的行动范围,从只为学习,与人保持距离,到加强与别人的联系,体会生活多方面的乐趣。

第五次会谈是一个过渡。指出从今天开始,要把关注点从控诉转向内省,从过去转向现在和未来,从小范围转向更大范围。提出,在回顾过去经验的基础上,来访者要开始承担自己应担负的责任了。("我知道了你过去的苦,但毕竟已经过去了,我们在这里讨论它,正是为了现在和将来更快乐。")就此布置第三次作业:下一周里,在与一个人交往时开启自己身上的"一小部分"，问问她而不是自己一向的看法，这个人是怎么样的，这个人与自己的关系是怎么样的，看是否发现些以往未发现的新东西。共同商定未来三次会谈，致力于来访者从过去走进现在，承担责任，做出改变，提高对他人的兴趣与合作能力。具体如何执行：（1）对迄今为止作业完成情况的保持和深化进行强化。（2）加强对身体状态尤其是紧张的觉察，比如咨询中从不直视对方。（3）从注意到"我知道……但是……因为……所以……"等常用词汇和说话的组织方式入手，提醒这种过于理智化的表达方式，促进学习更贴近真实感受也更有效的表达方式。

第六次会谈计划，继续强化承担责任，转向现在和未来的意识；支持来访者做出实际行动，改变一些习惯；鼓励躯体更大幅度的觉察和活动等。

来访者提出自己总是通过"比较"来寻求自信，追溯了父母教养方式对于造成这一结果的影响，描述个中心情：对于不如自己的人，瞧不起，比如，一同学，好像明明是错的还总要想自己验证他/她那样是对的，来访者觉得他们就像过去的自己，自己在大学前的学习生活中也"堕落"过，但是现在自己有了目标，勤奋地按计划努力；对于某些方面比自己强很多的人，自卑，比如中学时遇到那些可以从事兴趣爱好又学习不错的人，羡慕，觉得他们可以平衡生活各个方面，而自己是严重失衡，不得不放弃其他兴趣，花太多时间在应试上。对此咨访合作探讨出几个应对措施：（1）言语暗示，来接纳过去的自己。（2）面对不如自己的人，感到优越，又怕伤人或破坏关系而抑制着不表现出来，又觉得这样心口不一不舒服，不知道该不该表现。对此，建议就像咨询师信任来访者也信任自己一样，真诚地向对方表述自己的感受，对方也会有所感触的。

第七次会谈中，咨询师感到来访者的进展出现了反弹，近尾声时又发现其实还是晋了一阶的，虽有反弹，但是在更精确的自我觉察和更丰富反思的前提下。咨访交流对咨询进程的看法。咨询师小结到目前，提醒做好下次结束咨询的准备。达成未来努力方向：在生活细节的觉察基础上改变具体行为，如来访者提到的点菜、选择饭店等。

第八次会谈中，来访者回顾近期的思考：一是意识到在对咨询师的暴露中其实有所保留，比如讲到某些事时细节略去了，因为讲出它们还是感到受伤，又比如上次咨询中描述的两件被父母责怪丢人、不懂事及将来怎么行的情节时，其实自己还在解释："小孩子好动嘛"来向咨询师证明是天性所致这件事并不丢人；二是随着对以前一些事情和困惑想得越来越明白，行动上更容易发生自然的改变。咨询师给予反馈：一是这反映出来访者自我觉察的提高和精准；二是起初担心是否在为行动不改变寻找借口，但后来发现还是反映出觉察的提高的，但仍建议来访者保持边想边做的具体行动力。

2. 运用认知和行为的技术

向来访者指出，她已经开始看到父母作为普通人的不成熟和应付生活的难处，而自己其实一直在成长，现在她跟父母相比已经不像记忆中那么弱小了，而是有一定力量的。但是承认他们还是无意中伤害到了她，尽管他们已经做了他们当时能做的一切，犯了常人可能犯的错误。

指出来访者言语中的"超理智"迹象，总用"但是，因为，所以"等词作解释。

第三次会谈中，鼓励来访者用事实澄清对父母心存的疑问："如果我现在什么都没有了，你们还会爱我吗？"还有，为什么当时妈妈不打扮自己？就此布置第一次作业：（1）问妈妈为何不打扮她？（2）问爸爸妈妈"如果我现在什么都没有了，你们还爱我吗"？（3）请妈妈现在给她买个洋娃娃（此时感到来访者有些开心，她说她现在特别想要一个，还特别想要生日时的生日蛋糕）。与来访者商讨了远离父母在外上学的情况下如何使该作业有效落实。

第四次会谈中来访者报告第一次作业情况。打过两次电话，和父母交流过，父母也给予比较真诚的反馈，母亲希望等她回去一起去买个洋娃娃，来访者同意也愿意。咨询师对作业完成情况给予肯定和进一步期望，并建议在与父母的沟通中减少自己的猜测，而是把疑问说出来去寻求真实的反馈，减少建立在猜测上的"我最应该……"增加建立在实际感受上的"我最想要……"。来访者反思了与舍友的关系，感悟"对别人的不接纳，就是对自己的不接纳"。由来访者当下的坐姿引起放松，与咨询师一同尝试更放松的坐姿，进行呼吸、肌肉放松几分钟后停止，来访者表示那样是"挺舒服的"，但很快反弹。借此布置第二次作业：下一周里常常关注自己的身体，一旦意识到某部分紧张，就想想是心中有什么驱使她这么紧张，如果是过去经历过的某种艰难体验而此刻已不再有了，就暗示自己此刻情境已不是当初那个让自己紧张的情境了，放松身体。

第五次会谈中，咨询师对第二次作业即一周以来来访者的躯体觉察与放松练习给予正性反馈：确认变化，跟随其反思与感悟，鼓励她把已有的两项作业都保持下去。

第六次会谈中，借用来访者讲到的上一周发生的实例，指出除了自动地把人分成霸权强者和随从弱者，弱者要么躲避要么反抗强者之外，还有"中间灰色地带"，在那儿人们的交往保持在基本的平等水平。提醒当下的紧张，示范放松。布置第四次作业：改变想要改变的习惯，消除不合理的害怕，具体做法是：（1）跟每位老师打招呼；（2）跟A、B两同学至少说出自己在三件事上的见解。

四、本案例的咨询效果评估

从咨询目标出发，对咨询效果进行评估，发现在以下几个方面取得显著效果：（1）缓解情绪紧张。从咨询师的观察和评估来看，八次咨询中，来访者的情绪表现是让人越来越乐观的。初次咨询时，整个会谈中来访者几乎是边说边哭；第二次会谈中情绪较初次平和，偶尔哭泣；第三次会谈中，情绪更为放松，交谈中有时会笑，手的动作开始有变化，上身姿势时常与咨询师有同步表现；第四次会谈，情绪较之前放松，笑的次数变多，眼神虽仍不直视对方，但方向更加灵活，多次朝向咨询师方向，坐姿单一僵硬但比之前仍是多了些变化，有两次几乎要哭，一次短暂的流泪；第五次会谈，情绪平和，有些愉快，眼神和动作明显更灵活多变,坐姿有更多变化,但依然从不直视咨询师,咨询中不再哭泣,多次露出笑容;第七次会谈,情绪平和放松,表情动作较自然灵活,谈话中一两次伤心噯嚅;第八次会谈,情绪较放松愉快,起初有一些紧张,目光和动作较自然。(2)探索压力感来源并为来访者提供关系支持,赋予力量,增强个人责任意识。纵向探索了家庭方面原因,回溯与父母的关系;横向探索了来访者目前的学习目标、社交瓶颈等背景。(3)澄清不合理信念,改变不适应行为方式,学习放松和社交技巧。作业反馈情况反映出在对躯体的觉察和放松、人际交往的有效性上有进步。

来访者强调了提高觉察力的重要作用。对于"今后可以做些什么来继续成长"的问题,来访者表示发现有两个方向:一是在一味压抑自己和压制别人之间寻找一个适合自己的位置,这样一个自己的而非别人强加的或模仿别人而来的方式,或许恰是获得力量的重要途径;二是像有些文章比喻的那样,驾船在人生河流上,在要么强求河流方向顺从自己和要么被水淹死之间,选择这样的态度,即在每个浪头打来时掌控、调整船的方向。咨询师给予正性反馈并试图询问更加具体的做法。来访者列举在考研等事上自己的观念和心情的变化将如何指导行动的改变。咨询师建议:在生活的交往中,贯彻"接纳"和"真诚",信任对方也会给予相当的反应,更加表里一致。

一例自称"恐怖症"案例的咨询

贾海潮*

一、背景

来访者,男,26岁,已婚,大学毕业。来自知识分子家庭,父亲老实本分,母亲强势争强好胜,来访者觉得母亲应该有强迫症,做事刻板,有时做事极端,对子女要求严格(来访者排行第四,上有三个姐姐),尤其对儿子(来访者)要求高,寄予厚望,控制欲强,一直都在强调要按她说过的方式做,包括穿戴、写作业、做家务,只有那是正确的方式。嫌弃丈夫无能,常骂他是窝囊废。来访者长大的过程中,曾被母亲暴力、体罚。父亲未打子

---

* 贾海潮,男,执业医生,心理咨询师,中国心理卫生协会会员。毕业于河北医科大学,北京大学肿瘤医院内科医生。2007年通过国家心理咨询师执业资格考试,跟随北京林业大学訾非老师学习心理咨询理论和感受分析咨询方法。从事接听心理咨询热线和心理咨询面询工作10余年。擅长神经症和身心疾病的咨询,2015年冬,在心理危机干预中成功解救一名正在自杀实施进行中的20多岁女孩,得到了政府和有关部门的表彰和奖励。

女,但母亲打人时父亲也无能为力。

来访者自述得了"恐怖症",主动寻求心理咨询帮助,表现为害怕菜刀和"小便恐惧"。"恐怖症"为自己从网上查资料中得出的诊断,从未咨询或就医过,"小便恐惧"为来访者自己命名,表现为上宿舍楼或教学楼的公厕小便时,如有他人在场就解不出来,人多时尤甚,上网没有查到相关资料干脆自己为其命名。害怕菜刀表现为担心自己手握菜刀时会突然控制不住自己的手而做出伤人的举动。半年前因与同事、领导关系紧张再次出现害怕菜刀、害怕自己伤人冲动并伴有害怕所有锋利有刃的、带尖的东西,已经严重影响了自己的生活和工作,非常痛苦。三年前上大三时,曾因将要面临的大四毕业实习及论文答辩而发作过,当时害怕同寝室同学的瑞士军刀,表现为过分提醒同学用完随时要合上刀子收好,因多次反复提醒同学用完收好桌子上的小刀,令同学由感谢变为厌烦,其他同学也觉得莫名其妙,影响到了同学之间的关系。他学的是理工科,一直是心理学爱好者,自己有困惑时常独自上网查资料学习,有时候事情之间的因果关系也能自圆其说给予解释,咨询过程中叙述事件常带有分析。

曾徘徊在学校的咨询室前,最终没有走进去,当时自己认为是压力太大和性格谨慎等导致,相信自己从网上找资料自我调整可以得到解决。毕业前签约了一家不错的单位,此症状有所减轻。

二、人格形成的初步分析

来访者自幼在一个高度批评的权威家长——母亲（"首要照顾者""自体客体"）的严格管束下长大，内化了母亲的高标准严格要求，长大后脑海里常有母亲的影子监督自己的对错，自己对自我的要求也较高，不够自信，害怕被批评，回避挑战，既害怕权威又憎恨权威，想反抗，道德感强，又不敢直言反抗，表现为内部逐渐积累的愤怒，如同火山下翻滚的岩浆。来访者担心害怕的是终有一天岩浆会不受理性的控制喷射而出，害怕自己的想法有一天会控制不住，爆发出来，造成现实的损失、破坏或者悲剧。来访者是家里唯一的男孩，严格管控下的他还同时享受母亲的一些特别照顾，和那个时期重男轻女社会土壤的一些优越感，这就像大棒胡萝卜同时齐下，养成了特有的人际关系和情感回避模式，一方面超我的力量虽然强大，但本我的力量也有一些，本我有一定的力量来否认超我，形成彼此之间敌强我弱、敌赢多我赢少，不势均力敌的较量，而不是本我完全没有力量的敌强我无的完全投降完全抑郁的状态，长期的敌我较量形成了焦虑的人格底色。另一方面虽然希望建立好的关系，但那意味着时刻处于无法忍受的紧张不安中，还是我自己一个人好吧，虽说孤独，但不用冒风险，回避冲突，回避麻烦的人际交往，回避了拒绝与批评，回避保护了我，回避成了生活的主题。

三、诊断与鉴别诊断

根据收集到的资料，评估，该来访者被诊断为：

轴Ⅰ：强迫障碍

轴Ⅱ：回避型人格障碍、强迫型人格倾向

轴Ⅲ：陈旧性肺结核（高中患病，已愈）

轴Ⅳ：工作变动

轴Ⅴ：整体功能评估=50（目前）

（一）诊断依据

1. 根据收集到的资料，来访者有自知力，性格内向，个性稳定，追求完美，求助愿望强烈，知情意协调一致；排除精神病的可能。

2. 根据 DSM-Ⅳ的关于强迫障碍（强迫性神经症）的诊断标准

该例来访者具备强迫障碍（强迫性神经症）的诊断标准（1）的4项：①患者在某些时候，体验到反复的、持久的思维、冲动、想象；②这些内容是强入的、不适应的并引起明显的焦虑或痛苦；③思维、冲动、想象并非是单纯对现实生活问题的过度担心；④患者企图用一些其他的思想、行动来消除这些思想、冲动或想象。强迫行为具备这些行为或精神活动的目的是减轻痛苦，或防止某些可怕的事件或情景发生，然而，这些行为或精神活动并不是以一种观念的相互联系的方式来中和、预防强迫观念的痛苦，或明显是过分的。（2）在患病过程中的某一时候，患者能认识到强迫观念或强迫行为是过分的和不合理的。（3）强迫观念或强迫行为导致明显的精神痛苦和消耗过多的时间（每天 1 小时以上），或明显干扰患者的正常生活、职业功能（如学业）或社会活动和人际关系。（4）如存在其他轴Ⅰ障碍，强迫观念和强迫行为的内容并不限于轴Ⅰ的精神障碍，如进食障碍患者对食物的强迫观念，拔毛癖患者对拔毛的强迫观念，体像障碍者对身体外貌的强迫观念，精神活性物质滥用者对药物的强迫观念，疑病症患者对患者有严重疾病的偏见，性变态者对性冲动和性幻想的偏见，重症抑郁障碍者的自罪偏见。（5）这种障碍不是由于精神活性物质（如成瘾类和医用药物）或一般躯体疾病的直接后果。有明显的痛苦的情绪体验，痛苦程度与处境不相称，并有反强迫，病程长，社会功能中度受影响（如工作效率明显下降，回避做饭等接触刀具的情景等），符合强迫障碍（强迫性神经症）的诊断（以强迫观念为主）。

3. 根据 DSM-Ⅳ-TR 有关回避型人格障碍的诊断标准

该来访者符合 4 项：因为害怕批评、否定或回绝而回避一些人际接触较多的职业活动；在社交场合专注于被批评或被回绝；因为感到能力不足，在新的社交场合表现抑制；认为自己在社交上笨拙无能、无吸引力或低人一等。符合回避型人格障碍的诊断。

（二）鉴别诊断

与强迫型人格障碍鉴别：根据 DSM-Ⅳ-TR 有关强迫型人格障碍的诊断标准，该来访者只符合 3 项：拘泥于细节、规则、清单、顺序、组织或计划，以及到了丢失生活主题的程度；对工作过于投入，以至于放弃了业余生活和朋友友谊（无法用经济困难来解释）；对道德及价值问题过于尽责、谨慎及缺乏灵活性（无法用文化及宗教一致性来解释）。

强迫性人格障碍的核心症状不是强迫与反强迫冲突；强迫性人格障碍的强迫思维强迫行为与社会规范一般是一致的并受到鼓励；强迫性人格障碍者基本适应自己的强迫生活，不因此感到痛苦，也很少主动寻求心理咨询的帮助。

没有达到强迫型人格障碍的诊断标准，但有强迫型人格倾向。

与恐惧症鉴别：恐惧症和强迫症都可以伴有害怕、恐惧、焦虑等症状，有时还可共病，较难鉴别。但恐怖症患者对恐怖对象的体验只是在暴露于实际的情景时出现，并经回避行为后消失。强迫症患者不暴露于实际的情景时也可以有强迫观念或强迫行为。强迫症患者有时可以认识到强迫观念或强迫行为是不合理的。

由此可知该来访者符合强迫症的诊断并不符合他自己说的"恐怖症"。

与抑郁症鉴别：否认失眠、早醒等睡眠障碍，无兴趣丧失，否认食欲降低体重减轻，否认自杀自伤等，基本排除抑郁症。

四、咨询目标

根据以上的评估及初步诊断，与来访者协商，确定了以下咨询目标。

近期目标：降低焦虑程度，不再害怕菜刀或者害怕的程度明显减轻，缓解强迫症状。

长期目标：完善人格

五、咨询方法及咨询过程回顾

（一）咨询方法

本个案的咨询，咨询师采用的咨询方法是把精神分析、人本主义疗法和认知行为疗法结合起来的一种咨询方式。咨询过程中以人本主义的态度、精神动力学的分析、认知治疗的方法有机结合，咨询过程中紧紧贴着来访者的感觉走，咨询师尊重、接纳、非评判的态度，温和、征询的语气和多倾听、少提问、不打断，充分给予来访者足够的耐心和包容，为来访者提供一个承载性的环境或容器，允许来访者表达自我、想法、情绪、感受、思维，即使明显的矛盾或不合常理的地方只在适时的时候澄清一下，避免面质，给来访者创造安全舒适、非批判、无压力的咨询环境，给来访者创造一个机会与过去批评严苛的生存环境经行比对，学习体验呼吸放松法，体会放松是一种什么样的感觉。

（二）咨询过程回顾

初次咨询时来访者站在咨询室门口，小心礼貌地问明了电话中确认的情况后才稍有如释重负，逃进咨询室一般，坐下来才踏实安全了。坐下后目光湿润空洞无神，眼神呆滞，面部僵硬，表情木然，有谨慎和讨好，沟通中反应慢半拍，似乎外界与我关系不大。声音低,有时唇动似自言自语。性格内向,爱脸红,脸红时首先在额头、两眉间出现成片的微小红点状,逐渐向下扩展至颜面、颌部直至颈项部。严重时伴有汗珠渗出。初次咨询时咨询师对额面的潮红冒汗是否给予回应用了一些时间,不确定是否给他递纸巾。

咨询关系的早期对肢体语言做出过度的反应会被来访者看作极大的威胁,尤其是令人不太自在的肢体动作和肢体语言,他会认为你把我看穿了,我现在还不是想要谈这些,等等。当他第一次取纸巾擦鼻尖和额头的汗珠时,是犹豫后伸出胳膊,咨询师选择了只是静静地看着。咨询快结束时他看向纸巾盒第二次意欲取纸巾时,咨询师及时递了过去,他感激地露出了微微笑容轻声道谢谢,声音很轻笑容是舒展而非防御的,此时判断时机应该是正确、选择恰当。

咨询初期,对过分敏感的人要慢,以他能接受的程度进行,对肢体语言的共情反应虽然属于深度的共情也需要逐步进行。咨询师初次咨询中温柔接纳的态度为发展信任关系和来访者愿意开放打开自己打下了一个好的基础。

初次咨询来访者很自然把咨询师当作权威来看待,咨询中咨询师的非权威姿态也给了来访者一个机会来发展新的体验,与过去形成的权威关系和对权威的固定看法进行审视对比,体验此权威非彼权威的对比过程,使对过去的看法有所松动,有可能的话产生怀疑进而崩解,融入此次新的体验经验,发展出咨询后的与权威互动的新的恰当的关系模式。

咨询中来访者叙述此次不适主要与上班后同事关系不良有

关，觉得同事都是勾心斗角、没有真心，没有说知心话的朋友，不像同学关系那么单纯亲热。尤其与领导的关系，受不了领导的批评，觉得都是针对他，因此考虑辞职或换工作，目前就业形势严峻，参加几次招聘会试着找了找，确实都不太好找，对前途感到无望，如果一辈子都这样下去就完了，越想越不敢想，越想越不甘心，影响了睡眠，逐渐发现又开始关注和害怕刀尖、利刃，随着找工作没有落实、同事关系没有改观症状日渐加重，后来发展为害怕菜刀影响了做饭与生活。此前鼓起勇气打过一些心理热线的电话，都没有去面询。

咨询中谈到了害怕菜刀：

来：也不知道为什么我怕刀好几年了，连饭也不敢做好久了，现在进厨房都发怵……

咨：具体地说是……（填空式问句让来访者感觉不到压力）

来：我怕切菜时控制不住自己……

咨：控制不住自己……？

来：控制不住自己的手……（沉默……）

咨：……手……？（推动助力思维过程，促进进入下一步，避免思维停滞时间过久引起涣散、失去焦点）

来：控制不住自己的手或者胳膊会做出冲动的事来。

咨：控制不住……会做出冲动的事来？

来：对。

咨：比方说……（期待鼓励来访者举具体实例）

来：伤害自己家人。（重点线索，建立假设……）

咨：伤害自己家人？

来：对。伤害自己家人。对外人倒没有。

咨：有伤害过自己的家人吗？

来：那倒没有。（苦笑）

咨：那不拿刀的时候呢？

来：那没事儿。

咨：有控制不让自己想的时候？（检验强迫与反强迫）

来：有。

咨：……管用吗？

来：一开始的时候还管事，后来就不管事了。越控制越想。越想越害怕，

这想法它老出来，它出来我就想不让它出来……累啊。

从表述的症状来看，更像是强迫症，而非恐怖症。有冲动、控制、有强迫思维，也有反强迫。有焦虑，显而易见焦虑程度很高。在广泛焦虑基础上由强迫反强迫引起的极度焦虑甚至惊恐，被来访者自己诊断成了恐惧症。

咨询时，咨询师没有就诊断与来访者讨论，而是就着来访者的说法提出来治疗"恐惧症"的放松脱敏疗法。用放松呼吸的方法，让来访者先体验到放松下来是什么样的体会，减轻不适感，增加"能治好"的信心。在放松的情况下逐渐暴露。整个过程来访者坐到最舒服的姿势，轻轻闭着双眼，做缓慢的深呼吸。用鼻子吸气，吸气的时候慢慢数到5。吸到底的时候不要呼出，坚持

一秒钟。然后呼气，还是慢慢从 1 数到 5。如此这般多重复体会几遍，可以加入用意念引导放松呼吸训练。

不去和来访者讨论是恐怖症还是强迫症，更好地聚焦在当下，通过放松呼吸的方法，先放松下来缓解部分焦虑，避免了将咨询方向引向另外一个方向，导致咨询过程松散。咨询师往往更关心诊断应该是恐怖症还是强迫症，但这不是来访者此时关心的、想去的方向。

接下来开始逐步暴露疗法。

随着咨询师的指导语"现在你慢慢地放松了，想想你面前的桌子上有一把菜刀，你看着它……看着它……慢慢伸出手……摸着刀把"，来访者面部肌肉抽搐一下，拿起它……突然来访者大叫"不行！"睁开眼，表情惊恐，似要从沙发上弹起来。来访者表示无法继续进行，此次放松到此为止。有的时候咨询中与来访者的感觉在一起比咨询师完美的诊疗计划更重要。感受分析治疗的核心理念之一是把注意力放在产生不舒服的感受上，不回避，也不试图改变它。现在既然来访者不能想象把手伸向菜刀，无法耐受不舒服的感觉，那我们就把注意力放在不舒服的感受上，不去预测这种感受下一步或更下一步会怎样，而且能不能找到一件与害怕菜刀的感觉相同或相似，程度却比害怕菜刀低一些的事情呢……

我们在这里停了下来，花些时间做了一些慢动作，找到一个程度低一些的事件"出租车事件"。

几年前来访者在乘坐出租车时接了母亲的电话，通话过程中发生冲突，来访者气愤地挂断电话，喘着粗气突然有想从高速行驶的出租车上跳车的冲动，意识到不能冲动时吓了自己一跳，不知什么时候手放在了车门开关的拉手上，后悔之余赶紧坐到了后排座椅中间位置，远离两侧的车门。他说真后怕呀，不敢想象那时冲动会发生什么。事实上现实生活中来访者很自律，冲动行为并不多，但一直在与冲动做斗争，耗费了很多精力。

这次放松之后，让他想象回到过去的场景，他做到了，这对来访者来说是里程碑式的，因为他以前认为自己不敢回想当时的情景，所以也从来没有真去想过，他也从来没有相信自己能够完成。这一次的成功增加了自信。后来经过放松后，再一次想象回到过去场景，要求同步增加语言描述场景和感受，并且把没有完成的部分也"预演"完。

我拉开车门跳下车，身体撞到地面向前翻滚，应该很疼，有血流出来了，热的黏稠的血……有些车从我身上压过去了，我变得血肉模糊，被压成了肉饼，警车、救护车、灯光闪烁，我被送往医院，医生宣布我死了，给我蒙上了白的床单，送到停尸房，放进冰冷的铁抽屉里，我俯视着我自己，我知道我死了……（笑）

当来访者说到我知道我死了的时候是轻松的，是笑着说的，问他当下的感觉，他说很轻松了没有想到还可以这样。他指的也许是咨询方式、也许是没有想到会有这样的感觉或者效果，咨询师没有去澄清。

再后来的咨询中来访者想到一件与刀有直接关系的事情。来访者说好多年前有一件小事，吃饭时妈妈又唠叨我，我就爆发了，我就把手中的筷子摔了，以前这种情况没有过啊，她气坏了，转身拿了把菜刀砍我，把我吓坏了，真的吓坏了，幸亏被别人拦住，将刀夺下来，要不还不知道会怎么着呢。

当咨询师说，看来你当时确实被吓得够呛。来访者说当然啦，我怕她砍死我，担心她把刀拽过来砍到我，砍死了都有可能啊。想起来都后怕。咨询师共情道确实，别说对一个孩子，对谁都挺后怕的。是啊，不能想，太恐怖了。

咨：现在呢，现在有什么感觉？

来：说出来心理舒服多了，终于说出来了。这么多年从来没和任何人提过。

此后的两次咨询基本都在释放积累的情绪，第五次快结束时，咨询师建议来访者与妈妈讨论这件事，问问那天没有其他人拦着，她真的会砍向你吗？（现实检验）

再次咨询时来访者有了明显的变化，轻松了不少，有如释重负的感觉。咨询中来访者说到了那件事，我妈还记得，虽然这么多年谁都没有提过。她说我当时把她气坏了，我问她如果那天没有人拦着，真的会砍死我吗（笑）？她说不会的，只是气坏了，吓唬吓唬我（天真的笑很开心的笑）……

咨：现在有什么感觉？

来：心理舒服多了……（长长舒了口气伸伸腰靠到了椅背上，望着天花板）真的舒服多了……（回到当下、确认感觉）

这里运用了称作盘问追根法或者箭头向下法（downward arrow）的技术。咨询师通过反复提出"假如那是真的，对你意味着什么"的问题，追索想法背后的一般信念。这里咨询师让来访者想象自己过去一直不敢相信的场景画面，似乎实现了思维层面的现实检验，通过这样的现实检验让来访者将现实检验结果与自己的信念进行对比，检验自己预测的结果是否真的一定发生，是否自己的预测就等于结果，让来访者自己得出其不合理性。就强迫观念而言，刻意放弃强迫念头，却可能加重心理冲突，产生更严重的精神交互作用。这次现实检验也是一个早期未完成事件，通过检验过程将其完成。直面那些被自己有意回避或抑制的念头，体验念头背后的情绪和动机感受，帮助症状的缓解。

后来的咨询中，放松呼吸训练后暴露过程中，来访者表示已经不怕刀了，而不是按进程继续下面的过程，咨询师还是慎重地逐步暴露证实确实不怕了（咨询之外，来访者也做着积极的努力）。见到现实的刀具时表情平静，他说："真奇怪，以前我怎么会怕成那样呢？"

经过3个多月的咨询来访者减轻了焦虑程度，害怕菜刀的症状消失，结束咨询，与母亲的关系也有所改善，与同学同事等其他关系也有所改善。

六、讨论、总结

咨询师在咨询过程中对不了解的事情保持开放的心态和好奇

心。如来访者自己命名的"小便恐惧",咨询师并不了解,抱着开放、好奇的心态,饶有兴致地听来访者的"新发现",并未做直接讨论评判,未做处理。咨询结束一年后,来访者邮件中说随着咨询结束不再害怕菜刀,"小便恐惧"也有所缓解,虽然咨询中并未涉及进行"小便恐惧"的治疗。

咨询过程中共情对早期咨访关系的建立起着重要的作用,咨询的初期,对过分敏感的人共情要慢,以他能接受的程度进行。对肢体语言的共情反应也需要逐步进行,如首次咨询时对是否给来访者递纸巾的处理。早期即开始深度共情(如对肢体语言做出解读或反应或回应)可能被来访者看成是极大的威胁而不一定恰当。这样的共情是更强调尊重来访者的基础上的共情。

关于诊断,恐惧症和强迫症都有较高程度焦虑,有时不容易鉴别,可表现为害怕、恐惧、焦虑、强迫等症状,有时还可共病,更难鉴别。但恐怖症患者有唤起的过程,对具体可见的危险状态的紧急反应,一时性的发作,一时性的紧张,对恐怖对象的体验只是在暴露于实际的情景时出现,立即发作,下意识地采取紧急措施,回避行为后消失。强迫症不暴露于实际的情景时也可以有强迫观念或强迫行为。强迫观念可以引起强烈的焦虑情绪,有时无法抗拒难以控制。强迫症患者有时可以认识到强迫观念或强迫行为是不合理的。强迫症以强迫观念为主要症状表现时可与恐怖症相类似、不易鉴别,但强迫症常与道德、规则、权威等相联系,常出现怀疑、评判、犹豫不决等症状,更多的表现为内部冲突、内部语言、内部行动、思维活动过多,采取具体行动措施少,本例就有道德色彩与权威相关。对于强迫症,在良好的咨访关系基础上，紧紧贴着来访者的感觉，在感受的基础上分析，在分析的基础上感受，理性与感性在身体层面上发生互动，咨询效果较好。

参考文献

1. 訾非：《感受的分析：完美主义与强迫性人格的心理咨询与治疗》，北京：中央编译出版社2012年版。
2. ［英］杰弗瑞斯：《以人为中心的对话系列：严重精神问题的治疗》，封丹珺译、石林审校，北京：高等教育出版社2008年版。
3. ［美］莱希：《认知治疗技术从业者指南》，张黎黎 等译，北京：中国轻工业出版社2005年版。

她到底害怕什么——女大学生对两性关系的困惑

伍霞*

一、背景

(一)一般信息

小洁,女,23岁,某高校文科生,长相姣好,穿着得体。来自山东农村,父亲做小生意,母亲是家庭妇女,家里还有一个姐姐和一个弟弟。来访者因担心自己的婚姻受到父母相处模式的影响前来咨询。从2013年11月开始,共到学校心理咨询中心咨询11次。

(二)成长经历

父母关系不好,经常吵架,父亲骂母亲是没用的东西。小时

---

* 伍霞,女,发展与教育心理学专业硕士。2008年—2016年,中华女子学院心理素质发展中心专职教师,为学生提供心理咨询服务并教授心理学相关课程。目前居住加拿大,从事艺术心理治疗研究和实践。

候心情总是不好,老想哭,但是又害怕被父母斥责,就压抑自己不哭出来,或者是找各种身体不舒服的理由让自己名正言顺地哭出来。从小学二年级到高中毕业一直生病,总有牙痛、感冒等身体症状,因为身体不适会想很多,甚至能想到死,自己也觉得有些小题大做。来访者说在生病时感觉自己娇贵了,家人也为其着急,找各种治病秘方并给自己做好吃的。

高三时,从山东农村转学到东北某地,户口也迁至东北某地,因此整天提心吊胆,很紧张,不敢与人走得太近,怕别人发现自己的秘密。到新学校就读1个月左右,在学校附近看到一个露阴癖,受到惊吓跑回宿舍,并且在与舍友们谈论此事后感觉更害怕了,之后回避与男性接触,看到爸爸和弟弟也会紧张,并长时间处在紧张焦虑的状态中。在离高考1个月时,来访者白天在教室里复习不下去,只能回宿舍复习,回到宿舍会检查床下是否有人,把几道门都插上,并关上窗户,拉上窗帘,然后开灯在屋里复习。

(三)咨询中的特点

来访者生性拘谨,思维单一、片面,缺乏对人际关系的客观判断,语言表达贫乏,缺乏逻辑,表情单调,情绪压抑,在咨询进行中经常会默默流泪。每次来咨询,因为担心别人会认为来咨询的人有毛病,来咨询时总躲在咨询室门前的墙角,生怕别人看到自己。在咨询中经常会说"我不知道""你说我的问题是不是很严重,我不知道还是这样……"在咨询结束时会说谢谢,并且需要咨询师提醒才离开。

二、来访者求助问题

来访者的问题主要表现在以下几个方面：

（一）来访者主诉

觉得自己人际关系不好，有很多问题。害怕男性，不敢与男性交往，如果男性挡住下体就不害怕。自己会不由自主地盯着男性下体看，害怕对方认为自己是变态。现在，上男老师的课会很紧张，特别害怕。自卑、没主见，很多事没有自己的判断，看到强势的人会不舒服。容易紧张，总是放松不下来。总是根据面相来判断人的好坏，担心面相不好的人会影响自己，使自己也变得不好，看见面相不好的人会感觉害怕，躲得远远的，因为这一点很容易得罪人。在感到紧张和焦虑时就会看男人的下体和女人的胸。

（二）来访者陈述

1. 人际关系

来访者高中时喜欢过一个不喜欢自己的男生，也曾有男生喜欢自己，但自己认为对方不可能真的喜欢自己，就躲开对方并把其想得很坏。只要跟人接触，关系走近了就会排斥，很没安全感。读高三时，男班主任帮了自己一个忙，自己送礼物表示感谢，之后发现，老师看自己的眼神异样。高三复读时，有一次男班主任喝醉了，当时一听说就认为"这肯定是因为我，与我有关"。后来去上晚自习，一进教室，发现同学们看自己的眼神异样。高三上英语课时，听到站在自己身旁的男英语老师说自己"你这个小神经病""你是不是特没安全感"。自己总被同学说不靠谱,"同学问我事,我的回答总要加个吧,怕自己想的不对,理解的不对,不全面"。来访者认为"对人不能有偏见/意见,我喜欢所有人,所有人也会喜欢我"。现在,上男老师的课会感觉特别不舒服,不敢抬头看,盯着天花板,心里一直想着"我有病,我有病",感觉紧张和不自在;看到男老师的腰带,会想对方一定能察觉自己在看他的腰带并有什么想法;男老师挨自己近,会紧张、脸红,想对方一定能看出自己的不正常并认为自己是个变态。害怕男老师,怕对方会伤害自己。不敢和男老师走得近,怕别人会说什么。高三时有一男同桌,听别人说他喜欢一个"又丑又笨"(来访者长相较好,身材高挑)的女生,来访者说知道那个女生是自己,也能从对方身上感觉出来异样,感觉很害怕,认为对方不可能真喜欢自己,虽然感觉有些兴奋,但告诉自己绝对不能喜欢他,因为谈恋爱肯定会影响学习。在最后一次咨询中,来访者谈到在舍友的介绍和陪伴下,去公安局和一位民警相亲,问咨询师要不要和其谈下去,说"自己是一根筋",如果是找"公安局小民警"这样的一个人,自己就不用再怎么"奋斗"了。

2. 自我

来访者认为自己没有主见。因为户口的原因,跟人疏远,别人觉得自己很奇怪。喜欢做各种各样的心理测试,觉得自己有很多问题。来访者认为"其实每个人都有困扰,我会沉浸在自己的世界,不关心别人,也看不到别人"。来访者觉得"应该让他人满意,他人不满意就是自己哪里不好""对自己认识不够,别人说什么都接收,思维很窄、很笨,没有别人聪明,不招人待见"。

来访者说自己以前从没想过要做自己，也没有意识到"自己是不好的""只有和别人一样才是安全的"这些想法也有问题。

3. 情绪情感

来访者有时候觉得自己很能装，爷爷生病去世时，自己没那么难受，但看见别人都很难受，自己也会装着很难受的样子。"一有什么情绪的时候，总感觉这是我的情绪吗？总感觉自己是装的，不是真实的自己"。"我不知心里怎么想的，有时心里很难受，但是难受的时候又感觉没那么难受，感觉自己是装出来的"。"看到别人难受，其实自己没什么感觉，但害怕别人说自己一点同情心都没有，所以也会表现出自己很难受的样子"。来访者长期压抑自己情绪表达，感受他人情绪情感的能力低，不知该如何表达自己真实的情绪感受，并害怕自己的感受与表达和别人不一样。

4. 家庭

来访者从小生活在"重男轻女"的家庭环境里，"我爸老是批评我妈，说我妈笨、没用"。父母之间经常吵架，母亲总跟她抱怨父亲，让其很烦，也很害怕，害怕父母相处的方式会影响自己以后的家庭。父母之间缺乏亲密表达，让其不知道该如何面对男生。从小家人总是在批评来访者很笨很傻没别人好。"家人给自己算命说自己命很好，说如果信命，命会很好，如果信自己，命就不好"。来访者说自己不信命，命运还是要掌握在自己的手中（语气迟疑，声音小得几乎听不见）。父亲脾气暴躁，喜欢说人是好人坏人，自己特别容易受影响，与父亲在一起感觉压抑。有一次，父亲在家看见宿舍同学合照，说一个同学面相凶恶，自己听了很难受，想父亲都不认识她怎么就这么说，不想受父亲影响，但后来在与该同学相处中会感到压抑、别扭。来访者认为"男人是支柱，应该强势，女人不能太强势，要做家务，应该顺从、听话，是没主见的，男人强，女人就应该弱""一辈子只能结一次婚，而且婚姻要非常幸福，才叫幸福""不结婚和离婚的人都是不幸福的"。

三、咨询进程

2013年11月，来访者初次走进咨询室，咨询师便感受到来访者的痛苦、冲突、强烈动机及问题的复杂性。可是，仅仅经过两次咨询，咨询还处在收集资料的阶段，来访者就说自己看到男生好多了，不害怕了，能主动和他们交谈，表达希望过得轻松些，不那么压抑，不把自己的问题看得那么严重。2013年12月，来访者参加实习，暂时中止咨询。2014年3月，实习结束后来访者又走进了咨询室，谈起了自己在高三时的经历，以及与男老师交往和自己的情绪感受问题。接下来的第八次咨询，来访者说自己在高三之前什么都不懂，家乡落后封闭，自己也很封闭，但现在的情况和咨询前不一样，与宿舍同学的关系很近。在咨询接近尾声的时候，咨询师听见来访者谈及家人和过去少了，议题主要围绕在自己专业的未来和找对象上。"学好专业好难，学了也不知今后能干什么？没有方向"。"不知什么样的人合适，到底能不能找到"。(当时在舍友的介绍下，与一位公安局的男生见面。)

四、案例分析

根据来访者及其问题表现，咨询师评估初步排除精神病性的可能。来访者会为自己的问题感到困惑和痛苦，对自身的问题有一定的自知，有一定的现实检验能力，能较清楚地表达自己，有强烈的求治动机，社会功能基本正常。除上男老师的课会紧张害怕外，能顺利完成课业和实习，与同学之间的关系较好，无其他明显的躯体症状。来访者的焦虑和冲突主要表现在人际关系层面，来自现实生活。

来访者心理发育迟滞，道德标准高，本我和超我冲突明显。思维固化，情绪表露少，表情单调。自我评价低，自我功能弱，没有自己独立判断，需要通过他人来印证自己想法的正确性。受暗示性强，与他人边界不清。个性压抑、长期处于焦虑状态、安全感缺乏。对未来的焦虑，为没有发生事情的担心，对事物需要100%的确定性。内心冲突强烈，如一方面特想依靠男人，另一方面又特别担心男人靠不住。消极应对模式，来访者从小到大一直通过身体生病取得家人关注，一直通过"我有病"获益。

来访者对婚姻、两性角色有着很多不合理信念："不能看男人，看男人的女人是有问题的、是变态；女人应该清纯，不能花心；性是丑陋的。要找的那个人一定是有100%把握对的那个人"。来访者的问题，有家庭氛围、地域文化潜移默化的影响，也有家庭教养方式及父母互动模式直接的影响。来访者对异性有着青春期本能的好奇，但来自家庭、传统文化及崇高超我的影响，使其处于很压抑的状态。

五、初步评估、诊断及依据

来访者初步评估为焦虑状态、有一定的人格障碍，有一些思维内容障碍的表现，有超价观念但区别于妄想，初步排除精神病性的可能，但是否达到神经症的水平还需要进一步的咨询，深入理解其症状背后的原因，目前材料也不足以得出神经症的结论。

咨询师认为，高三那年露阴癖事件可能会对来访者有极大的冲击，尤其是其他人对此事的一些言论，但是，通常看见露阴癖对一个人的影响不会持续很长时间，不足以导致其形成目前的问题症状，咨询师认为在来访者当前问题表象下可能还有其他没有揭露出来的原因。在接下来的咨询工作中弄清来访者本人对事件的解释也是得出明确诊断的关键因素。对于白天在宿舍复习的事情，也要弄清楚这是在特定时间、特定环境、高压力下表现出来的症状，是一时的应激行为，还是神经症的表现。

需要指出的是，对来访者问题的理解（是否精神病性问题）通常取决于三点：社会功能状况、现实检验能力（自己能够清楚有条理地报告出来）和咨询师感觉（在来访者描述其困扰时，咨询师所感受的痛苦程度，以及咨询师共情到的来访者的痛苦程度）。一般来说，精神病人由于自知力缺乏，通常感觉不到困惑和痛苦；神经症患者和人格障碍者在自己感受痛苦的同时也会把身边的人折磨得很痛苦。而且，人格障碍者的痛苦表现在关系层面，来源于现实生活中的人际互动。具体表现为：对立、控制与反控制；而神经症患者，其痛苦主要在症状层面，其内心冲突也只是停留在想法（意识）上，而非在现实人际互动中发生。

六、后续咨询工作的几点设想

1. 通过后续的咨询，咨询师能够降低来访者内心对道德要求的标准，使其高度紧张的超我"松驰"下来。

2. 针对性观念进行工作。咨询师帮助来访者理解父母、家庭和文化对其婚姻、性和家庭观念带来的影响。

3. 支持来访者积极表达自己的情绪情感，尤其是负性情绪情感。

4. 咨询师利用和来访者之间发生的移情与反移情来更好地评估和理解来访者。值得一提的是，咨询接近尾声时，来访者通过重复不作为来"引诱"咨询师说出中止咨询的话语，表达出对咨询师的不满，这是来访者对咨询师的负移情，从某种意义上来说，这可能意味着真正咨询的开始，咨询将进入一个新的阶段。

5. 建立咨询目标，制定具体的咨询计划和咨询安排，使咨询更加明确、有针对性。

七、咨询摘录

附一：咨询摘录一（第七次）

来：对人有偏见是不好的。

咨：不好在哪里？

来：你不喜欢一个人，就会多一个敌人。你喜欢所有的人，所有的人都会喜欢你。

咨：你是这么认为的？你能在现实中找到依据吗？

来：找不到。

咨：那你的想法是怎么来的呢？

来：如果我对人有意见了，别人就把我当敌人了，就不好了。我爸都说人不好，对人有偏见。我感觉他的人际关系就不好。干嘛要对人有偏见，每个人都有优点。家人给自己算命，说自己命好，40岁后命会很好，自己干什么成功了，家人都说是因为自己命好，自己也认了。家人算命还说自己是弥勒佛跟前的小仙女（处于兴高采烈的兴奋状态），家人说得特别邪乎，自己那时也特别信。现在……（停顿，情绪低落下来。）我不知道应不应该信。我不想命好像已经注定的，即使命再好，也不想依靠命，自己一步步走，自己掌握自己的命运。（来访者此时的声音低得几乎听不见，语气含糊，神情无助。）小时候，总被人说笨，自己的想法经常被批"你说什么呀？！"我爸是个强势的人，我说自己的想法建议，他不听，我再说，我爸就火了，"你还说，你这种思维方法不对，我们都不吱声，你还没看出啥意思"！自己没主见，怀疑自己，只有当自己的想法得到他人的认同后才认为自己是对的。我爸老说我"跟什么人学什么样"，只有和别人一样的我才是安全的。只有得到别人认同才是对的，否则必须改。我想改变，但是只有让父亲改变，我身边人改变了，我才能改变。

附二：咨询摘录二（第九次）

咨：你之前讲过在上男老师课时，感觉紧张，害怕。我想问你害怕的是什么？

来：我害怕老师发现我有什么不对劲的地方。如果导师很讨厌我的话，以后找工作，写论文什么的受影响。老师与父亲相仿，与我爸在一块感觉别扭，上老师的课，别扭，害怕会有"恋父情结"，会对与父亲年纪相仿的人有依恋。还有，同学会说自己和老师之间有关系。

咨：似乎你是害怕与老师之间真的会发生什么，那你想会发生什么呢？

来：有时候父亲会给自己买喜欢的东西，感觉与父亲还是很亲（情绪激动，流泪）。害怕如果与老师关系很亲近，在高中时，同学会说什么"喜欢老师啊什么的"。

咨：那你现在想一想，如果现在，你与老师走得近了，你觉得别人会说什么呢？

来：别人没说什么，这些都是我想的。因为同学说我喜欢老师，我害怕我真的会喜欢老师。

咨：非常好。这些都是你想的，没有真实发生。你还要为你想象的东西担心害怕吗？如果真的担心，你可以在现实中去验证它，看到底会怎么样？第一，这是想象中的担心害怕；第二，如果真的发生，别人看到你与老师关系近后说三道四时，你的观点和判断是什么？如果你和老师之间没有别人说的那种关系，你担心什么，担心自己真的像别人说的那样与老师发生关系吗?你的情感不是你自己的,是别人给你的,因为别人这样说了,所以你也会真的这样了。真的是这样吗?你自己到底去哪儿了?

来:我不知道,我自己想的是什么。

咨:不知道也没有关系,我们现在可以意识到了,可以在现实中去体验、感受、验证自己真实的想法和感受,然后我们可以在咨询中来进行讨论和分析,找到自己想的是什么,要的是什么,感受到的是什么。喜欢一个人是内心的感觉,跟别人一点关系也没有。喜不喜欢一个人会受到他人的影响,是你惯有的模式,应该打破它。虽然我们的所思所想会受到他人的影响,但最重要还是自己的感觉,你缺少的就是真正属于自己的想法和感受。当然,我看到你缺少的这部分正在长大,你的眼泪,你主动求询,你的痛苦,你的挣扎和你的困扰,都让我看到你的力量。

来:我以前一有自己的想法和感受,就马上把它否定了。这样就不会那么焦虑。

咨:好吧,这次咨询先到这里吧。

来:下次咨询定下周二。下周咨询是不是要订目标?

咨:对。我希望在咨询关系中你是主体,让自己的东西出来。

附三:咨询摘录三(第十次)

来:喜欢我的那些男生都挺矮。之前,认为男人矮,有心眼，聪明，挺好的，也发现自己以前喜欢的男生都是个矮的。后来，听舍友说男人矮不好，自己才意识到，男人身高也挺重要。

咨：其实你也有自己的需求和喜好，对他人也有要求。你喜欢什么样的男生？

来：儒雅，文质彬彬，个矮的人聪明，如果没有她们说的这些我会找个矮的。

咨：如果放下这些外在影响，什么样的男生会让你心动？

来：那就无关身高。儒雅的男人也有骗子、坏人。老师上课讲了两个家庭暴力的案例，都是这样的男人，男人都不好，男人都不可信。女性太强了，是不是不好，男的应该比女的高。（心理冲突：一方面特想依靠男人，另一方面又特别担心男人靠不住。）老师我是不是尽担心些没用的，对以后的婚姻特别害怕。（对未来的焦虑，对没有发生事情的担心，特别是婚姻和家庭。）

咨：喜欢一个人是什么感觉？

来：应该是男人主动，如女方主动，都不知道说什么。班上的男生坐在身旁会好紧张，一害怕就会盯对方那个地方。

咨：什么时候会这样？

来：很紧张，心里不安全的时候，如上男老师课时会这样。但如果没想这点就不会。

考试焦虑心理咨询案例报告

王宏军*

一、一般情况

D某，女，21岁，本科大四学生，独生女。父亲是中学语文老师兼校长。母亲是私企员工。

二、来访者求助的问题及背景

（一）症状

在准备考研，强迫思维很影响考研准备，很想摆脱"口水强迫症"。"看到别人说有些人是口水强迫症，结果自己一害怕就

---

* 王宏军，男，二级心理咨询师，有十年以上从业经历，受过认知行为、精神分析、人本主义心理治疗等多个流派的训练，主张心理治疗必须借助于结构化的治疗方案（包括药物使用、心理治疗、生活环境与人际关系的改善等诸多方面的综合与整合）。

关注口水了，一天到晚都想，无法做其他事情"。之后就在网上查询治疗方法就看到森田疗法，结果好一点。但是一旦关注口水了，又反抗，又陷入恶性循环。一直关注它。这个症状是从高中开始出现，高三之前是偶尔出现。高三时期主要是强迫思维特别明显，学习不集中，总是想些没意义的事情，焦虑严重。高三开始一直到现在每时每刻都存在。因为焦虑情绪和偶尔的抑郁情绪，看书效率不高，很苦恼。来访者在网上查找资料，认为自己是强迫症的问题。

（二）来访者求助专业人士情况

曾经去看过精神科，吃过中药。没有去过心理咨询机构，完全是靠自己调节，时好时坏。想去心理机构接受系统治疗，但认为网上鱼龙混杂不知道哪个好。高三期间因为不知道自己的症状可能是心理障碍，没有给爸妈讲，大一时因为父母关系不好差点离婚，那时很痛苦也没敢讲。大二的时候去医院检查，被诊断为植物神经紊乱，吃了几个月中药，来找我咨询时已不再服药，但症状还是存在，"虽然现在比高三好很多"。现在正在纠结要不要去心理治疗（父母已知道来访者的情况，但他们觉得要靠自己慢慢走出来，进行自我调节，"不相信那些什么机构"）。

（三）成长过程中印象深刻的事件

四岁前由外公外婆抚养，感觉到外婆很溺爱自己，至今和外婆关系很亲近。小时候的小伙伴们都比来访者大，"什么都听他们的，有时候自己会被欺负但不敢说，自己没主见"。

高中时期经常会幻想以后的美好生活（如出国），所以觉得自己一定要非常努力学习才能做到，觉得现实很无聊，不想像周围的人那样"平庸"地生活。

（四）父母的教育沟通方式

受父母宠爱，"被当作是宝贝"。D认为父母有点强迫人格，特别是父亲。父亲因为工作比较忙，事情多，所以他喜欢把事情安排得井井有条，有点不满意就烦躁。D告诉父亲自己有强迫症时，父亲"讲很多大道理，说人都会遇到挫折之类的很正常，要自己调节"。父亲本来对自己也特别要求严格，做事情非常认真，不能有一点差错。觉得家里所有的事情要他做主。

读中学之前父亲对D的学习要求特别严格，其他的都不关心。每天都是在忙自己的工作。小时候如果考试考差了，特别是重大考试，爸爸会拿鸡毛掸子打手，而且会把错的题全部拿出来讲，如果听不懂就会敲头，但是D当时"根本紧张得听不进去"。父亲经常帮D检查作业，但是讲解了还做错就会打手，而且特别凶。后来每次讲题D都特别害怕。而且父亲喜欢拿D跟别人比较。父亲对她说的最多的话就是"要努力，要竭尽全力"。现在只要开始学习就比平常要紧张。

母亲懦弱，什么都听父亲的，母亲对D不严格，但也经常忙自己的事，关心很少。大一时父母闹离婚，母亲得了抑郁症，去精神科检查吃过药，不过现在已经康复了。

三、咨询师观察了解的情况

来访者性格内向，与父母缺乏沟通，很多事情不敢对父母说；来访者不愿接受自己，希望与他人交换身份。来咨询时来访者表现紧张，眼睑下垂，不敢直视咨询师，呼吸急促，双手拘束，一直揉衣角。

四、对来访者目前的状况评估

生理上：身体紧张，眼睛不敢直视他人，低着头，不敢与他人有身体的接触，身体僵硬，呼吸急促，伴有失眠现象。

心理上：个性内向文静，对长辈权威、强势的人和男生都觉得害怕，对自己目前的心理状态感到紧张焦虑。

社会上：家庭里与父母缺乏深度沟通，社会交往能力差，缺少与他人接触，来访者本身对自我存在错误的认知。

五、心理评估

强迫性人格障碍基础之上的考试焦虑和强迫思维，但是还未到强迫症的程度。来访者之所以四年来多次复发，就是因为没有系统地做心理治疗以修复人格缺陷和重建内心安全感。生活中的外部压力一旦解除，强迫困扰就会明显减轻，因为病耻感的原因，来访者就不会继续求助，隐患继续存在，同时强迫困扰会随着新的压力（考研）的出现而再次出现。

六、评估依据

1. 中国精神疾病分类方案与诊断标准 CCMD2 和 CCMD3 中有关强迫症、强迫性人格障碍的相关标准内容,訾非编写的 38 个条目的消极完美主义问卷。
2. 美国 DSM-IV-TR 诊断体系的五轴诊断系统。

七、咨询过程

来访者是因为轴 I 的问题来咨询,咨询师当然应以这些主诉的问题为前期关注的核心。但是来访者的人格倾向是症状出现的根源,是无法回避的问题。在研究生考试之前,缓解考试焦虑是主要目标。等考研结束以后,人格修复和重塑是主要目标。当然在整个心理咨询过程中,焦虑强迫症状的改善和人格问题的稳定改善是同步的,是无法分开的。

(一)深度咨访信任关系的建立

来访者在作者之前寻求过心理咨询,后脱落。D 联系作者时,是从询问一个问题开始的:

> 老师我能问你一个问题吗?例如,我去赶火车,寝室同学叫我 9 点去。我自己觉得应该 8 点去。前者是团队的力量,后者是自己的观点。结果我听了同学们,没赶上。我就会想那"团结就是力量"在这儿就印证不了了。但确实团结就是

力量这句话没错啊（如拔河），是怎么回事？

其他的咨询师给来访者的解释就是强迫思维，这一点也是没有错误的。我没有急着回答她的问题，而是收集了所需要的来访者的一些必要背景资料后，对她的解释就是：你在寻找一个永恒不变的适合各种场合的普遍原则，希望能够指引你前进的方向，让自己不再犯错误，以此来保护自己。来访者认同我的分析判断，慢慢产生信任，开始跟着做正式的心理咨询。

（二）激发来访者的感受和自助动机

找一些符合来访者成长经历或者内心活动的公开发行的电视节目等视频资料，让来访者自己体会顿悟，激发起她的内心压抑很多年的负面情绪和感受，让她慢慢看透自己，帮助她对自己内在心灵进行探索，看清自己问题形成的深层人格原因和潜意识层面的自动思维，体会强迫性人格障碍"病态自责、强迫性内省倾向，羞愧感、负罪感"等负面情绪。来访者内心安全感低，不会轻易彻底相信咨询师，而且还有很强烈的控制欲望，要把自己的命运掌握在自己手里。鉴于此，在沟通交流过程中，就要尽量避免过多说教，陪伴来访者自己感悟、顿悟、体验、升华。她的父亲是初中语文老师，来访者对说教式的沟通方式已经习以为常，并且深恶痛绝，非常反感。

（三）感受的分析

在咨询中，来访者逐渐领悟到，考试焦虑背后的心理动机有以下几种：

1.害怕因为考不上好大学而让父亲不高兴，对自己失望。

2. 担心一旦考不好会自觉无能，自己看不起自己。

3. 担心如果考不上好大学，自己一生的发展都会受到影响，一步赶不上步步赶不上。

4. 面临与他人竞争的场合时心情紧张。让她直面那些被自己有意回避或者抑制的念头，体验念头背后掩藏的情绪和动机感受，有助于症状的缓解。（注：就强迫思维而言，刻意放弃强迫念头，可能加重心理冲突，产生更严重的精神交互作用。）

（四）采用认知行为疗法

由于来访者认为"事情会发生都是自己的错"，自己"一无是处""肮脏"，常常自责自我归罪。她的强迫观念主要是由于这些不合理信念造成的，与来访者探索如何用合理信念代替不合理信念，从而减少她的不合理信念的影响。

1. 指出来访者存在的不合理信念："都是我的错。"

2. 运用与不合理信念辩论的技术，指出她信念不合理处，例如，"我这辈子都不可能开心起来了。"针对这句话进行辩论："一辈子是非常长的，我们不可能预知几十年以后的事，以后还会碰到很多事，这中间就可能会有开心的事。"并问"这半年连一秒钟都没有开心过吗"？回答"有，与同宿舍同学一起去社会实践时觉得挺开心的"，以此反驳"一辈子都不会开心了"。

（五）布置家庭作业

1. 思维训练：让其每天至少用 10 分钟时间去观察自己，反思不合理信念，强化合理信念（如这件事的发生不是我的错；我不用一直想着这件事，今后我还会遇到开心的事；只要我去尝试，我会把这件事淡忘等）。

2.行为训练：要求来访者先模仿，再原创。在现实中找一些自己欣赏的人物，看看他们身上有什么地方是自己所欣赏的，就先去模仿他们。每日都要尝试对生活中习惯的思维方式和行为方式做一些改变，哪怕改变非常微小。量不在多而在于坚持。即使做出微小改变，也值得庆贺。只要坚持不懈，日积月累，循序渐进，就会自然从量变到质变。

每天都要尝试去做一些自己以前不敢做、不习惯做，但是一直想做的明显拖延的事情，逐步去挑战自己，增强自己的挫折耐受力。冰冻三尺，非一日之寒。大量固化的思维和行为的转化是需要时间的，而且在治疗的过程中，会遇到很多挑战，比如坚持做暴露练习，这个本身就需要勇气。

（六）家庭关系模式的打破和重建

来访者并不想让父母参与到咨询中，但是等咨访深度信任关系建立后，作者得以逐渐和她母亲直接交流，过一段时间后和她父亲直接交流，确认孩子的问题本质和形成的根源，要求父亲向来访者正式道歉，以加快来访者康复，后来她父亲接受了作者的观点，积极配合治疗。

（七）按以上的方式重复深度心理沟通

来访者在现实中的行动改变，最终症状实现缓解，人格缺陷修复同步进行，重建内心的安全感，帮助来访者度过青春后期未完成的逆反期，逐渐培养出独立健全的人格。

八、咨询总结及其咨询效果评估

由于来访者强迫症状明显，性格内向，不善于开放自己，接纳他人，因此咨询师取得来访者信任很重要；收集资料时，只有在信任基础上才能挖掘出深层次的原因，由于来访者自我憎恶感和负罪感严重，取得家长支持也很关键。同时倾诉的作用在于它能使长期积压的过多危害健康的不良情绪得到宣泄，使自己的精神世界得到有益的调整，来访者开始将注意力转移到学业上。

通过这个案例让我深刻体会到：许多青少年的心理问题，并不像来访者陈述的那么简单，很多是有深层次原因，这应引起家长和老师的高度重视。尽管这次咨询结果是比较令人满意的，让我收获不少，但我觉得对这样的来访者，几个月的短期咨询时间是不够的，只有同时做针对人格缺陷修复的长程咨询才足以保障来访者在以后遇到压力就不再出现病情反复现象。在诊断上主要依据与来访者的摄入式会谈。对来访者的咨询方法使用上，由于本身经验不够，技术不强，也出现了一些问题，这都有待于我不断加强对能力、技术提高及实践锻炼等。

1. 咨询15天后的量表测试：焦虑自评量表SAS：轻度焦虑50（标准分）、抑郁自评量表SDS轻度抑郁57.5（标准分）、自尊量表SES：自尊22、消极完美主义问卷得分：149。

咨询104天后的量表测试：焦虑自评量表SAS：正常32.5（标准分）、抑郁自评量表SDS：正常37.5（标准分）、自尊量表SES：自尊29、消极完美主义问卷得分：105。

2. 来访者感觉咨询前后自身变化：认为咨询后"真的变了一

个人,开朗了许多,症状也基本没有了。心理也更加强大了,能正常生活了"。

3. 来访者父母感觉咨询前后来访者变化:认为咨询后"完全变了一个人,能跟普通人较好地交流,跟父母也和睦,然后康复了以后也愿意主动去做一些以前不敢做的事情,更勇敢了,做事更有信心"。

九、咨询感悟

1. 焦虑、抑郁和强迫症状的联合评估

从人格和心理层面的理解,焦虑、抑郁和强迫都是来访者内心安全感缺乏的外在表现。三者之间往往相互共存,并且相互转化。只不过哪一个为主哪一个为辅而已。

2. 强迫型人格障碍的焦虑和强迫思维误诊为强迫性神经症

强迫型人格障碍常常被人们与强迫性神经症(强迫障碍)相混淆,实际上它们虽有关联,却是两种不同的心理障碍,两者之间最重要的区别就是是否有反强迫的存在。在 DSM 诊断体系的五轴诊断系统中,他们分别是轴 II 和轴 I 的问题。訾非(2017)认为,"以五轴诊断系统的视角进行心理障碍和精神障碍的诊断,有助于厘清强迫问题的性质,在咨询设置和咨询目标上也变得更加清晰和完整"。我根据长期的咨询案例实践,高度认同这一观点。

十、咨询总结

1. 由于世界在不断变化之中，不断地挑战来访者：强迫性人格者的既有认识，她的内心世界很容易被扰动，对新事物感到不安。为了使内心重新回到稳定的平衡之中，他们热衷于寻求能够解释世界变化的理论以获得内心的平衡，会殚精竭虑地思索，或者说急于找到让自己心安的理论。这个世界上不存在永久不变的真理，适用于那时那地的真理，放在另外的时间空间里也许不再适应，又会引发来访者新一轮的强迫思考。归根到底这个世界是不断变化的，我们需要的是计划安排，更需要的是随机应变。

2. 家庭治疗。如果来访者没有经历创伤性事件，也没有家族遗传性病史，那么大量焦虑抑郁强迫负面情绪的出现，必然与以下因素有关：①来访者本身具有生理易感性；②来访者的家庭模式存在纠结（enmeshment）、过度保护（overprotectiveness）、僵化（rigidity）、缺乏冲突解决的能力等四种互动特征。因此，治疗目标不仅是改变来访者本身，而且要改变其家庭功能系统。治疗的短期目标是使用行为技术使来访者在几星期内减轻症状。短期目标实现后，进入长期目标，可以使用家庭治疗技术改变来访者的家庭系统。家庭治疗认为，此时治疗才真正开始。治疗师担任治疗系统的领导，对家庭中积极的方面予以肯定和支持，对家庭中旧的互动模式予以挑战。通过对旧的互动模式的挑战，使来访者的家庭系统发生改变，进而使整个家庭系统的功能发生变化。整个过程需要治疗师具有很高的能力，应付治疗中出现的各种冲突。

正常的家庭自然就会培养出来独立健康人格的孩子，在长期父母和孩子相处过程中，有三种情感互动：爱（初期无条件、后期有条件）、理解、尊重很关键。

在这里专门提到一个概念：恰到好处的挫折（optimal frustration），如果个体在需要重要抚养人（父亲母亲）情感的时候没有得到满足，这个时候自体就会产生挫折，这个挫折不是创伤性的，不会对自体造成过度伤害，反而能够帮助自体的巩固和发展，故称之为恰到好处的挫折。母婴关系的恰到好处的挫折，可以帮助个体建立焦虑自我安抚机制（Kohut，1971）。简单地讲，父母既不能过度溺爱（感觉到自己年轻时受苦太多而不愿让子女受苦）；又不能过度干涉控制子女自主权，使他（她）遭到慢性心理创伤。

心理咨询师的作用是临时的，来访者最终还是要回到现实中的人际关系中去生活工作，所以要帮助来访者及其父母认识到家庭教育的消极互动模式，截断恶性循环，家庭治疗才是解决问题的根本。但这是个悖论，绝大多数案例父母教育方式恰恰是问题产生的很重要的根源。之所以让父母参与，也是让父母首先做出改变，是希望父母体会一下人格改变的艰难，并且从根本上解决问题。如果父母和孩子能共同进步、共同学习，检讨以往的家庭交流方式，并逐渐改变，则是一个很理想的治疗方式。可悲的是很多家庭中父母自己年纪大了，或者学历低，惰性惯性大，很难认识到自身的错误。就算是意识到了也改不了了。

再者如果父母或爱人不做出改变，单独心理咨询师去做工作，就算辛苦工作后有些效果，但来访者回到原生家庭后又会遇到原来的家庭互动模式，治疗效果会大大减小，甚至消失殆尽，这样的效果评价对负责任的心理咨询师也是一种不公平。

同时来访者有着明显的大量焦虑抑郁强迫情绪，反映的资料有可能或者不全面，或者有偏差。如果没有父母等重要亲人的参与，完全有可能因为来访者焦虑抑郁强迫的原因不能如实反映情况，这就需要第三方及时补充真实信息。

3. 咨询师自身的成长

（1）建立来访者电子档案，咨询师记忆力再好，也不可能依靠记忆来记住每一个来访者的具体情况。当约定会谈时间来临之前可以去回顾一下电子档案，有利于双方很快进入良好沟通状态。同时闲暇之余也可以继续深入数据分析。

（2）建议咨询收费区分为：收集资料（2-3次交流）和治疗阶段（擅长领域、不擅长领域）。来访者绝大多数希望迅速看到效果，咨询师收费过高，来访者必然期望高，而心理辅导见效慢，一旦来访者感到收费和效果不成比例，就会离咨询师而去。这样来访者对心理咨询师，甚至是对心理咨询工作产生怀疑，而咨询师也产生强烈的挫败感。有位来访者在上海一家高校内的咨询机构做了心理咨询，收费800元/次，这个来访者只做了一次就不再去了。而这一次咨询，连来访者的信息都没收集全，怎么会有效果呢？单次收费标准过高，脱落率必然过高，从长期来看，对咨访双方都是伤害。

（3）咨询师主要做自己最擅长的领域，然后逐渐拓展到其他领域。咨询师做自己最擅长的领域，能很好地帮助来访者，来访者遇见这样的咨询师也是一种幸运。这样就能维持咨询师的基本收入。对于自己相对不太擅长的领域，咨询师从自身提高的角度出发，可以适当降低收费，这样双方都能受益。

（4）对于长期咨询的来访者，要求来访者现实生活工作中一旦有什么困惑或难题解决不了，在自己解决、求助父母等亲人无果后，可以约时间和咨询师讨论解决之道，咨询师可以帮他分析现实问题，分析来访者在压力下的思维方式和行为习惯，提出建议，供来访者决策，当然主意他自己拿，坚决杜绝咨询师的越俎代庖，否则咨询师就是在控制干涉他们。这个阶段可以按月收费，不局限于每周一次定时交流，但总的时间需要经双方约定有所限制。

（5）来访者本人领悟（觉察、体验、顿悟、感悟等）在心理咨询中的作用。当事人在治疗师的辅助下采取各种方式，对自己和自己的世界形成新的觉知，表现为在个人意义系统中建立新的联结，用新的方式理解自己和自己的世界。

心理动力学是领悟概念最早出现也最为重视的流派，追求领悟被认为是其标志性的特征。领悟是对潜意识动机和防御机制的发掘，对不堪的真相的寻找，对创伤性经历与当前心理痛苦关系的了解。领悟是无意识的冲突、趋力、愿望、动机等的意识化，它既是治疗的手段也是治疗的目标，既可以是心理改变的原因也可能是改变的结果。

在体验疗法中，领悟是内隐体验的外显化，是内隐体验方式的意识化，领悟发生时必定伴有体验。

心理动力治疗师搜集各种心理碎片作为线索，曾经的经历、现在的表现，内在的反映、外界的回馈，过去的重要关系、现在的咨询关系，等等，将它们拼接起来组成一幅完整的心理图景。在搜集了足够多的证据之后，治疗师通常会向当事人做解释，而当事人需要进行认知加工，对治疗师推理的合理性做出判断，决定接纳与否。体验疗法的治疗师是感受导向的，为了帮助当事人获得觉察和元觉察，会聚焦于当事人的体验，帮助当事人触碰感受，了解感受的内容和意义，当事人用情绪加工来完成这一过程。

（6）强调共情在心理咨询中的作用。与其他任何因素相比，咨询关系的优劣与咨询效果之间有着更为显著的相关。心理咨询关系的质量远比咨询者所使用的治疗技术来得重要。真正造成疗效上有差异的，倒是诸如治疗师的共情、无条件积极关注和真诚等这些一般性因素。来访者感受到的被理解程度与心理治疗的效果相关程度是最高的。

在建立有效的咨询关系过程中，最强有力的因素莫过于让来访者能够感受到自己被深深地理解和接纳。共情，是实现这种理解与接纳的前提，它在对来访者所表达的有意义信息（尤其是个体经验方面）的沟通式理解方面发挥着重要作用。共情关系成为治疗中最有治疗效果的因素。它提供了一种必要的环境，使来访者被压抑的自我及被压抑的、无法忍受的痛苦情感能够浮现出来，能够被理解并受到治疗师的（支持）帮助和调整。

治疗师通过对患者移情的揭示，帮助患者将其无意识内容上升到意识，进而促进其自我修通。共情的发出者是咨询师。作为来访者的一面镜子，咨询师通过共情，让患者有机会审视被各种防御掩盖了的真实的自我。

共情的重要价值在于唤醒来访者的内心世界，帮助其正视自己的经验和能力，真实地领悟其情绪感受和思维方式，建立其对咨询关系的信任，从而促进其自我分析、自我感悟、自我认知和自我成长的能力。在共情的作用下，患者更容易感到安全，更有可能在咨询情景下展现强烈的移情。对于治疗者来说，就更容易发现患者的问题所在。因此，共情的态度或技术对于发现移情、分析移情，帮助患者实现洞察有着不可替代的价值。实际上，有了共情的帮助，移情分析变得更容易操作，而有了移情分析，共情才有可能更为贴切。

（7）对于症状比较严重的来访者，勇气的缺乏是比较彻底的，要想做到顺其自然，为所当为就比较困难，那缺失的勇气需要在长期的治疗和生活中先通过力所能及的小事逐步培养，循序渐进迎接更大的挑战。

参考文献

1. 訾非:《感受的分析》，北京：中央编译出版社2012年版。
2. 弗里兹·李曼:《直面内心的恐惧》，杨梦茹译，山西：山西人民出版社2007年版。
3. 孙丽艳、徐露凝:《浅析家庭亲子关系对强迫型人格障碍形成的影响》，载《理论界》，2009年第5期，第207—208页。
4. 邢全超、訾非:《强迫型人格障碍的心理治疗研究综述》，载《国际心理学研究》(*Global Journal of Psychological Research*)，2013年第1期，第6—10页。

5. 秦玲玲:《强迫症与强迫性人格障碍的区别》,载《科教导刊》,2010年第9期,第121—122页。
6. 胡姝婧、江光荣:《心理咨询中的"领悟"概念辨析》,载《心理科学进展》,2010年第9期,第1489—1495页。

负面情绪沟通的四步走策略

张奕[*]

在咨询中,经常会遇到来访者的情绪沟通能力缺乏的问题。有些来访者遇到人际矛盾产生情绪一味压抑,回避沟通,担心沟通不好引发更大的人际冲突,反而延误了问题的解决或者加深了别人对他的误解,情绪也不能得到及时表达和释放,这在回避性人格倾向和焦虑状态的来访者中多有出现。而有些来访者情绪激动便口不择言,一味地指责对方,最终问题没有解决却造成了对他人的伤害,或产生了人际关系裂痕,事后懊悔不已。所以,如何帮助来访者变得善于沟通问题,在尽可能少伤害对方的同时,

---

[*] 张奕,女。本科毕业于北京大学心理学系,硕士毕业于北京林业大学心理学系,临床与咨询心理学专业。国家二级心理咨询师,高级中学心理学教师职业资格,中教二级职称,现为专职心理咨询师。曾任北方交通大学附属中学心理学教师及心理咨询师,教科研主任助理,硕士毕业后在果壳在行咨询平台、北京大学心理系培训部EAP项目组、燕园博思心理咨询中心、健心房等多家机构提供专业的心理咨询服务。曾发表心理学学术及科普文章多篇,并写有心理学科普书籍《果壳阅读:大嚼科学(心理卷)》。

准确表达情绪以促使双方的理解，是咨询师需要重视的问题。虽然马歇尔·卢森堡（Marshall Rosenberg）已经提出了非暴力沟通[1]技术，其理念发人深省，但这些技术点过于零散，很难在咨询中快速地以有组织的方式传达给来访者，在实践中也会让来访者难以下手。针对这些问题，借用非暴力沟通的一些重要技巧，本文提出了一套在咨询中极为实用的"负面情绪沟通四步走"策略，以帮助来访者快速、简单、结构化地掌握沟通技巧，咨询师也可就来访者的具体沟通问题场景，进行对来访者沟通行为的训练与纠正。

为了方便阅读，下面的篇章将以咨询师或讲师面对有沟通问题的来访者或学员讲解的口吻来书写。具体的讲解中呈现的小案例和案例练习部分，在咨询中请就来访者熟悉的例子进行灵活替换即可。如果来访者谈到一个负面情绪反应错误方式的事例，咨询师可以就这个事例直接谈到沟通四步走，让来访者一步一步地进行练习，咨询师也可以进行示范和纠正，事后也可以成为来访者练习沟通的家庭作业。

一、负面情绪反应的错误方式识别

在人际沟通中，因为矛盾、冲突和误会，出现对对方的负面情绪，一般的错误反应如下：

---

[1] 马歇尔·卢森堡：《非暴力沟通》，阮胤华译，北京：华夏出版社2015年版。

1. 情绪行为化

发飙、指责、冷暴力。后果：别人无法精确理解问题点和你的情绪，导致敌对行为和冲突升级。

所谓情绪行为化，就是用粗糙的行为来表达你的负面情绪，俗话说就是"作"。比如，如果丈夫最近总是因为加班晚上11点才回家，回来也很少说话，倒头就睡。妻子很生气，向丈夫大吼大叫，说他是一个对家庭不负责任的人，说他结婚后一点都不爱自己了，对自己很冷漠，问他工作和自己哪个更重要。然后妻子把门"嘭"的撞上，把丈夫关在客厅里，第二天一整天都不说话，以示抗议，同时心里还期待着对方能主动来哄自己呢。

在这个事例中，也许妻子觉得丈夫应该通过观察到妻子的行为来领会到她的愤怒点，事实上丈夫是不能的，他只知道妻子生气了，但他不知道妻子为什么生气，妻子在想什么，感受到了什么，希望怎么样？丈夫面对妻子的指责，心里可能还想着：我每天加班到11点，不就想多挣点加班费给家里存点钱么？怎么就不负责任呢？可见女人真是不可理喻，你就是对我横加指责没事找事吧？那你不高兴我还不高兴呢，谁怕谁？

看来，把情绪用行为来表达出来，能达到的效果就是当事人当时很爽地发泄了情绪，狠狠地激惹到对方，而这种情绪行为化的表现，是几乎不可能让对方及时精确地理解自己的体验，并且能最终顺利解决问题的。

2. 情绪压抑

因害怕导致人际冲突，压抑负面情绪，回避关于矛盾点的人际沟通。后果：对方因没有觉察你的不舒服，继续对你不利的言行。或者对方察觉并认同了你的软弱感，继而对你变本加厉。

在单位，我们会观察到一些"忍者型员工"，同事总是把不属于他的责任推到他身上，他一言不发，只是面色尴尬。领导误解指责，也不做解释，默默接受，心里憋气。时间长了，"忍者"就变成了"软柿子"，谁都能捏一把，甚至领导同事还会认为这个人是真的心虚或能力不行，不然怎么会把别人扣的帽子照单全收呢？

这些面对冲突压抑自己情绪，回避做进一步沟通的人，其行为的动机大多是"担心得罪人，引发矛盾"，所以告诉自己"忍一忍就过去了"。但事实上，长期如此和别人互动，当事人就投射自己内心之中软弱—强势的人际关系印象给别人，别人会察觉并认同他内心之中的软弱感，认为"对，你这种表现说明你就是个软弱的人"，继而站在强势的位置上继续变本加厉，而当事人会因此更加确凿自己弱势受欺压的人际地位。这个现象在精神分析中被称作"投射性认同"[1]。所以，在遇到冲突的时候，把自己和别人摆在人格平等的位置上，坚持做有礼有节的沟通，是避免错误应对的关键点。

---

1 南希·麦克威廉斯：《精神分析诊断：理解人格结构》，鲁小华、郑诚等译，北京：中国轻工业出版社2015年版。

二、情绪沟通的四步走策略

1. 以客观中立的态度描述双方都认可的案情事实（情绪源起事件）

请注意：在这一步，当事人应先谈事实，暂时不谈感受。谈事实时要注意客观中立，不要给对方贴主观标签。

为什么要客观中立呢？任何一个事物，双方的角度不一样，所看到的东西和对此的评价也是不一样的。对于当事人来说对方错误的言行，也许在对方来看是合理的、正确的。所以在描述事实的时候，不谈好坏，不谈正确与错误，不贴主观标签（如，你这么说太没素质了。你的做法很不尊重我），只是用简短的语言把双方公认的事实描述清楚即可，这个事实，就是引发当事人情绪的前因。

现在来试一下第一步。还是返回开始那个案例：当事人的老公最近回家很晚，回来也不怎么和你交流，倒头就睡，当事人很生气。那么当事人在这里可以先用一句话阐述情绪源起事件："最近两个月，你大多数工作日都在晚上 11 点之后回家，周末很多时间也去公司了，即便你到家以后也不太跟我交流，经常直接就去睡觉了。"

这里我们没有评判，说的事实也是当事人和其丈夫双方都认可的，十分客观。

2. 站在对方的角度，试图理解对方所言所行所持有的态度、动机、情绪，并用共情的语言表达出来

请注意：最好先于对方做换位思考和共情。

当事人可能会说：明明是他惹我生气，他应该来理解我，我凭什么还要先去理解他呢？这就是一个高级策略了，我们先把自己对对方的理解带给对方，即便有冲突，也站在对方的角度上去考虑了。那么对方会无意识地学习我们的举动，在下一步你说自己情绪的时候，他会更倾向于站在你的角度理解你。神经生物学家研究发现，人大脑中存在"镜像神经元"[1]，会无意识地模仿对方的行为。比如说，人们跟一个表现得很喜欢自己的人说话，自己也会对他有好感。而人们和一个敌意满满的人聊天，自己对他的态度也会变得充满敌意。那么同样的，当人们沟通的时候能做换位思考，对方会更倾向于以同样的方式回馈你，而不是从一开始就摆出一副"我要维护自己的权益，我凭什么理解你"的架势，那不想理解对方，就不可能真的达成沟通理解的目的了。

现在来试一下第二步。还是老公回家晚的那个案例，当事人在第二步可以说："我想你最近回家这么晚，加班这么多，我理解你其实是想为家里多挣点钱，你在事业上是很有想法的，所以你也希望为自己的升职做好准备。你最近确实辛苦了，一定很累吧，所以到家也想赶紧休息没有力气和我再多说什么。"

在做了这关键的第二步之后，当事人的丈夫会感受到，其实我们是站在一个阵营里的，要有矛盾也只是"人民内部矛盾"。

3. 表达对方的所言所行给自己带来的客观影响和主观感受

请注意：表达影响及感受，而非对对方批判。感受的描述要

---

[1] Molenberghs, P., Cunnington, R.& Mattingley, J.B., "Brain Regions with Mirror Properties: A Meta-analysis of 125 Human FMRI Studies", in *Neuroscience and Biobehavioral Reviews*, 2012, Vol. 36, pp.341-349.

细腻生动容易理解。

在当事人回到自己的角度时，因为更强烈地体验到负面情绪，在沟通时很容易产生对对方的批判行为。但我们这里不建议去评判对方的对错，或许我们也无权成为他人的评判者。当事人只需阐述：你的言行对我有不利的影响，即可。请区分"这件事对自己感受上的影响"和"对对方这个人的评判"的不同之处。如"你的做法让我有种疏离感，我有些伤心"是当事人的感受。"你就是变心了，你结婚之后就不爱我了"是当事人对丈夫的评判。主语也不同，一个是当事人自己（我），一个是对方（你）。

主观感受的表达是沟通四步走中的重头戏，需要用精确细腻的语言，而不只是诸如"不舒服""不开心"此类泛化而粗糙的词语。事实上，当事人对感受的描述越细腻生动，能引发对方站在当事人角度共情的可能性就越高，沟通的效果就越好。

现在来试一下第三步。在表达了对丈夫的理解之后，当事人可以说："虽然工作上心是好事，但是，自从你变忙以来这两个月，我们的相处时间几乎没有了。晚上不能一起吃饭，周末也不能一起逛公园，平时回来了你也累，没有精神和我交流。我感到我们的关系慢慢地疏远了，如果长期这样下去，我很担心我们会变成熟悉的陌生人。这几天，我回想起咱们恋爱那时在一起的情景，对比起现在，我感觉很失落、伤心。"

在这里，相处时间变少了，是客观影响。而感觉疏远、担心、失落、伤心，是主观感受。从头到尾都没有对对方的指责和攻击，所以说这种沟通表达方式，是少有可能引发对方的敌意的，更鲜见引发矛盾升级。

4. 表达对对方之后言行的期望

请注意：表达具体期待，协商解决问题。

很多人表达不舒服后，发现对方并没有实质改进，是因为对方只知道"你不舒服"，而不知道"我具体怎么做你才能舒服"。所以这个期望，要描述得具体、可量化、具备现实性和可操作性，就像让对方拿到一本操作手册一样知道这种事具体怎么做你才会比较满意。这里要避免泛化的描述如"我希望你下次做好点儿。"那么，这个"好"，或许对于当事人和对方是不一样的"好"。比如当事人想让老公做好点，他的理解可能是"那我这周末请你吃顿饭送你个生日礼物哄哄你就好了，然后我就可以继续加班了。"但事实上这可能并不是当事人本身的期待。

如果这件事只是涉及当事人的单方面权利（如一个朋友在没打招呼的前提下把当事人的电脑拿走用了，而电脑的主人是当事人），当事人只需要说出对对方的期望即可。但如果这件事涉及双方面权利（如这个电脑是公用的，但对方长期占有了这个电脑导致当事人要做报告时找不到电脑了），就需要提出期望之后和对方商量，最终达成一个双方都可以接受的方案。那针对上面这个案例，显然是双方的事情，当事人提出自己的期望之后要给丈夫协商的空间。

现在来试一下第四步，在当事人表达感受之后，可以这样来提出期望："我希望你能尽早结束这种加班的状态，或者减少加班的时间，我感觉比较可以接受的时间是你工作日内至少有三天可以在七点前回来，我做好饭咱们一起吃，多交流交流我们的生活。周末至少有一天的时间我们可以在一起休息活动。如果你为了升职这段时间必须加班到这么晚,我希望你能给我一个具体的期限,在这一段时间我尽量安排好自己的生活,但是我不希望这个时间超过三个月。"

这里,当事人可能觉得把自己的期望提的那么量化精确有些过于理性,但事实上理性也有助于提升感受沟通效率:把期待量化才能让对方领略到"你所谓的满意是什么样的标准"。而避免出现"你总是不满意,我怎么做你都不满意"的误解。其实当事人未必要的很多,只是没说到点上去。

三、案例练习

现在我们初步了解了沟通四步走的具体方法,下面进行案例练习。如果是讲座形式,在每一步笔者都会提供一个案例,给当事人15秒的时间来反思这一步的表达,之后来谈谈正确沟通和错误沟通的例子和对比。如果是咨询形式,咨询师可以根据来访者困惑的实际问题进行负面情绪沟通四步走的行为训练,或许来访者有一些应激事件当时没有很好的沟通,在咨询中可以通过角色扮演和模仿学习来做沟通的行为训练。

1. 以客观中立的态度描述双方都认可的案情事实(情绪源起事件)

我们现在来看一个案例:你和一个朋友聚餐,是你请客,事前问她吃什么,她说随便,于是你就选了一个饭馆,结果她把所有的菜品都抱怨了一遍。你看她不大高兴,又请她看了场电影，结果电影结束后她也说不好看，还冷着个脸，弄得你也不高兴了。

错误表达方式：请你干嘛你都抱怨，你怎么这么事儿妈啊？我花钱还落埋怨了是怎么？

正确表达方式：今天吃饭前我问你吃什么，你说随便，我就选了，结果你说很不满意这个菜的口味。我看你不高兴，就又请你看电影，结果你还是说不好看，神情也不大高兴的样子。

请注意：第一步单纯就事论事，谈事实时要注意客观中立，不要给对方贴主观标签。

2. 站在对方的角度，试图理解对方所言所行所持有的态度、动机、情绪，并用共情的语言表达出来

又一个案例：你和另一个同事分别是两个小组的组长，这个同事非常好强并带有侵略性，在两个组做报告的时候，报告时间一共只有40分钟，按理来说每组20分钟。他有好几次强行超时，导致你组报告时间不足影响表现。你感觉很生气，并且看不上这种行为。

错误表达方式：你太有野心了，你就是为了自己项目组的利益不择手段。

正确表达方式：你非常关注你们小组的表现，并希望为这件事尽到自己的努力，我认为你为自己的小组非常尽责。

请注意：在当事人理解对方的时候，有时会认为对方就是出于自私、恶意等不好的动机这样做的。即便当事人的理解是真实的，也要把负性词汇转换成中性词汇表达出来，尽少激发对方的敌意。当事人应尽量以善意的态度表达对对方的理解，以期对方

回馈同样善意的理解。

3. 表达对方的所言所行，给自己带来的客观影响和主观感受

再来一个案例：父母一直催你结婚，但你带来的两任女友你父母都不大满意，嫌女方条件不好，见面时态度冷淡，导致女友和你分手。你非常生气，难过。

错误表达方式：我觉得你们功利心很重，根本不是为我的幸福考虑，而是出于自己的角度来评判我的选择。我现在找不到对象就是你们闹的。

正确表达方式：见面时你们冷淡的态度导致我两个女朋友回去都觉得父母这边阻力太大，怕以后关系难处，所以和我提出分手。我现在三十多岁也没有碰到更合适的对象，我自己心里也急，想起她们挺适合我的我也很遗憾。婚姻是我自己的事情，选择不选择，选择什么，我自己有标准，而你们一边反复催我，一边对我的选择进行负面评论，这样让我很委屈，似乎不能独立做主自己的人生。

请注意：很多人在表达自己感受的时候，总是说：我觉得你怎么怎么样。如，我觉得你根本不为我的幸福考虑。其实这就是对别人的评判。请把"我觉得你怎么怎么样"换成"我感受到自己有某种情感体验"，就可以解决这个问题。而且在表达感受之前，把对方言行如何客观影响到了你说清楚，有益于对方对当事人情感体验的共情及他们的言行对当事人造成的具体影响的理解。

4. 表达对对方之后言行的期望

案例：你有一个同事，同时又是你的朋友，在业务上她曾经

帮助过你。她总是借你的笔记本电脑，平时没事时你也乐于借给她，但后来你发现她经常不打招呼就把你的电脑拿走了，人也找不到，导致你要用电脑的时候都找不到自己的电脑，很着急，也觉得她这么做不大尊重你，又碍于朋友面子不想以后跟她划清界限。

错误表达方式：请你以后为我要用笔记本这件事多考虑一下。

正确表达方式：你如果以后要用我的笔记本，一定要提前跟我商量一下，说一下你几点到几点用，我看看我那段时间有没有必须用到笔记本的事情。

请注意：很多人觉得对对方的期望点到为止，对方自然会明白。但是，如果对方在细节上的理解和当事人不一样呢？比如对方也会为当事人考虑，只是把她认为当事人需要用笔记本的时间错开，事实上，当事人是希望她每次借自己东西前要征得自己的同意，所以表达期望要精确。

四、关于应激情绪阻碍沟通效果的问题解析

许多人在面临冲突情景时，因为激动、焦虑、紧张、愤怒等情绪作用导致大脑一片空白，或者没有经验一下组织好言语。面对这个情况怎么办？

1.让自己冷静下来：深呼吸法、数颜色法、情绪观察者法

首先，科研结果显示，深呼吸法是一个有效的行为治疗放松

方法[1]，它可以激活副交感神经系统，降低激动、焦虑、紧张、愤怒等情绪，促进个体恢复平静状态。所以在发生人际矛盾产生负面情绪之后，当事人最好先做几分钟的深呼吸让自己冷静下来。请注意做深呼吸的时候吸气呼气都要降低频率，做慢而深的呼吸。

还有一个很有意思也得到实验论证的方法：菲尔德（Leonard Felder）提出的数颜色法[2]。情绪激动的时候可以数周围物品的颜色，比如，你桌上有很多东西，你可以看着它们默念：这里有一张白色的纸巾，金色的水壶，红色的鼠标，黑色带白边的手机。持续数12个物体，帮助你恢复理智和平静。

再谈一个有效的方法：情绪观察者法，这是笔者在观察自我概念上做了实践创新，并且在咨询中成功运用的方法。精神分析把自我分为体验自我和观察自我[3]。观察自我是有意识的、理性的、能识别自己的情感活动的，而体验自我是感受和身临其境的自我部分。在心理治疗中，强调"治疗性自我分裂"[4]，人陷入负面情绪时感觉不适并难以从情绪中抽身，那时体验自我占了上风，而观察自我能力的增强则帮助人们更能以旁观者的视角去观察分析自己的情绪体验、冲动和直觉。所以，要想从激动情绪中脱身，恢

---

[1] 钱铭怡：《心理咨询与心理治疗》，北京：北京大学出版社1994年版。

[2] Felder Leonard, *A Fresh Start: How to Let Go of Emotional Baggage and Enjoy Your Life*, New York: New American Library, 1987.

[3] 南希·麦克威廉斯：《精神分析诊断：理解人格结构》，鲁小华、郑诚等译，北京：中国轻工业出版社2015年版。

[4] Steba, R.F., "The Fate of the Ego in Analytic Therapy", in *International Journal of Psychoanalysis*, 1934, Vol.15, pp.117–126.

复理性思考，就需要增强当事人的观察自我了。

在当事人愤怒的时候，可以想象：自己的灵魂上升到头顶上的空中，当事人现在从上面往下看，有一个当事人自己正坐在那里生气。这时当事人可以管下面那个自己叫做"他"，也就是用第三人称指代自己。然后看着他，思考几个问题：他怎么啦？他经历了什么事情？他的情绪体验是什么？他为什么有这些情绪？怎样做才能帮助他应对这种窘境？这时，当事人就变成了自己的观察者，能够抽离反身，跳脱情绪来更清醒地认识自己的状况，观察自己的情绪的同时保持超脱理智的状态。

在应激事件发生之时，当事人运用这三个方法使情绪平静下来，就可以与对方进行情绪沟通四步走了。

2. 情绪沟通晋级练习：写案例小作文、书面（微信）沟通、事后语言沟通、当即语言沟通

很多人反应说在直接面对对方时，很难一下就做到四步走，一是紧张，二是觉得不熟练，没准备好，怕话说不好又坏事。其实沟通四步走是一个长期训练的过程，要从易到难。开始太担心自己说不好，就可以把已经发生过的矛盾写出来，然后按照四个步骤写一个小作文，然后脱稿口述练习。如果开始觉得和对方沟通还是很窘迫，或有火药味，可以写好之后邮件或者微信发给对方，这样自己一是可以做好语言准备，二是假如对方有什么反应，自己有足够时间反应。练习得差不多的时候，当事人就可以当面和别人做沟通了。如果比较紧张，可以事后平静下来和对方再谈。如果运用比较熟练了，其实当即就能反应过来，做一个完整的语言沟通。

1—4步是一个完整的沟通流程，但如果当事人已经熟练，并且觉得有些矛盾是个小问题，没有必要谈一整套四步走的话，那可以视情况选择性省略。比如"你老说我脸胖乎乎的，我好伤心啊。"（1、3）"我知道你为我好，但也希望你支持我的决定。"（2、4）"我猜你今天情绪不大高，但你老这样对我，我也挺委屈的。"（2、3）但如果想促使对方重视这个问题，1234整套流程的效果是最好的。

附 录

附录一　生态主义观点对心理治疗理论与实践的启示*

訾非

　　本文借助生态主义的观点审视心理现象的规律性，分析心理问题及精神障碍的发生机制、反思心理咨询与治疗的过程及效果。作者提出，对心理问题和精神障碍的治疗要有生态的意识，既要考虑对问题和症状本身的澄清与聚焦，也要考虑与症状有关的人格基础的修复与成长；既要探索与症状有关的心理缺陷，亦应考虑对解决问题和疗愈症状有作用的积极心理品质的培养以及推动有助于个体心理复愈的良性的外在环境的建构。

　　生态心理学（ecological psychology）从人与环境互动的角度理解心理过程，是对心理学的还原主义倾向的纠正。心理学研究的生态视角可以追溯到20世纪中叶Lewin在个体与群体心理研究

---

* 原载《中国心理卫生杂志》2017年第31卷第1期，第83—88页。

中对环境因素的重视[1]。但使生态心理学研究范式最终得以确立的，是 20 世纪 70 年代 Gibson 等对知觉现象的生态性的研究[2]、Barker 等对人的行为受生存环境的影响的研究[3]以及 Bronfenbrenner[4] 提出的儿童发展的生态系统理论等。生态心理学所开启的生态主义视角已由生态心理学家们所关注的知觉、行为和儿童发展等领域开始延伸至其他领域。心理学研究正在经历一个生态主义的转型[5]。当今临床与咨询心理学领域不同流派的整合与综合倾向也与这种视角相契合。本文将从这个视角出发考察心理现象、心理障碍以及心理咨询与治疗的过程，希望这种探究对临床与咨询心理学的理论及实践有所裨益。

一、从生态主义视角对心理现象的理解

现代心理学是深受经典物理学影响而产生的，实验心理学的最早尝试者、德国心理学家费希纳（Fechner）在转向心理学研究

---

1 Lewin K., *Principles of Topological Psychology*, Translated by Fritz and Grace Heider, New York: McGraw-Hill, 1936.

2 Gibson E.J., *The Ecological Approach to Visual Perception*, Boston: Houghton Mifflin, 1979.

3 Barker R.G., " Influence of the Frontier Environment on Behavior", in J.O.Steffen (ed.), *The American West*, Norman, OK: University of Oklahoma Press, 1979, pp. 61–92.

4 Bronfenbrenner U., *The Ecology of Human Development: Experiments by Nature and Design*, Cambridge, MA: Harvard University Press, 1979.

5 訾非：《走向生态主义的心理学》，载《北京林业大学学报（社会科学版）》，2014 年第 13 卷第 2 期，第 1—8 页。

之前便是物理学家。冯特（Wundt）和弗洛伊德（Freud）虽有生理学和医学背景，但在他们的学术生涯的早期，向往经典物理学描绘世界时体现出的清晰与简洁。冯特创立的实验研究范式，以及弗洛伊德提出的力比多概念，开启了这种倾向的滥觞。但在两人学术生涯的后期，他们对心理现象的理解已开始具有生态意识的萌芽。冯特的民族心理学研究、弗洛伊德提出的人格的自我 — 本我 — 超我结构论，都展现了两位现代心理学的创立者对心理现象的复杂性、系统性和环境易感性的认识。

20 世纪中叶以后，尤其是 70 年代以后，心理学的生态主义视角被越来越多的学者提出、关注和接纳。秉持还原论倾向的心理学研究，虽以获得确定而简洁的心理规律为初衷，却在探究过程中发现心理的复杂性与可变性。例如，行为主义流派的研究者归纳了行为与强化/惩罚之间的规律性，可是一旦走出实验室，在复杂的环境里，行为的可预测性就大为降低。再如，经典精神分析把神经症归因于心理成分之间的内在冲突（例如超我与本我的冲突），但精神医学研究以及心理治疗实践并不支持这种简化的理解。神经症与个体的遗传素质、成长经验、生理状态、现实压力、人际交往状况、人格特征等一系列因素都有关。弗洛伊德本人到晚年也修改了他对神经症发病机制的归因，认为是生物因素、种系遗传因素和心理因素的共同结果[1]。

对于心理现象，通常并没有如天体运行般简洁的规律去描

---

1 Freud S.,"Inhibitions, Symptoms and Anxiety", in *The Standard Edition of the Complete Psychological Works of Sigmund Freud*, Volume XX, 1925–1926, London: Hogarth Press., 1926, pp.75–176.

述，必须充分尊重心理空间的复杂性和可变性，这种认识恰与现代物理学看待宇宙的新视角有类似之处。量子力学突破了经典物理学对于世界的理解，展现出时空的相对性、发现对物质世界的观测受观测者的影响。自体心理学家科胡特（Kohut）[1]就指出，类似于微观粒子的测不准现象，心理治疗中来访者向治疗师所展现的自己，其实是受治疗师的个人特点、观察视角及咨访关系的互动状态所影响的，换一个治疗师，对方所展现出的就可能是另一种样子。现代物理学发现被看作物质不同属性的质量和能量也可相互转化。类似于物理学中探究质量和能量的关系，或者场与粒子的关系，关系与动机之间相互转化的机制需要心理工作者进一步探究，以整合经典精神分析以能量的隐喻（动机）和客体关系理论用关系来理解心理动力的两个视角。如果心理学暂时还离不开物理学作为它的隐喻，现代物理学对经典物理学的突破，对于心理学突破自身的框架也是一种鼓励。

除了自体心理学和社会建构论，与生态心理学几乎同时兴起的另一些心理学领域，例如进化心理学[2]、积极心理学[3]、叙事心理

---

[1] Kohut H., *How does Analysis Cure?*, Chicago: University of Chicago Press, 1984.

[2] Buss D.M., Barnes M.,"Preferences in Human Mate Selection", in *Journal of Personality and Social Psychology*, 1986, Vol.50, No.3, pp.559-570;Pinker S., *How the Mind Works*, New York: Norton, 1997.

[3] Seligman M.E.P., Csikszentmihalyi M.,"Positive Psychology-an Introduction", in *The American Psychologist*, 2000, Vol.55, No.1, pp.5-14.

学和叙事人格心理学[1]、主体间性理论[2]和超个人心理学[3]等,从不同的方面强调了心理现象的生态性。这些研究指出,人的心理是人与自然、人与社会的互动中演化出来的,心理机能受遗传素质和生理状态的影响,而且心理机能的不同方面,在个体不同的生存情境中被启动的可能性和方式是有所不同的;人的自我不完全像经典精神分析所描述的那样,是超我和本我之间无力的调解者,它还可能在智慧、仁爱、勇气等积极心理品质上有所发展;心理活动的叙事维度与心理空间的内在欲望流动息息相关,也使欲望符号在主体间的流动成为可能。

概言之,心理学百多年的发展表明,心理空间是一个复杂的心灵生态系统,而这个系统与更大的系统(社会、文化、生态环境等)始终处于互动和相互依存之中。不论理解个体还是群体心理,都应充分尊重其复杂性。

二、心理问题及精神障碍的生态主义解读

大量研究表明,心理问题及精神障碍的发生,是与遗传素质、环境因素、现实压力、人格因素、生理因素、文化因素等一

---

1 Sarbin T.R., *The Narrative As Root Metaphor for Psychology*, New York: Praeger, 1986; Mcadams D.P., *The Stories We Live By: Personal Myths and the Making of the Self*, New York: Gilford Press, 1993.
2 Stolorow, R.D., Brandchaft B. & Atwood, G.E., *Psychoanalytic Treatment: an Intersubjective Approach*, Hillsdale, N.J.: Analytic Press, 1987.
3 Wilber K., *Sex, Ecology, Spirituality*, Boston, MA: Shambhala Publications, Inc, 1995.

系列条件有关的[1]，因此在临床实践中，对心理问题及精神障碍的成因分析，不应执着于单个流派的解释。例如，具有完美主义倾向的强迫性人格者在遭遇压力时，常出现强迫症状（反复检查、清洗等）[2]，在解释症状的发生时，经典精神分析流派的心理工作者往往只从症状本身的心理意义去做出归因。在他们看来，症状的功能是象征性地缓解被压抑的冲动。这种过于简单化的解释对于心理治疗缺乏足够好的指导性。解释这种症状的发生，要考虑到患者的人格基础，即强迫性人格倾向，而它又与个体的遗传素质和成长环境有关。并且从存在—人本主义治疗理论来看，强迫性人格者以竞争和追求完美为人生目标，也与个体的内在决定和选择有关。因此，对一个症状的解释，心理上的获益、人格素质（与遗传和环境都有关）、现实的压力、个体的选择等多重原因都应该考虑进去。不论生物的、心理的还是环境的因素，都对问题

---

[1] Bender R.E. & Alloy L.B., "Life Stress and Kindling in Bipolar Disorder: Review of the Evidence and Integration with Emerging Biopsychosocial Theories", in *Clinical Psychology Review*, 2011, Vol.31, No.3, pp.383-398; Hiday V.A., "The Social Context of Mental Illness And Violence", in *Journal of Health and Social Behavior*, 1995, Vol.36, No.2, pp.122-137; Kendler K.S., "The Dappled Nature of Causes of Psychiatric Illness: Replacing the Organic-Functional/Hardware-Software Dichotomy with Empirically Based Pluralism", in *Molecular Psychiatry*, 2012, Vol.17, No.4, pp.377-388; Miklowitz D.J.&Chang D., "Prevention of Bipolar Disorder in at-risk Children:Theoretical Assumptions and Empirical Foundations", in *Development and Psychopathology*, 2008, Vol. 20, No.3, pp.881-897; Ormel J., Jeronimus, B.F., Kotov R., Riese H., Bos E.H., Hankin B.(et.al), "Neuroticism and Common Mental Disorders: Meaning and Utility of a Complex Relationship", in *Clinical Psychology Review*, 2013, Vol.33, No.5, pp.686‑697.

[2] 訾非：《感受的分析：完美主义与强迫性人格的心理咨询与治疗》，北京：中央编译出版社 2012 年版。

及障碍的发生有一部分解释力。心理问题及精神障碍乃是个体心理生态的结构性失衡的结果，它既包含了心理空间的内在失衡（例如，动机的冲突与矛盾），也包含了成为心理空间基础的生理过程的失衡以及心理空间所依赖的环境系统的失衡。

传统的心理治疗流派对于心理问题及障碍的一系列归因需要在生态的视角下重新审视。例如，一些个体不断重复对自己有害的行为。不论采用弗洛伊德后期提出的死本能的概念[1]（把此类行为解释成投向自身的攻击性），还是采用继发性获益的解释（例如，看上去有害的拖延行为可以回避做事时产生的焦虑和压力感）[2]，这些归因与解释对于触发来访者的改变往往力不从心。而把重复性的对个体有害的行为看成个体内部的动机结构的失衡，是更为准确全面的解读。例如，拖延固然能回避焦虑感，但拖延者接受不完美和承受失败感的勇气的缺失也是拖延的原因。追求成功但同时又害怕失败，是许多人都会面临的情感矛盾。如果不能把勇气与冒险精神结合进人格，就不能形成平衡的、有行动力的心理结构。如果在心理咨询与治疗中仅仅分析继发性获益，或者探究自毁冲动，恐怕不能实现心理结构的平衡。

用生态主义的视角理解心理问题和精神障碍，要考虑到个体的生理状态对心理空间的影响，要考察心理空间的内生态系统（inner ecosystem）和其所依赖的外生态系统（outer ecosystem，人

---

[1] Freud S., *The Ego and the Id*, London: The Hogarth Press Ltd, 1949.

[2] Freud S., *Some General Remarks on Hysterical Attacks*, London: Hogarth Press, 1959.

际环境、文化环境等）的互动情况。这与恩格尔（Engel）[1] 提出的疾病的生理—心理—社会模式（biopsychosocial model）的思路相一致。本文提倡的生态主义视角是以心理空间为核心，考虑生理基础和社会、文化环境的影响。但就精神障碍而言，其中比较严重的类型（如精神分裂症、躁郁症、偏执性精神病及较为严重的神经症等），应把生理基础作为核心因素来看待。所以虽然生态主义的视角可以被看成一种整合的和整体的视角，但并不是一种笼统的整体观。心理问题、轻度的精神障碍、严重的精神障碍三者所涉及的失衡层面有所不同，越靠后者，越是以生理层面的失衡为主。另外，那些与社会、文化和信仰相关的非适应性的行为，例如，在从众和群体暗示的情况下个体出现的自我损害或残害他人的行为，虽然精神障碍诊断标准中往往不给予评估，本质上依然是系统性的失衡现象，不妨看成社会问题—心理问题—精神疾病连续体中的一极。

三、心理咨询与治疗过程的生态主义视角

　　心理咨询与治疗的过程是心理工作者与来访者两个心灵生态系统的相互作用的过程。通过互动，来访者心理结构中某些失衡

1　Engel G.L., "The Need for a New Medical Model: A Challenge for Biomedicine", in *Science*, 1977, Vol. 196, pp.129–136; Engel GL., "The Clinical Application of the Biopsychosocial Model", in *American Journal of Psychiatry*, 1980, Vol. 137, No.5, pp.535–544.

的部分能够重获平衡。

在治疗中引入生态主义视角,首先意味着要生态地解读心理问题与精神障碍的成因,这在上节已作阐述。生态视角对心理咨询与治疗的启发还在于,面对问题和障碍成因的复杂性,临床工作应当从多角度和多层面展开。某些精神疾病,例如躁郁症、重度抑郁症、焦虑障碍等,需要药物治疗和心理治疗相结合[1],甚至需要在使用精神药物基本控制了病情,患者的知、情、意和自知力恢复到相对稳定的状态之后,心理治疗才能够比较有效地展开。患者的精神状态的恢复,为心理治疗提供了一个基本的精神生态环境。就心理咨询与治疗而言,临床工作者的作用主要在于:(1)提供抱持性的、对来访者能够做出共情理解的心理环境;(2)帮助来访者从外在的行为和欲求入手逐步探索到决定这些行为和欲求的内在的动因和环境原因,并能从感受的、遗传的、个体发展史的和文化特异性的角度去理解自己;(3)帮助来访者探索和练习有助于缓解症状,修复人格缺陷和提高自我效能的心理技术。这三个方面,分别是存在—人本主义,精神分析和认知行为疗法这三大主要的心理治疗流派最强调的。具有生态视角的心理工作者,应有人本主义的态度、掌握精神分析的深度分析能力和具有认知行为流派对治疗技术的不懈探索的精神。事实上,当代临床心理学不同流派的互相学习和融合的趋势已十分明显。例如格林伯格(Greenberg)在存在—人本主义心理治疗

---

[1] Kring A.M., Johnson S.L., Davison G.C.& Neale J.M., *Abnormal Psychology* (12th Edition), New York: John Wiley & Sons, 2012.

基础上发展出的情绪聚焦疗法[1]颇像认知行为疗法的技术；Young等人在认知行为疗法基础上发展出的图式治疗[2]，其对深层核心信念的重视和对人格图式的探索具有浓厚的精神分析色彩；精神分析的自体心理学和客体关系学派的心理治疗以及主体间性心理治疗，注重咨访关系和共情理解等因素的疗愈作用[3]，与存在—人本主义的主张是一致的。

就咨询与治疗的工作细节而言，对心理问题和精神障碍的临床工作既要考虑到临床症状，也要考虑到与症状有关的人格基础。因此咨询与治疗的关注点会在临床症状和症状背后的人格基础之间摆动，心理治疗中的某些时间，要聚焦在临床症状本身的应对，而在咨询中的另一些时间，则聚焦在症状易感性的人格基础。治疗中还有另一种摆动，即在缓解消极体验和积极心理品质的提高之间的摆动——除了探究症状的来源和缓解症状的程度，临床工作者还需要激发来访者人格中能积极应对症状的心理品质（如勇气、决断能力等）的发展。当然，治疗中在症状与人格以及消极经验和积极心理品质之间的摆动不是生硬的，往往不是事先设计的，而是在心理探索中自然的移动。例如，在面对强迫症

---

1 Greenberg L.S., *Emotion-focused Therapy. Theories of Psychotherapy Series*, Washington, DC: American Psychological Association, 2011.
2 Young J.E., Klosko J.S.& Weishaar M.E., *Schema Therapy: a Practitioner's Guide*, New York: Guilford Press, 2003; Farrell J.M., Reiss N.& Shaw I.A., *Schema Therapy Clinician'S Guide: A Complete Resource for Building and Delivering Individual, Group and Integrated Schema Mode Treatment Programs*, UK: John Wiley & Sons, Ltd, 2014.
3 Kohut H., *How does Analysis Cure?*, Chicago: University of Chicago Press, 1984; Bohleber W. ," The Concept of intersubjectivity in Psychoanalysis: Taking Critical Stock", in *The International Journal of Psychoanalysis*, 2013, Vol.94, pp.799–823.

状的时候，强迫性人格倾向的影响在临床会谈中被揭示出来。在涉及人格缺陷的改善的主题时，积极心理品质的发展便作为一种任务被置于考虑之中。

另外，不论症状还是人格基础的改变，都意味着心理过程中的知、情、意三个方面的改变。这三个方面是相互影响、互为因果的，如果心理咨询与治疗只是引发了某一方面的改变，这种改变难以长久维持。临床心理学的每一流派一度强调知、情、意中的某一个或两个方面，但如今不同流派之间整合与综合的趋势，是对临床实践经验的实事求是的反思的结果[1]。

心理咨询与治疗的生态主义视角，还意味着心理工作者帮助来访者创造有利于问题解决和症状缓解的复愈性的环境。心理工作者可以推动来访者或其周围的人主动改变他所处的环境，而不仅仅是在来访者自己内心里发生改变。家庭治疗便是一种改变个体所生存的外在生态系统的方案。文化与社会是比家庭更大的外生态系统，临床工作者在工作中会发现文化与社会环境的不良因素对个体的心理层面影响。例如，以青少年为主要工作对象的心理工作者，尤其是在竞争尤为激烈的重点中学工作的心理工作者，不免会感受到不完善的高考制度和相应的教育体制安排对青少年的心理健康层面的负面影响。临床工作者如果对社会与文

---

[1] Brooks-Harris J.E., *Integrative Multitheoretical Psychotherapy*, Boston: Houghton-Mifflin, 2008; Forman M.D., *A Guide to Integral Psychotherapy: Complexity, Integration, and Spirituality in Practice*, Albany, N.Y.: SUNY Press, 2010; Hill C.E., *Helping Skills: Facilitating Exploration, Insight, and Action* (4th ed.), Washington, D.C.: American Psychological Association, 2014.

化中的这个方面没有批判意识，就不免沦为它的"共谋者"。心理工作者的责任不应限于与来访者共同探索心理空间，还应该能够对临床实践中观察到的文化与社会环境中的不利于心理健康和人格发展的因素予以反思，积极推动良性的文化与社会环境的发展。Conyne 和 Cook[1] 在 Bronfenbrenner 的生态系统理论[2] 和 Lewin（1951）的场论[3] 的基础上提出的生态咨询（ecological counseling）便体现了这种整体环境视角。生态咨询主张心理工作者致力于探究个体与其多个层面的环境的互动关系。Conyne 和 Cook 认为，个体由于其特定的能力、气质、偏好、概念体系和成长经验，在与环境的互动过程中会形成特定的生态位（ecological niche），也即他对世界的独特体验。[4] 生态咨询致力于理解个体的生态位，主张咨询不只是引发个体的改变，也要推动个体所生存的不同层面的环境的改变，以创造和保持个体与环境之间的平衡、协作的关系。

不过，给来访者提供支持性的咨询环境，进行心理干预，促

---

[1] Conyne R.K.& Cook E.P., *Ecological Counseling: An Innovative Approach to Conceptualizing Person-Environment Interaction*, Alexandria, V.A.: American Counseling Association, 2004; Cook E.P., *Understanding People in Context: The Ecological Perspective in Counseling*, Alexandria, V.A.: American Counseling Association, 2012.

[2] Bronfenbrenner U., *The Ecology of Human Development: Experiments by Nature and Design*, Cambridge, MA: Harvard University Press, 1979.

[3] Lewin K., *Principles of Topological Psychology*, Translated by Fritz and Grace Heider, New York: McGraw-Hill, 1936; Lewin K., *Field Theory in Social Science: Selected Theoretical Papers*, Oxford, England: Harper, 1951.

[4] Conyne R.K.& Cook E.P., *Ecological Counseling: An Innovative Approach to Conceptualizing Person-Environment Interaction*, Alexandria, V.A.: American Counseling Association, 2004.

发人格成长、反思社会文化和推动良性的环境的产生，这些多方面的功能，对于单个的心理工作者来说可能不堪重负。那么不同领域（例如婚姻和家庭治疗领域、发展和教育心理领域、心理治疗领域等）的临床工作者之间的交流与合作（也包括精神科医生与临床心理工作者及社会工作者的交流与合作），也是对心理复愈性的生态环境的建构。

最后，临床工作的效果也应以生态的视角去看待。心理咨询与治疗过程中引起改变的因素是多种多样的，一系列共同因素被认为是改变的主要原因，如良好的咨访互动关系、心理工作者对来访者的积极关注和共情理解、心理干预带来的感受与行为的改变和认知的重建等[1]。但这些因素只有引发来访者在咨询室外的改变方可产生真正持久的疗效。而这种改变必然包含着个体与其所存在的环境之间的关系的变化。当来访者因内在的改变引起他的处事方式和态度的变化，进而导致生活和工作中来自他人的社会支持状况的改善或增强，意味着他与环境之间开始恢复良性的互动。以生态的视角看待临床工作的效果，还意味着对心理治疗过程的不确定性的尊重。在理解来访者的内在变化时，不应忽视来访者认知层面发生的偶然的顿悟和灵感。临床工作者可以为来访

---

1 Hofmann S.G.& Weinberger J., *The Art and Science of Psychotherapy*, New York: Routledge, 2007; Gelo O., Pritz A.&Rieken B., *Psychotherapy Research: Foundations, Process, and Outcome*, New York: Springer, 2015; Brown S.D.& Lent R.W., *Handbook of Counseling Psychology* (4th ed.), Hoboken, NJ: John Wiley & Sons, 2008; Laska K.M., Gurman A.S., Wampold B.E., "Expanding the Lens of Evidence-based Practice in Psychotherapy: A Common Factors Perspective", in *Psychotherapy,* 2014, Vol.51, No.4, pp.467–481.

者营造一种有利于顿悟和灵感产生的心理环境，但并不能精确预测来访者认知层面何时发生能够显著推动疗愈进程的突变。而且这些领悟可能是咨询室内外的生态环境共同作用的结果，而非可以单独归因于临床工作者的努力。如果精神药物被来访者使用，它们对心理功能的复愈作用也是需要考虑的因素。

临床心理工作者的作用是给来访者的心理空间引入新的感受，促使一些不合理信念的改变，促进人格结构的修复与成长，提高了自我功能，重整了人生故事。这些不同的复愈元素之间是互为因果，协同演变的。概言之，心理复愈，是内在生态圈走出结构性失衡，逐步回归良性运转并与外部世界的关系恢复平衡的过程。

四、总结与述评

本文探讨如何以生态主义的视角理解心理现象、解读心理问题及精神障碍，以及审视心理咨询与治疗的临床实践。这个视角强调心理世界的复杂性、整体性、动态性、环境敏感性和环境依存性。它提倡整合门派分割的临床理论，反思理解心理现象的还原论倾向，在理解心理现象时采用一种开放的和贴近经验的态度。

采用这种视角，可能会因其看待问题的复杂性而使初涉临床工作的从业者产生较多的不确定感，在一定程度上消弱他们的工作自信。但是对心理现象的生态复杂性的尊重，有助于心理工作者在一种开放、实事求是的心态下稳步成长，从长远来看利大于弊。否则，满足于远离来访者实际状况的简洁解释和简单方法，心理工作者的专业成长会受到阻碍，也不能给来访者提供足够好的帮助。

临床工作者对于心理现象的不确定性和复杂性的敬畏与承担，在心理咨询与治疗中亦可能传递给来访者。这种传递，如果是恰到好处地提高了来访者对于不确定性和复杂性的认识与耐受，对于来访者的心理康复和人格发展也会是有益的。一系列的研究表明，对确定性的过分追求，对不确定和复杂性的回避与担心，是诸多心理问题和精神障碍的发生因素之一[1]。

生态主义的视角强调个体心理的动态性和环境敏感性，但并不赞同对心理现象的相对主义的和激进社会建构论（更确切地说，是社会决定论）的理解。相对主义者把精神障碍的精神医学解释、精神分析观点和存在——人本主义理论看成互相平行的理论范式而不是相互补充的视角，其实是对Kuhn的科学范式论[2]的

---

1 张艺馨、杨智辉、何文倩、张玲茜，许薇：《不确定性忍受力和元担忧在神经质人格与社交焦虑间起的作用》，载《中国心理卫生杂志》，2015年第29卷第2期，第145—149页；Khawaja N.G., McMahon J., "The Relationship of Meta-worry and Intolerance of Uncertainty with Pathological Worry, Anxiety, and Depression", in *Behaviour Change*, 2011, Vol.28, No.4, pp.165-180; Whiting S.E., Jenkins W.S., May A.C., Rudy B.M., Davis T.E.& Reuther E.T., "The Role of Intolerance of Uncertainty in social Anxiety Subtypes, in *Journal of Clinical Psychology*, 2014, Vol.70, No.3, pp.260-272; Dugas M.J., Schwartz A.& Francis K., "Intolerance of Uncertainty, Worry and Depression", in *Cognitive Therapy and Research*, 2004, Vol.28, pp.835-842.

2 Kuhn T.S., *The Structure of Scientific Revolutions*, Chicago: University of Chicago Press, 1962.

误解。不同的范式相互补充，方能形成关于复杂系统的足够好的认识。

总之，生态的观点，本质上是以开放性、实事求是为立足点的观点。在心理咨询与治疗工作中发展出临床理论与实践的生态主义的范式（ecologistic paradigm），在我看来是有可能的。

附录二 生态心理健康及其视角下的焦虑障碍*

杨智辉

　　焦虑是一种以消极的负性情绪、紧张的躯体症状以及对未来的担忧为特点的情绪状态。以焦虑为核心症状的疾病包括广发性焦虑障碍、惊恐障碍、特定恐怖症和社交恐怖症、强迫症及创伤后应激障碍。目前对焦虑障碍的定义和诊断基本上都是按照20世纪50年代提出的心理健康的"生物—心理—社会"的模式为标准。但随着生态心理学的发展，越来越关注人的心理健康除了要与社会环境保持平衡外，还需要与人类关系更为密切的自然环境保持平衡。因此，如果从"生物—心理—环境"的生态心理健康模式来看待各类心理障碍，则能够更加全面和动态。在对焦

---

* 原载吴建平、訾非、李明等主编：《环境与人类心理》，北京：中央编译出版社2011年版。

虑障碍的解读方面则能够更加注重自然环境在其中所起的作用。同时，能够从动态的，可持续发展的和有生态阈限预警的角度来解读焦虑障碍产生的原因和过程。此外，"生物—心理—环境"的生态心理健康模式还能够拓宽焦虑障碍的治疗模式，从与自然环境和谐相处的角度为焦虑障碍的治疗提供新的元素。

一、什么是生态心理健康

1. 产生背景

生态心理健康与生态心理学的产生密不可分。生态心理学的产生可追溯至20世纪40年代，心理学家勒温于1944年发表《心理生态学》论文，提出行为公式：B=F（P·E），即行为是个人与环境的函数，在这篇文章中首先采用了生态学的原理与方法研究心理问题。勒温的研究迈出生态心理学萌芽的第一步。此后有诸如吉布森等人在此领域继续开展工作，并取得了诸多成就。

在生态心理学的发展和带动下，心理咨询领域中也开始有人提出通过个体与环境的交互作用而获得的知识可为心理咨询提供满意的解释。这也被看作是具有生态学意味的心理健康研究的最早来源。这一思想认为目前人类正面临严重的外部生存环境的危机，同时由于人们与自然的长期分20世纪90年代，一些研究者开始在生态心理学的视野下探寻影响人类心理健康的根源，并因此而开启了生态心理学视野下的心理健康研究。[1]

2. 具体内容

生态心理健康的内容主要有两个部分：一个是自我的平衡，第二个是自我与环境的平衡。而重点在于强调在自我平衡的基础上，达到与环境的平衡。与环境平衡的方式有两种，一种是改变自我来适应外界环境，第二种是通过改变环境来满足自己的需求。在这里环境包括了两个部分的环境：一个是社会环境，一个是自然环境。[2]

生态心理健康强调人本身就是一个微型的生态系统，这个生态系统首先是一个相对稳定的而且是动态的生态系统。心理健康不应该仅仅是一种静态的健康状态，而更应该是动态的，会起伏变化的，面向于未来的健康状态。在这个系统中心理健康不仅是达到诸多心理健康的标准，更注重发展变化过程。这也就意味着生态心理健康是一个有着自动调节和自我恢复能力的生态系统。个人的心理健康肯定会在某个时候由于某些特殊情境而产生问题，如紧张焦虑等负性情绪，灾难化、过度概括化等不合理认知和信念等。但生态心理健康系统能够有能力处理这种心理紊乱，调节受到破坏的内部心理平衡，从而较快得到恢复。任何生态系统都具有自调节和自恢复的能力，但这种能力只有在一定阈限内才能起作用。如果超出了这个阈限，其自调节能力就会受到影响，

---

[1] Michael F.Yong, "Situations, Interaction, Process and Affordance: an Ecological Psychology Perspective", in *Instructional Science*, 2002, Vol.30, pp.47–63.

[2] 李梅:《从生态心理学的视野看心理健康》，载《徐州师范大学学报（哲学社会科学版）》，2010年第1期，第135—139。

就会破坏生态系统内部的平衡,并进而影响到其自恢复能力的发挥,系统也因此而难以恢复到其以前的平衡状态。[1]作为一种微型生态系统,人的心理健康系统也符合这一规律。人的心理调节也是有限度的,当超过这一界限,将会导致心理矛盾的深化和心理冲突的加剧,从而引起各类心理疾病。对待心理活动这一微型生态系统,我们不能也不可能原封不动地保持其自然状态,而是要以其原有的活动阈限为基础,不断提高其阈限水平,使心理活动系统不断增容。通过挖掘个体的最大潜能以获得个体的自我实现,实现生态心理健康的可持续发展。[2]

二、与传统心理健康模式的区别与联系

随着科学的发展和时代的变迁,人们对心理健康的认知模式也经历了一个发展变化过程,由纯粹的"生物医学模式"逐渐过渡到了"生物—心理—社会"模式。这一模式目前在心理健康领域还占有统治地位。而随着经济发展和生态环境恶化的产生,人们越来越重视环境对于人类心理产生的影响,从生态心理学的角度来研究心理健康则成为一门新兴的心理学分支学科。因此,"生物—心理—社会"模式也在这一学科的带动下,逐渐完善,

---

[1] 曾德慧:《生态系统健康与人类可持续发展》,载《生态学报》,1999年第6期,第235—242页。

[2] 肖二平、燕良轼:《生态心理健康——心理健康研究的新视野》,载《湖南师范大学教育科学学报》,2002年第4期,第113—117页。

进而提出了"生物—心理—环境"的生态心理健康模式。

"生物医学模式"虽然注意到了人自身的生理与心理之间的相互影响和作用,却忽视了心理与社会、自然环境之间的交互作用。"生理—心理—社会"模式既注意到了人自身的生理心理之间的相互影响和作用,也看到了人类本身的社会性,以及心理与社会环境之间的交互作用,却忽视了与人类关系更为密切的自然环境。而"生物—心理—环境"模式则主张人的心理健康既受生理因素的影响,也受人所处的社会环境的影响,同时还受人类生存和生活的自然环境的影响。心理健康模式的这种转变是人们对心理健康观念的转变,说明人们更加希望从生态学的视野来关注和研究心理健康。

"生物—心理—环境"的生态心理健康观与传统的"生物—心理—社会"心理健康观念之间存在着几个重要的区别,同时生态心理健康观并不是对传统心理健康观念的否定,而是一种补充和加强。

传统心理健康观在评价个人心理健康状况时通常的做法都是罗列几条标准,符合标准的就是心理健康者,不符合的就是心理不健康者或亚健康者。总的来说,通过这种方法评定出来的心理健康状态是一个暂时的、静止的状态。而生态心理健康观则从系统的角度来考虑问题,将心理健康纳入到生态系统来研究。这比从单一的角度来看待心理健康问题显得更有意义。同时注重人的心理、行为与周围环境的关系。目前心理健康领域已从着重个体干预扩展为团体,由单纯注重生物因素转变为生物、心理、社会相结合,进而随着生态心理学倾向的发展,目前正在向生物、心理、环境相结合的方向前进。始于20世纪50年代的心理健康的"生物—心理—社会"模式，已经不符合目前生态科学发展的趋势，需要对其进行有益的修改和补充。[1]

生态心理健康除关注自我平衡以外，更加关注人与环境的平衡。这其中就包括了社会环境和自然环境。而传统的"生物—心理—社会"模式则只局限于人与社会环境之间的相互关系，忽视了与人类关系更为密切的自然环境。因此，需要将传统"生物—心理—社会"模式升级为"生物—心理—环境"模式，这将使得心理健康所包含的内容更加全面。

生态心理健康"生物—心理—环境"的模式并不是要否定和抛弃传统的"生物—心理—社会"模式，而是在传统模式的基础上对其进行完善和加强。因此，从这个意义上说，生态心理健康观是对传统心理健康观的继承和发展。[2]

三、传统心理健康角度下的焦虑及焦虑障碍

焦虑是一种以消极的负性情绪、紧张的躯体症状以及对未来的担忧为特点的情绪状态。以焦虑为核心症状的疾病包括广发性焦虑障碍、惊恐障碍、特定恐怖症和社交恐怖症、强迫症及创伤

---

[1] David H.Barlow：《变态心理学纲要（第4版）》，王建平译，北京：中国人民大学出版社2008年版，第220—224页。
[2] 傅荣、翟宏：《行为、心理、精神生态学发展研究》，载《北京师范大学学报（人文社会科学版）》，2000年第5期，第109—114页。

后应激障碍等。

波士顿大学焦虑障碍研究专家 Balow 教授运用"生物—心理—社会"模式对焦虑障碍产生原因的解释堪称传统心理健康模式下解释焦虑障碍成因的典型。

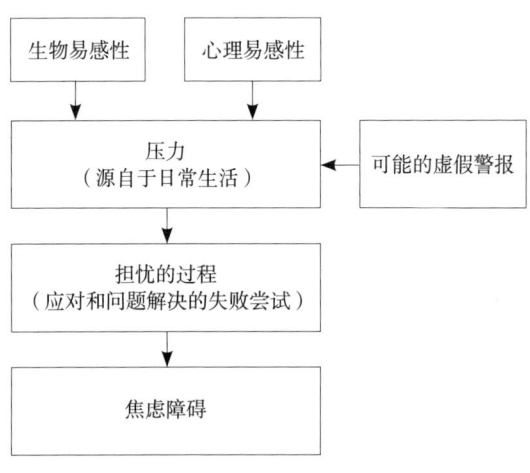

图 1 焦虑障碍的产生模型

首先是生物学的因素。众多的证据表明,焦虑个体继承了某种紧张不安的倾向。焦虑障碍正像各种精神障碍一样,不是由哪一种单一的基因决定的,位于染色体不同位置上的基因共同作用使得我们在特定的心理和社会因素的影响下,产生了对焦虑的易感性。同时,焦虑也与大脑中特定的脑部环路和神经递质有关。焦虑状态下 r-氨基丁酸(GABA)水平会下降,去甲肾上腺素、多巴胺等神经递质也会发生变化。此外,边缘系统也在这个过程中发挥着重要作用。其次是心理学因素。如儿童成长早期在父母教养方式影响下所形成的控制感，在各类危险刺激下所形成的条件反射等。这些都会让焦虑障碍的患者形成对焦虑的易感性。最后是源自于生活中的压力，这种压力是来自多方面的，如家庭、工作、同伴关系等，但都可以总结为是来自于社会环境的，大多是与人相关的压力源。

当个体无法应对和解决这些问题的时候就产生了焦虑障碍。从这个模型当中我们可以看到生物和心理易感性是焦虑障碍产生的两个基本条件，然后遇到相应的社会压力的情境时，焦虑障碍就得以产生。传统的"生物—心理—社会"模式重点强调了三者的交互作用，而在产生情境当中则重点强调了社会环境压力在其中所起的作用。

四、生态心理健康角度下的焦虑障碍

在生态心理健康模式下理解焦虑障碍则将压力情境从社会环境所产生的压力扩展为社会和自然环境所产生的压力。因此，在理解焦虑障碍产生的原因和治疗的方式、方法时也有所不同。

生态心理健康模式认为焦虑障碍产生的情境原因不仅仅是个体遇到无法解决的单一类型的压力情境，更多的是整个个人系统、社会环境系统和自然环境系统出了问题。个人的内部自我平衡被打破，社会环境系统持续的给予压力，同时自然环境系统受到破坏，人与自然的关系处于空前的脱离和紧张之中。人们无法直接从自然环境当中获得内在的自我平衡。而一旦这一平衡系统被打破，则个人的阈限被打破，超出个人自我调节平衡的能力，因此产生心理疾病，出现各类焦虑障碍。

从生态心理健康角度来看，焦虑障碍的产生与人对外界环境系统的认知有着重要的关系。这种认知在传统心理健康模式中强调的是对社会和他人的认知，而在生态心理健康模式中则除了对社会与他人的认知外，还强调个人对于自己所处的自然环境系统的认知，关注个人内心与外界物质环境达到一种稳定和平衡。

生态心理健康模式对于焦虑障碍治疗方式也有促进和改变作用。首先是主张从系统的角度来解决焦虑的问题。不仅从个人的角度，更主张从家庭、社会甚至是自然的角度来进行系统的治疗。

当个人处于焦虑状态下时，必然是个人平衡被打破，处于一种不平衡和需要调整的状态当中。而要恢复这种平衡，光从个人平衡的角度来做是不够的，还需要从个人与环境的平衡这个角度来加以改变和治疗。在与社会环境的平衡中，注重人际关系系统的平衡，如家庭治疗、团体治疗等都属于这一模式；在与自然环境的平衡中，注重个人回归自然本性，更多地与自然接触，在自然回归过程中获得自我的平衡，如园艺疗法等。

附录三　家庭治疗——生态化取向的心理治疗学派*

丁新华

生态系统理论是目前比较重要的一个生态心理理论，行为生态观则是心理咨询与治疗领域的发展趋势之一。本文从生态化取向这一视角对家庭治疗的核心治疗理念及重要工作概念——家庭生命周期予以解读，指出它们与生态系统理论中所提及的生态化系统的空间和时间两个维度的契合性，家庭治疗学派可以说是生态系统理论在心理治疗领域内的典型体现。

一、引言

生态学取向是当代心理学研究的主要趋势，关于这方面的研

---

* 原载吴建平、訾非、李明等主编：《环境与人类心理》，北京：中央编译出版社2011年版。

究越来越多。[1] 在发展心理学领域里，生态系统理论是目前较具代表性的理论之一[2]，而在心理咨询与治疗领域里，早有学者指出行为生态观是其发展趋势之一。[3] 近些年来，随着我国社会中家庭问题的凸现，越来越多的心理咨询实务工作者开始学习并尝试使用家庭治疗的方法和技术。相对于传统的个体治疗来说，家庭治疗更为关注个体的家庭环境因素，强调家庭系统的改变。鉴于此，本文尝试从生态化取向这一视角对家庭治疗的治疗理念予以解读，梳理生态系统理论与家庭治疗学派在理论观点上的契合处，希望能对深化理解家庭治疗的核心理念和思路有所裨益。

二、生态系统理论

20世纪70年代末，美国的心理学家布隆芬布瑞纳（Urie Bronfenbrenner）在其研究中提出了生态系统理论。[4] 该理论认为，儿童和青少年的发展问题应该放在自然环境和社会文化背景下去考察，这个生态化系统可分为空间和时间两种维度。

从空间维度上看，主要指的是个体所处的空间环境，可分为

---

1 吴建平：《生态心理学探讨》，载《北京林业大学学报》（社会科学版），2009年第3期，第37—41页。
2 朱䶮：《近50年来发展心理学生态化研究的回顾与前瞻》，载《心理科学》，2005年第4期，第922—925页。
3 郑日昌：《心理辅导的新进展》，载《心理科学》，2000年第5期，第599—602页。
4 Bronfenbrenner U., "Toward an experimental ecology of human development. American Psychologist", 1977, Vol.32, pp.513–531.

四个不同层次的生态系统，从小到大依次为：微系统、中系统、外系统、宏系统。对于一个儿童来说，微系统是由其生存的环境和直接接触的人构成的，比如家庭可以说是儿童最早接触的微系统。但是随着时间的改变，微系统会从以家庭为重心转向以学校为中心；中系统是由微系统的各组成成分之间的关系所构成的，如父母与老师之间的关系；外系统是指个体不直接参与这些系统环境的互动，但是这些系统环境却对个体发展有着间接影响，如政府的福利政策、大众传媒等；宏系统则是指包含以上三个系统的大环境，它体现了某种社会文化的态度和观念。生态系统理论的行为系统模型见图1。[1]

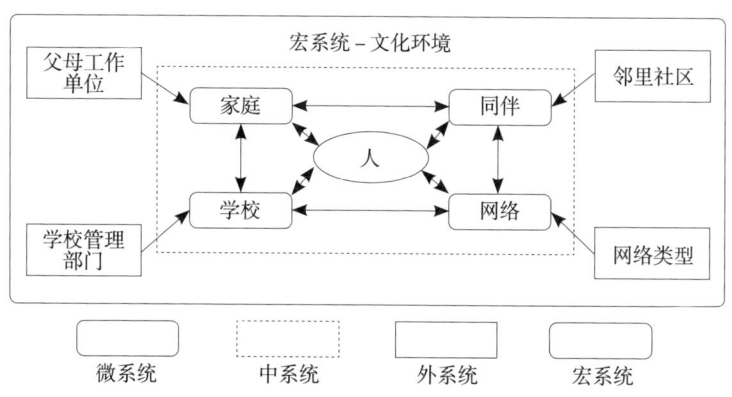

图1　生态系统理论的行为系统模型

---

[1] 刘杰、孟会敏:《关于布郎芬布伦纳发展心理学生态系统理论》,载《中国健康心理学杂志》,2009年第2期,第250—252页。

可以看出，这四个生态环境就如俄罗斯的套娃玩具一样是层层嵌套的，发展的个体被包裹在内。个体与环境相互作用的程度大小，是依据环境离个体生活的范围远近而决定的，离个体生活最近的环境与个体发展互动作用最大，这四个环境系统之间也存在着永不停顿的交互作用。

在时间维度上，布隆芬布瑞纳把这个模型称为长期系统（chornosystem），强调了将时间和环境相结合来考察个体发展的动态过程。随着时间的推移，一方面个体本身随着年龄而发展，另一方面其生存的四个系统环境也在随着时代的变化而变化。引起环境变化的可能是外部因素，也可能是个体自身的因素，因为人有主观能动性，可以自由地选择环境。布隆芬布瑞纳将这种环境的变化称为"生态转变"，每次转变都是个体人生发展的一个重要阶段或过渡点，如升学、结婚、退休等。这些转变可分为两类：正常的（如入学、青春期、参加工作、结婚、退休）和非正常的（如家庭中有人去世或病重、离异、迁居、彩票中奖），这些转变发生于毕生之中，常常成为个体发展的动力，同时也会通过影响家庭进程对发展产生间接影响。

三、家庭治疗理念

家庭治疗（family psychotherapy）的兴起与社会历史环境的变迁和心理治疗学科领域内部的进展联系密切。20世纪40年代后期，一些临床学者对传统个体治疗的进度太过缓慢感到不满，他们发现患者的发病、康复和复发与家庭其他成员有着千丝万缕的联系，于是开始将治疗的焦点放在整个家庭上。在此时代环境下，精神分析学家著书提倡治疗者宜把着眼点从病人的"个体"立场推展到"家庭"的整体，了解"家庭"这一生活单位的心理结构与功能，从而才能体会较广的心理层次。20世纪60年代以后，家庭治疗者的阵容迅速扩大，对家庭治疗的研究也蓬勃发展起来。目前，家庭治疗在西方国家颇受重视，发展也相当完善，但在我国尚处于引进与起步阶段。

　　家庭治疗是以"家庭"为对象而施行的心理治疗，属于人际关系方面的治疗，与以"个人"为对象而施行的个体治疗有所不同，不太注重成员个人的内在心理构造与状态，而把焦点放在家庭各成员之间的人际关系上。家庭治疗师认为，家庭成员的心理行为问题或症状是由于家庭成员之间不良的交往模式或者不良的家庭结构引起、维持和发展的，可通过改变家庭成员之间不良的交往模式或者家庭结构来改变家庭成员的心理行为问题或症状。可以看出，家庭治疗主要是从"家庭系统"的角度去解释个人的症状与成员间关系，基于家庭整个的改变来促使个人的改变。[1]

---

[1] 雷秀雅、丁新华、田浩：《心理咨询与治疗》，北京：清华大学出版社2010年版，第157页。

四、家庭治疗与生态系统理论的契合

家庭治疗源于临床实践，生态系统理论则始于发展心理学的研究，两者虽属于不同的学科领域，但在很多理论观点存在高度的契合性，突出表现在系统观和发展观两个方面。

1. 系统观

目前在家庭治疗领域内有代表性的六种学派分别有结构式家庭治疗（Structural）、分析式家庭治疗（Analysis）、体验式家庭治疗（Experiential）、策略式家庭治疗（Strategic）、叙事式家庭治疗（Narrative），这些不同学派的家庭治疗师所共同拥有的最为重要的理论基石，即是系统观，也就是把家庭看成是一个系统，人的行为会受到这一系统内的家庭成员、家庭环境、家庭氛围的影响。如上文所提，家庭属于生态系统理论中所提及的微系统这一层次，也是对个体产生影响最早也最深远的一个系统。[1]家庭治疗主要聚焦于家庭这一微系统，详细地对该系统的结构、功能进行了勾勒和探讨。例如，家庭这一微系统被分成了不同的亚系统，如夫妻亚系统、父母亚系统、子女亚系统，每个亚系统又有其不同的形态、功能，彼此之间也有一定的界限。另外，家庭的其他方面，如家庭关系、家庭发展阶段、家庭权利等也都有非常细致的划分与考察。

生态系统理论比较强调个体与环境的交互作用，以及不同环

---

[1] 桑标、席居哲：《家庭生态系统对儿童心理健康发展影响机制的研究》，载《心理发展与教育》2005年第1期，第85—86页。

境系统之间的交互作用。家庭治疗在实际的治疗处理上也相当重视家庭成员间的互动历程,他们将家庭成员看成系统的组成成分,并认为家庭中每个成员都有他(她)自己的认识事物的模式,称为内在建构。内在建构决定一个人的一贯行为模式,一个人的内在建构与他的外在行为是相互作用、彼此影响的,其间的关系不是直线性的因果关系,而是反馈式的循环关系。每个家庭成员的内在建构与外在行为又会在接受家庭其他成员影响的同时,反过来也影响其他家庭成员的内在建构和外在行为,其间的关系同样是循环反馈式的而不是线性因果的。即家庭内的交互反应是发生在一个相互影响的互动网络内的,一个家庭系统中的每个成员的态度和行为都紧紧地、长期地、交互地而永无止境地循环且彼此关联在一起。因此,为了处理所存在的症状,包括家庭和更大的机构在内的系统都必须改变。

2. 发展观

生态系统理论非常关注时间对个体及系统的影响,特别把环境的变化称之为"生态的变化"。家庭发展周期是家庭治疗工作者很重要的一个工作概念,主要反映的是家庭微系统随着时间的变化而产生的有规律的周期性变化,具体可见表1。[1]家庭是动态发展的,随着家长年岁的增长与子女的成长,将经历不同性质的家庭阶段。在每个发展阶段,家庭有其特殊的心理课题和心理问题需要去应对。因此,治疗者必须以"家庭发展"的观念来审查

---

[1] 雷秀雅、丁新华、田浩:《心理咨询与治疗》,北京:清华大学出版社2010年版,第159页。

家庭在某个具体的发展阶段所面临的课题与困难,从而提供有针对性的治疗与帮助。

表1 家庭的发展阶段

阶段	角色转化	主要任务
1.新家庭形成	女儿+妻子 儿子+丈夫	家庭界线的形成 相互适应
2.第一个孩子	女儿+妻子+母亲 儿子+丈夫+父亲	为人父母的技能 夫妻相互作用
3.青少年孩子	同上	与孩子交互作用 家庭外系统的压力
4.孩子离家生活	同上/祖辈	再适应二人世界与儿女和孙辈的关系
5.丧偶	鳏寡孤独+祖辈	适应个人生活、退休与儿女和孙辈的关系
6.消亡		

3. 小结

综上所述,家庭治疗主要聚焦于家庭这一微系统展开工作,其核心治疗理念及重要工作概念——家庭生命周期,与生态化系统的空间和时间两个维度,具有高度的契合性。可以说,家庭治疗是生态系统理论在心理治疗领域内的典型体现,属于生态化取向的心理治疗学派。

事实上,除了家庭微系统之外,同伴、学校、社区、网络等不同的社会群体或系统也会对个体产生直接或间接的影响。作为一种生态化取向的治疗学派，家庭治疗是将所存在的心理问题从个体转向关系的一种思考和实践的方式。家庭治疗中所体现的一些基本原理、方法和技术，如关于系统的观点、家庭周期概念、家庭沟通关系等皆可被借鉴来理解和解决其他不同群体或系统中所存在的问题。因此从某种意义上来说，家庭治疗不仅仅是一种新的治疗方法或技术，更是一种治疗理念上的革新或指导。